Peter Doyé (Hrsg.)

Kernfragen des Fremdsprachenunterrichts in der Grundschule

D1665226

westermann

Inhalt

Vorwort des Herausgebers

„Noch ein Buch zum Fremdsprachenunterricht in der Grundschule? Es ist doch alles gesagt!" So und ähnlich lauteten die Bedenken einiger potentieller Mitarbeiterinnen und Mitarbeiter beim ersten Planungsgespräch zu diesem Buch.

In der Tat: Seit Jahrzehnten liegen praktikable Vorschläge zur Gestaltung des frühen Fremdsprachenunterrichts auf dem Tisch, die der Umsetzung harren. Schon die ersten Versuche in den 60er und 70er Jahren enthielten alle wesentlichen Ideen für eine sinnvolle Praxis; doch die konsequente Realisierung dieser Ideen ließ auf sich warten. Es dauerte fast ein halbes Jahrhundert, bis der Fremdsprachenunterricht in alle deutschen Grundschulen eingeführt war, und etliche der ursprünglichen Konzepte blieben bei dem langen Vorlauf auf der Strecke.

Aber originäre Ideen, die ein neues Buch rechtfertigen? Gibt es die? Doch! Sie existieren. Nicht als völlig neue Überlegungen, versteht sich. Aber es gibt eine Reihe von Kernfragen, die es wert sind, aufgegriffen und neu beleuchtet zu werden; und diesen Kernfragen möchten sich die Autorinnen und Autoren dieser Publikation zuwenden. Beleuchtet werden sollen diese Fragen aus theoretischer wie aus praktischer Sicht.

Dies bestimmte auch die Auswahl der Beiträge.

Zum einen wurden international renommierte Wissenschaftlerinnen und Wissenschaftler, die sich europaweit einen Namen gemacht hatten, eingeladen, zu einzelnen Kernfragen Stellung zu nehmen. Dabei kam dem Herausgeber zugute, dass in den sogenannten *new-style workshops* des Europarats so ziemlich alle Experten der Fremdsprachenerziehung in der Grundschule zusammengekommen waren und sich auf eine gemeinsame Sicht der zentralen Themen verständigt hatten. Die wichtigsten unter ihnen brauchte er nur anzusprechen und ihre Mitarbeit zu erbitten.

Internationalität der Wissenschaftlergruppe war für das geplante Buch sehr wichtig. Sollte doch den Lesern in Deutschland (und anderswo) vor Augen geführt werden, dass die meisten Probleme, die im Alltag des Fremdsprachenunterrichts auftreten, nicht lokaler oder nationaler Natur sind, sondern überall auftreten können, wo Kinder in der Grundschule fremde Sprachen lernen.

Zum anderen wurden praktizierende Lehrerinnen gebeten, die gleichen Fragen wie die Experten aus ihrer Sicht zu behandeln, – Personen vor Ort sozusagen, die den angesprochenen Problemen täglich begegnen und sie konkret zu bewältigen haben. Diese Gruppe wurde im

Gegensatz zu der ersten bewusst national zusammengestellt; denn auf der praktischen Ebene liegen die Dinge häufig sehr speziell. Daher erschien es sinnvoll, die Beiträge zum zweiten Teil als Berichte aus der Praxis zu konzipieren, allerdings so, dass sie exemplarisch für den jeweils behandelten Bereich stehen konnten. Sie sollten Beispiele gelungener Praxis liefern, deren Aussagen das ganze Thema beleuchteten.

Die gerade beschriebene Zweiteilung ist jedoch nicht absolut zu verstehen. Es würde nämlich der Auffassung aller Beteiligten widersprechen, wenn Theorie und Praxis kategorial voneinander getrennt würden. Valide Theorie versucht mit wissenschaftlichen Mitteln die sie beschäftigende Praxis zu erfassen und solide Praxis operiert auf der Grundlage von ebensolcher Theorie. Das heißt: Beide sind aufeinander angewiesen. Deshalb lautete der Grundsatz für alle Beiträge: Konzentration auf einen der beiden Aspekte, aber Einbeziehung des jeweils anderen, wo immer dies nötig oder zweckmäßig erschien.

Das Buch beginnt mit einem Kapitel zur interkulturellen Erziehung. Sein Autor **Siegfried Baur**, Italiener deutscher Muttersprache, lebt und arbeitet in der mehrkulturell geprägten Autonomen Provinz Bozen-Südtirol und ist geradezu prädestiniert für dieses Thema. Sein bekanntestes Werk *Creare ponti* (1997) befasst sich anhand empirischer Untersuchungen mit den Möglichkeiten des „Brückenschlagens" zwischen Menschen verschiedener sprachlicher und kultureller Herkunft. Seine zentrale These im vorliegenden Buch: Wie jeder Sprachunterricht in der Schule muss auch der Fremdsprachenunterricht in der Grundschule seinen Beitrag zur Befähigung junger Menschen zu interkultureller Kommunikation leisten.

Auch das zweite Kapitel, vom **Herausgeber** des Buches verfasst, behandelt einen interkulturellen Aspekt des Fremdsprachenunterrichts auf der Primarstufe. Anschließend an sein Buch *The Intercultural Dimension* (1999) plädiert der Autor dafür, dass dieser Unterricht, auch wenn er sich auf eine bestimmte Sprache, und zwar in der Regel die Weltsprache Englisch richtet, die anderen Sprachen und Kulturen, welche heutzutage die Welt europäischer Kinder prägen, nicht außer Acht lassen dürfe. Sein Vorschlag: Den Unterricht in der einen ausgewählten Sprache exemplarisch zu gestalten, das heißt so, dass er als Exempel für die Beschäftigung mit anderen Sprachen (und Kulturen) überhaupt fungieren kann.

Der integrative Fremdsprachenunterricht, wie ihn **Maria Felberbauer** in Kapitel 3 vorstellt, ist auch in Deutschland kein Novum. Schon lange bevor deutsche Sekundarschulen mit Versuchen zu einer Integration von Sprach- und Sachfächern begannen, hatten die Lehrerinnen und Lehrer der Primarschule das Fremdsprachenlernen als integralen Bestandteil des gesamten Unterrichts konzipiert und sich bemüht, ihn entsprechend zu gestalten. Wie dies praktisch geschehen kann, dafür gibt die Autorin wertvolle Beispiele aus österreichischer Sicht.

Alison Hurrell greift in ihrem Beitrag ein altes didaktisches Postulat auf, das theoretisch immer wieder deklamiert, aber praktisch oft vernachlässigt wird, nämlich bei aller Unterrichtsplanung vom Vorwissen der Lernenden auszugehen. Dies gelte – so die Autorin – in besonderem Maße für den Fremdsprachenunterricht in der Grundschule. Dieser könne viel von den sprachlichen und kulturellen Vorerfahrungen der Kinder profitieren und sollte deshalb, wo immer möglich, an diese Erfahrungen anknüpfen.

Entdeckendes Lernen müsse zu einem weiteren Prinzip des Fremdsprachenunterrichts auf der Primarstufe werden, fordert **Nikola Mayer**. Kinder seien generell dazu disponiert, sich ihre Umwelt selbstständig über das Entdecken von Gegenständen und Sachverhalten anzueignen und diese Neigung gelte es auch beim Erwerb der fremden Sprache zu nutzen. Die Autorin unterscheidet dabei das methodische spielerische Entdecken, das Entdecken sprachlicher Phänomene und das Entdecken sachlicher Erscheinungen und Zusammenhänge.

Die Rolle der Literatur im Fremdsprachenunterricht der Grundschule behandelt **Pavlina Stefanova**. An ihrem Beitrag wird besonders deutlich, wie die Kernfragen in allen europäischen Ländern, die den Fremdsprachenunterricht in ihre Primarstufen eingeführt haben, prinzipiell die gleichen sind. Für den Deutschunterricht in Bulgarien stellen sich dieselben Fragen wie für den Französischunterricht in Schottland, den Italienischunterricht in Südtirol und den Englischunterricht in Österreich und Deutschland. Die Probleme der Auswahl und Anordnung von Literatur und die der angemessenen Vermittlung sind überall dieselben.

Katja Waschk befasst sich dann im nächsten Kapitel mit den Funktionen der Medien im Fremdsprachenunterricht der Primarstufe. Sie prüft die Möglichkeiten traditioneller Medien und die der sogenannten Neuen Medien, vor allem die des Computers. Sie konzentriert sich dabei auf die Frage, ob und inwiefern der Einsatz dieser Medien zu einer Öffnung des Unterrichts beitragen und zu größerer Autonomie der Lernenden führen kann.

Nicht fehlen durfte in unserem Buch ein Aufsatz zur Leistungsfeststellung im frühen Fremdsprachenunterricht. In einer Zeit, da die Gestaltung des Überganges von der Grundschule zu den weiterführenden Schulen wieder hochaktuell geworden ist, stellt sich auch die Frage der angemessenen Erfassung und Bewertung der Schülerleistungen auf der Primarstufe erneut. **Otfried Börner** und **Christoph Edelhoff** behandeln deren Funktionen aus einer allgemein-pädagogischen Sicht der Beziehung von Lernen und Leisten und erörtern die wichtigsten Formen der Fremdbewertung und Selbstbewertung.

Im letzten Kapitel des ersten Teils trägt **Gilbert Dalgalian** wichtige Informationen zur frühen Zweisprachigkeit zusammen und stellt Überlegungen dazu an, welche Relevanz neuere Erkenntnisse der Psycholinguistik und der Neurowissenschaften für den Fremdsprachenunterricht in der Grundschule haben. Er kommt zu dem Schluss, dass das Erlernen fremder Sprachen, wenn es denn aus praktischen Gründen (meist) erst in der Grundschule einsetzt und nicht – wie aufgrund der referierten Erkenntnisse eigentlich wünschenswert – schon in der Vorschulzeit, die Unterrichtsmethoden dann wenigstens in Übereinstimmung mit den Aussagen der einschlägigen Wissenschaften gewählt werden müssten; also erlebnisorientiert, sachgebunden und interaktiv.

Der zweite Teil des Buches ist hauptsächlich den Themen der Praxis gewidmet. Die Autorinnen greifen die im ersten Teil behandelten Fragen auf und reichern sie mit praktischen Beispielen aus dem eigenen Unterricht an.

Barbara Shatliff stellt ihre Sicht der interkulturellen Erziehung in der Grundschule dar, **Hannelore Kraft** berichtet über ihre Erfahrungen mit dem exemplarischen Englischunterricht und **Birgit Lippelt** referiert gehbare Wege zum integrierten Fremdsprachenunterricht. **Barbara Hardt** behandelt die Möglichkeiten eines Englischunterrichts auf der Grundlage des Vorwissens der Kinder. **Nadine Tings** liefert in Anlehnung an Pavlina Stefanova aufschlussreiche Beispiele aus dem Englischunterricht und **Christiane Groß** beschreibt interessante Möglichkeiten der Leistungsbeobachtung und Leistungsbewertung. Schließlich zeigt **Birgit Schumacher** anhand der Erfahrungen an der Staatlichen Europaschule Berlin, wie einige der von Gilbert Dalgalian gemachten Vorschläge an einer bilingualen Schule realisiert werden können.

Den hier genannten 16 Autorinnen und Autoren danke ich als Herausgeber des Buches abschließend für die gute Kooperation: für ihre Bereitschaft zur Mitarbeit, für ihr Engagement und nicht zuletzt für ihre ideenreichen und anregenden Beiträge selbst. Herzlichen Dank sage ich aber auch Kirstin Jebautzke, der Redakteurin des Verlages.

Braunschweig, im Oktober 2005 *Peter Doyé*

Siegfried Baur (Bozen)

Fremdsprachenunterricht als Komponente interkultureller Erziehung

1

Lernen, sich selbst mit den Augen der anderen zu sehen

Interkulturelles Lernen ist ein Grundprinzip des Lehrens und Lernens einer Zweit- oder Fremdsprache. Sich eine zweite Sprache anzueignen – sei es nun als Zweitsprache in Grenzregionen bzw. in mehrsprachigen Gebieten oder als Fremdsprache in der Schule – bedeutet auch, sich eine zweite Kultur anzueignen und die Fähigkeit zu erwerben, sich in zwei Kulturen zu bewegen. Es geschieht in einem Prozess der Auseinandersetzung mit dem Fremden und gleichzeitig mit sich selbst.

Interkulturelle Erziehung ist der Versuch, mit der Verschiedenheit der Sprachen und Kulturen zu wachsen, diese als Bereicherung in das eigene Leben einzubeziehen, sie in die personale Identität aufzunehmen und so eine grenzüberschreitende Kultur der Mehrsprachigkeit zu entwickeln.

Diese interkulturelle Komponente des Zweit- und Fremdsprachenunterrichts versteht Sprache als Konstruktion der Wirklichkeit, als Handlung in der Wirklichkeit.

Ludwig Wittgenstein (1859–1951) kann hierbei als Kronzeuge dienen. Beim späten Wittgenstein in den „Philosophischen Untersuchungen" (1953; im Folgenden PU) wird die Sprache nicht mehr als abbildende Sprache gesehen. Die Sprache bildet die Wirklichkeit nicht ab, sondern greift in sie ein.

Es gilt also nicht mehr, wie es im Tractatus Logico-Philosophicus (1921) steht: „Der Satz ist ein Bild der Wirklichkeit: Denn ich kenne die von ihm dargestellte Sachlage, wenn ich den Satz verstehe. Und den Satz verstehe ich, ohne dass mir sein Sinn erklärt wurde." (4.021) Oder: „Der Satz ist die Beschreibung eines Sachverhaltes". (4.023)

Es gilt nun vielmehr: „Die Bedeutung eines Wortes ist sein Gebrauch in der Sprache". (PU § 43) Der Sinn eines Wortes wird dadurch bestimmt, wie wir dieses Wort in einem bestimmten Kommunikationskontext, innerhalb eines bestimmten „Sprachspiels" verwenden.

> Führe dir die Mannigfaltigkeit der Sprachspiele an diesen Bei-
> spielen, und an anderen vor Augen: Befehlen, und nach Befeh-
> len handeln, Beschreiben eines Gegenstandes nach dem Anse-
> hen oder nach Messungen (...) Eine Geschichte erfinden und
> lesen – Theater spielen – Reigen singen – Rätsel raten – einen
> Witz machen; erzählen – ein angewandtes Rechenexempel – aus
> einer Sprache in eine andere übersetzen – Bitten, Danken, Flu-
> chen, Grüßen, Beten. (PU § 23)

Der Sinn bildet sich innerhalb des Sprachspiels, die Gedanken sind
von der jeweiligen Sprachsituation nicht ablösbar. Die Sprache ist das
alleinige Medium und Vehikel unseres Denkens. Unsere Sprache ist das
Ergebnis einer Übereinstimmung, die wir als Mitglieder einer Sprach-
gemeinschaft erzielt haben. Diese Übereinstimmung beruht nicht auf
willkürlichen Konventionen der Sprachpartner, sondern ist Ausdruck
einer Lebensform. „Das Wort ‚Sprachspiel‘ soll (...) hervorheben, dass
das Sprechen der Sprache ein Teil ist einer Tätigkeit, oder einer Lebensform." (PU § 23) Und: „(...) eine Sprache vorstellen, heißt, sich
eine Lebensform vorstellen." (PU § 19)

Man kann also eine Sprache nur wirklich verstehen und mit ihr
handeln, wenn man die „Lebensform" begreift, deren Ausdruck diese
Sprache ist.

Sprache als soziales und kulturelles Handeln

Das Konzept von Sprache als soziales Handeln bedeutet, dass Sprachenlernen soziales Lernen ist, da die Sprache immer in sozialen Situationen verwendet wird. Die Sprache ist Medium und Vehikel unseres
Denkens und sie ist auch, wie oben ausgeführt, das Ergebnis einer sozialen Übereinstimmung. In diesem Sinne ist sie Ausdruck der Regeln
und Rollen, die in den unterschiedlichsten sozialen Situationen gelten
oder sich in ihnen realisieren. Sprache realisiert ihre Bedeutungen in
den verschiedenen Rollen des „Sprachspieles" (PU § 23), das gleichzeitig auch ein soziales Mitspielen nach den Spielregeln der jeweiligen
Kultur ist.

Damit steht die Sprache in einer engen Beziehung zur Alltagskultur.
Sprechen oder mit Sprache handeln bedeutet, sich in bestimmten Situationen unterschiedlicher Alltagskulturen, z. B. mit italienischen Mit-
bürgerinnen und Mitbürgern in Südtirol, in einem Dorf in Niedersachsen, in einem Wohnviertel einer Stadt in Italien, oder in New York,
in Sydney, in Kabul, mit anderen auseinander zu setzen, Bedürfnisse,

Wünsche, Vorstellungen, Meinungen, Vorschläge usw. zu äußern und auszuhandeln.

Sprachenlernen bedeutet also gleichzeitig kulturelles Lernen, da die Sprache einer ethnischen Gruppe auch ein Ausdruck ihrer Kultur ist. Ich beziehe mich hier auf den anthropologischen Kulturbegriff, der Kultur als etwas gesellschaftlich Gewachsenes, geschichtlich Entstandenes und daher auch Veränderbares versteht. Zur Kultur gehört demnach alles, was eine Gesellschaft oder eine Gruppe innerhalb der Gesellschaft an Symbolisierungen, Regelungen und Normierungen, aber auch an kreativen Leistungen im Bereich der Wissenschaften, der Technik, der Literatur, der Musik, der Malerei usw. entwickelt hat. Wesentliche Kennzeichen dieses Kulturbegriffes sind:

- Kultur ist gesellschaftlich konstruierte Orientierung und Normierung.
- Kultur ist historisch. Sie ist von Menschen gemacht und veränderbar.
- Kultur ist nichts Statisches, sondern ein dynamischer Prozess. Jede Kultur ist ein vorläufiges Ergebnis von Kulturkontakten.[1]
- Kultur wird in Prozessen der Enkulturation[2] und der Akkulturation[3] erworben.
- Kultur ist zum größeren Teil unbewusst. Dies führt zu häufigen Verwechslungen von Natur und Kultur.[4] Kulturelle Aspekte werden oft als etwas quasi Natürliches betrachtet.
- Kultur hat oft eine ideologische Bedeutung als Konstruktion des Eigenen durch Ausgrenzung des Fremden.
- Die sozial und interkulturell bedeutsame Kultur ist die Alltagskultur.

In der Auseinandersetzung mit den unterschiedlichen Regeln nach denen die konkreten Lebensverhältnisse und verschiedenen Lebenssituationen in einer anderen Kultur organisiert und strukturiert sind, bewirkt soziales und sprachliches Handeln in einer anderen Alltagskultur einen „interkulturellen" Lernprozess (vgl. Gogolin 2003, S. 96–102).

> Das Lernen einer neuen Sprache ist im Prinzip zuerst immer *kulturelles* Lernen, da diese ebenso wie die Erstsprache kulturgeprägt ist. Erst im reflektierenden Kontakt des Eigenen mit dem Fremden durch den Lerner kann es als *interkulturelles* Lernen gesehen werden. (Oksaar 2003, 38)

Das Paradigma von Sprache als soziales Handeln zielt nicht vordergründig auf eine formal-sprachliche Kompetenz ab, auf die mehr oder weniger gute Beherrschung des grammatischen Systems, sondern in besonderer Weise auf eine „kommunikative Kompetenz" (Hymes 1967, 13; Watzlawick 1969)[5], die ihrerseits, je nach Komplexität der Kommunikation, notwendigerweise eine größere oder geringere „sprachliche Kompetenz" umfassen muss. Diese Betonung der kommunika-

11

tiven Kompetenz bewirkt, dass nicht die grammatischen Elemente die kleinsten Einheiten der Sprache bilden, sondern die Sprechakte, die Sprechabsichten (vgl. Austin 1962). Solche Sprechakte, wie z. B. jemanden begrüßen, sich vorstellen, sich nach dem Befinden erkundigen usw., realisieren, jeder einzelne für sich genommen, kommunikative Absichten. Sie sind aber nicht in der Lage über eine längere Zeit eine Kommunikation aufrecht zu erhalten. Die Schülerinnen und Schüler müssen daher in die Lage versetzt werden, mehrere Sprechakte zu einer Sprechhandlung zu verbinden und mehrere Sprechhandlungen zu Inszenierungen in sozialen Situationen des Alltagslebens. Dies erfordert auch, kommunikative Strategien zu entwickeln und einsetzen zu können. Dazu gehört eine zusätzliche Kompetenz, die man als „interaktionale Kompetenz" (Oksaar 2003, 38 ff.) bezeichnen könnte. Sprache als soziales Handeln zu verstehen spricht also die Gesamtpersönlichkeit der Schülerinnen und Schüler an, ihre Fähigkeiten – auch die nichtsprachlichen – mit anderen in Kontakt zu treten, im weitesten Sinne ihre emotionalen, kognitiven und sozialen Kompetenzen.[6]

Eine Fremdsprache oder eine Zweitsprache zu lernen bedeutet also, einen Zugang zur Bedeutungswelt der anderen und zum Sinngehalt ihrer sozialen Umwelt zu öffnen.

Erziehung zur Mehrsprachigkeit

Die Verbreitung der Mehrsprachigkeit und der Erhalt der Sprachenvielfalt in Europa ist ein Anliegen, das Personen aus Bildung und Kultur, Wissenschaft und Wirtschaft, aber auch „einfachen Leuten"[7] zunehmend stärker am Herzen liegt. Diese Aufgabe kann die Schule jedoch nicht allein erfüllen. Sie ist in erster Linie ein Problem der Sprachenpolitik und daher ein gesellschaftspolitisches Problem.

Florian Coulmas (1985) schreibt in seinem Buch: *Sprache und Staat. Studien zur Sprachplanung und Sprachpolitik*:

> Sprache ist ein Politikum. Diese Feststellung ist selbst in dieser Allgemeinheit nicht anfechtbar, denn wenn die Sprache auch nicht in jedem Staat ständig auf der Agenda vorrangiger politischer Themen steht, ist sie doch Gegenstand politischen Handelns überall dort, wo es ein solches Handeln gibt. Auf welche Weise Sprache und Sprachen zum Gegenstand politischen Handelns werden, unterscheidet sich von Gesellschaft zu Gesellschaft und von Epoche zu Epoche, ebenso wie sich die gesellschaftlichen Prozesse unterscheiden, die Sprache zum Politikum machen. (a. a. O., 159)

Die Politik geht also mit Sprache um, sie handelt mit Sprache und sie wirkt durch politische Maßnahmen, schulpolitischer und anderer Natur, auf Sprachen und ihre Verwendung ein.

Sprache ist gesellschaftliches Handeln, sie gehört zur sozialen Grundausstattung des Menschen und insofern ist politisches Handeln ohne Sprache nicht denkbar. Sprache ist nicht allein ein grammatisches System, ein System der Morphologie, der Syntax, der Lexik, der Semantik, sie ist ein Instrument der Kommunikation und sie bewahrt Kultur und generiert sie. Sprache ist als globales vernetztes System, das alle Lebensbereiche des Menschen umfasst, kein abgeschlossenes, starres System. Sprache lebt nicht vom Purismus der Erhaltung und Bewahrung, sondern vom Sprach- und Kulturkontakt. Die Einflüsse der Sprachen aufeinander, vor allem soweit sie größeren oder kleineren Sprachfamilien angehören, ist unverkennbar.

Im Weißbuch der Europäischen Kommission „Unterrichten und Lernen", das 1996 erschienen ist, wird der Plurilinguismus[8] als charakteristisches Identitätsmerkmal der europäischen Staatsbürgerinnen und Staatsbürgern beschrieben und als eine wesentliche Bedingung für die Möglichkeit der Teilnahme an der Wissensgesellschaft bezeichnet, der Gesellschaft der kommenden Jahrzehnte, die nicht nur durch einen ständigen Wissenszuwachs, sondern auch durch eine Reorganisation des Wissens gekennzeichnet ist und eine kontinuierliche Weiterbildung und Umschulung vor allem in beruflicher Hinsicht erforderlich machen wird.

Wenn es in Zukunft mehr denn je nicht mehr darum geht, möglichst viel Wissen zu erwerben, sondern vielmehr darum, von wesentlichen und komplexen Grundkenntnissen und Grundfertigkeiten ausgehend, sich die notwendigen Kenntnisse und Fertigkeiten unter Inanspruchnahme aller Weiterbildungsstrukturen selbst anzueignen, und zwar im Prozess eines *life long learnings*, dann wird nur eine umfassende Mehrsprachigkeit dazu befähigen. Es sei denn, einer *lingua franca* gelänge der Durchbruch. Dadurch aber würden alle anderen Sprachen, wie Herbert Christ (1996, 9) meint, zumindest einen empfindlichen Funktionsverlust erleiden.

Die englische Sprache hat bereits ein gutes Stück des Weges zurückgelegt, um eine *lingua franca* zu werden. Diese Entwicklung ist aber alles andere als linear, d. h. sie ist voller Brüche, Zweifel, Vorstöße, Rücknahmen, sie ist alles andere als unbestritten.

Sicher ist nur, dass durch die zunehmende Vernetzung der Arbeitsmärkte im Zuge der Globalisierung die Tatsache mit aller Deutlichkeit ins Bewusstsein rückt, dass Fremdsprachenlernen und interkulturelles Lernen in Verbindung mit der Aneignung von Teamfähigkeit und Kommunikationsfähigkeit schon jetzt zu den wesentlichen Schlüsselfähigkeiten im Arbeits- und Wirtschaftsbereich gehören. Die traditionellen Arbeitstugenden wie Professionalität, Fleiß, Tüchtigkeit, Kreativität genügen nicht mehr, um beruflichen Erfolg zu erzielen. Die traditionellen Kulturtechniken müssen um Grundfertigkeiten wie Mehrsprachigkeit und interkulturelle Kompetenz erweitert werden (vgl. dazu Bundesministerium für Bildung und Forschung 1998). Diese zusätzlichen Kompetenzen erhöhen nicht nur quantitativ, sondern in qualitativ wirksamer Weise die Chancen für den Berufseinstieg und für die Entwicklung der beruflichen Laufbahn.

Es ist unbestritten, dass die englische Sprache, die weltweit in Wirtschaft, Wissenschaft und in der Freizeit dominiert, enorme Vorteile bringt. Dennoch wäre eine einseitige Entwicklung des Fremdsprachenunterrichtes in Europa, nämlich nur in Richtung auf Zweisprachigkeit hin – Muttersprache und Englisch – nicht wünschenswert.

Die generalisierte Privilegierung der englischen Sprache als erste Fremdsprache, auch in den vielen sprachlich-kulturellen Grenzgebieten, also den zumindest potentiell mehrsprachigen Gebieten Europas, würde nicht in Richtung auf Mehrsprachigkeit zielen, sondern nur auf Zweisprachigkeit. Dies würde aber bedeuten, dass man die Nachbarsprachen umgeht, dass man einen englischen *bypass* um die Nachbarsprachen[9] legt, dass kultureller Reichtum und Sprachenvielfalt in Europa in Gefahr sind.

Nun könnte der falsche Eindruck entstanden sein, dass der Einfluss des Englischen auf alle Fälle zurückzudrängen sei. Dies ist weder sinnvoll noch möglich. Englisch dient weltweit als Verkehrssprache, 80 % der internationalen Organisationen verwenden Englisch als Arbeitssprache, 80 % der Seiten im Internet sind in Englisch geschrieben. Den Ergebnissen des Eurobarometers *Report 54 Europeans and Languages*, Dezember 2000 zufolge ist Englisch mit 40,5 % die meistgelernte Fremdsprache in Europa, gefolgt von Französisch (19,2 %), Deutsch (10,3 %), Spanisch (6,6 %) und Italienisch (3 %). Fast 71 % der Europäerinnen und Europäer sind der Meinung, dass jede bzw. jeder in der Europäischen Union neben ihrer bzw. seiner Muttersprache eine andere europäische Sprache sprechen können sollte. 70 % dieser Personen sind der Meinung, dass diese Sprache Englisch sein sollte.

Aber um welches Englisch geht es hier überhaupt? Um ein sehr vereinfachtes Englisch, das die englischen *native speakers* kaum wiedererkennen würden, es geht um ein Medium einer linguistischen McDonaldisierung (vgl. Ritzer 1995), das durch die Instrumentalisierung zum Zwecke der raschen Befriedigung kommunikativer Bedürfnisse verdinglicht und in letzter Konsequenz von einem lebenden Organismus zu einem puren Werkzeug des Informationsaustausches reduziert wird. Das simpelste Englisch überhaupt ist das sogenannte *Special English*, welches, wie die Süddeutsche Zeitung in ihrer Ausgabe vom 31. März/ 1. April 2001 schreibt, „das US-Radioprogramm ‚Voice of America' bei Nachrichten verwendet, um sie für eine möglichst große Hörerschaft verständlich zu machen. ‚*Special English*' hat ein Basisvokabular von nur 1500 Worten. (…) Jenes Englisch, das die meisten Weltbewohner verstehen, verliert daher seine Ähnlichkeit mit dem, was Briten sprechen. Es ist ungleich simpler – ,eigentliche' Sprachen müssen deshalb weiterhin gelernt werden." (a. a. O., 13)

Die Gesellschaften aller europäischer Staaten sind daher herausgefordert, nicht nur an den Schutz der Minderheitensprachen zu denken, sondern auch Maßnahmen zur Förderung und Verbreitung aller nicht-englischen Sprachen in Europa zu ergreifen, damit diese in einem künftigen Bundesstaat Europa nicht zu Sprachen zweiter Klasse degradiert werden. Dies liegt auch im direkten sprachlichen und kulturellen Interesse von Großbritannien (vgl. auch Doyé/Héloury 2003).

Wichtig ist in diesem Zusammenhang, was Christiane Perregaux (1998) in ihrem Buch *Odyssea. Ansätze einer interkulturellen Pädagogik* feststellt:

> Zurzeit bemüht man sich an den Schulen mancher Länder um die Sprachen und Kulturen der migrierten Kinder und signalisiert ihrer Herkunftsgemeinschaft damit, dass man sie ernst nimmt. Gleichzeitig werden die einheimischen Kinder mit der sprachlichen und kulturellen Vielfalt um sie herum vertraut, und es eröffnen sich ermutigende Perspektiven für das Sprachenlernen und die Begegnung von Kulturen. (a. a. O., 127)

Dies hat auch mit dem *language awareness*-Ansatz zu tun (vgl. dazu auch Gnutzmann 2003, 335–339). Dieser sprachdidaktische, sprachpädagogische und auch sprachphilosophische Ansatz hilft Kindern zu verstehen, wie ihre Sprache aufgebaut ist und verwendet wird. Entsprechend können sie „diese Kenntnisse und Kompetenzen in einem zweiten Schritt auf andere Sprachen übertragen." (Perregaux 1998, 127)

Diese bewusste Förderung der Mehrsprachigkeit, die gleichzeitig auch eine bewusste Förderung der Sprachenvielfalt in Europa ist, sowie eine Förderung der Sprachbewusstheit in allen Kontaktsprachen zusätzlich zur Muttersprache, öffnet nur eines von vielen Portalen zur interkulturellen Erziehung, zu einem möglichen Zugang zu einer interkulturellen Kompetenz. Dabei geht es grundsätzlich und vor allem im Pflichtschulbereich um eine funktionale Mehrsprachigkeit und nicht um „Perfektion". Sich dieser anzunähern liegt in der Verantwortung des Lerners selbst, wenn Gelegenheiten vorhanden sind, geboten und ergriffen werden und dieser Prozess dauert lebenslang.

Vielfalt und Diversität

Die Förderung der Vielfalt ist zudem etwas, was der Trendforscher, Matthias Horx, als den „Mega-Trend", als eine Art „Meta-Prinzip" der sozialen, gesellschaftlichen und ökonomischen Trends bezeichnet: das Prinzip der „Multiplizität" oder „Diversität". Die postmodernen, globalisierten Gesellschaften – eigentlich müsste man „glokalisierte" Gesellschaften sagen, da die Globalisierung nur die eine Seite der Münze ist, die andere Seite ist die starke Betonung des Lokalen – werden in ihren inneren Strukturen immer differenzierter, vielfältiger und individueller.

> In der Zukunftsgesellschaft übernehmen Minderheiten eine andere Funktion als in den eher kulturell homogenen Gesellschaften der industriellen Welt. Minderheiten sind nicht mehr Abweichler der Mehrheit, auch keine zu schützenden ‚Soziotope' mehr. Sie sind der Schatz, den zu heben die ‚*mainstream*-Kultur' permanent herausgefordert ist. Sie sind ‚Prototypen' für den partikularen Reichtum der Gesellschaft. (Horx 2001, 76 f.)

Eine der großen neuen Herausforderungen wird die Bildung sein, zu der auch die Sprachen und ihre Kulturen gehören und die Hartmut von Hentig (1998) als „die sich selbst bestimmende Individualität", bezeichnet, – „aber nicht um ihrer selbst willen, sondern weil sie als solche die Menschheit bereichert." (a. a. O., 40) Auch dazu möchte ich Matthias Horx zu Worte kommen lassen:

> Bildung wird die entscheidende Standortfrage, und wer seine Bildungsprogramme nur mit nationaler Ausrichtung betreibt – und nur die Bildungselite seines eigenen Landstriches oder seiner eigenen Ethnie bedient –, wird im 21. Jahrhundert schnell den Anschluss verlieren. Bildungsmärkte sind per definitionem multikulturell geprägte Märkte. Das Erlernen verschiedener kultureller Standpunkte, das Überbrücken kultureller *gaps* gehört zu den Kern-Qualifikationen der globalen Arbeiterwelt. (a. a. O., 82)

Wer „monochrom" lernt, also nur aus dem Standpunkt eines bestimmten Weltbildes heraus, wer die Vielfältigkeit kultureller Ansätze nicht in seinem Alltag akzeptiert, verliert hier den Anschluss an die neue, globale Elite, in der Hautfarbe, Geschlecht oder andere Eigenschaften sekundär sind. Nicht nur die Bildungspolitik für Eliten, sondern die gesamte Bildungspolitik in Europa sollte demnach auf die

Förderung und Pflege der kulturellen und sprachlichen Vielfalt ausgerichtet sein.

Ein Ansatz erfolgter Sensibilisierung ist schon deutlich feststellbar, da die Notwendigkeit einer interkulturellen Erziehung immer stärker Eingang in Lehrpläne, curriculare Empfehlungen und in die Sprachenpolitik findet.

Interkulturelles Lernen erscheint auf den ersten Blick hin einfach zu sein, wenn die Sprecher der Zweitsprache, die es zu erlernen bzw. zu erwerben gilt, im sozialen Umfeld anzutreffen sind. Dies hängt allerdings davon ab, ob die Beziehungen zwischen den Sprachgruppen vorbelastet sind und ob ihre Beziehungen zueinander überhaupt definiert sind. Nähe muss nicht unbedingt positiv besetzt sein (vgl. Baur 2000).

Grundsätzlich aber erfolgt in Kontaktgebieten das Erlernen der Sprache der anderen leichter als im Schulunterricht. Es ist leichter in der alltäglichen Kommunikation, im sozialen Kontakt, in der Begegnung mit den Sprecherinnen und Sprechern der anderen Sprache. Durch eine gemeinsame zielgerichtete Tätigkeit wird das Aufeinanderzugehen, das sich Verstehen wie auch die Akzeptanz von Verschiedenheit realisiert. Auf diese Weise verlassen Schülerinnen und Schüler die „trügerische" und „schützende" Insel des eigenen Ethnozentrismus und stellen sich der Normalität des Fremden (vgl. Hunfeld 1997).

Wenn es allerdings darum geht, eine Fremdsprache zu erlernen, deren Sprecherinnen und Sprecher nicht im Territorium vorhanden sind und daher keine realen Kommunikationsmöglichkeiten bestehen, ist es weniger offensichtlich, dass interkulturelles Lernen auch in diesem Falle von großem sprachlichen und erzieherischen Wert ist.

Interkulturelle Erziehung will im Rahmen des Erwerbs oder des Unterrichts einer Fremdsprache auf kulturelle Begegnungen vorbereiten, sie will einen hermeneutischen Prozess einleiten, der letztlich zu einem Perspektivenwechsel der Kultur der Menschen gegenüber führt, deren Sprache man dabei ist zu lernen.

Grundsätzliche Überlegungen zum interkulturellen Fremdsprachenunterricht

Das erste Ziel eines interkulturell orientierten Fremdsprachunterrichts ist es, die gesellschaftliche Realität der Sprecherinnen und Sprecher dieser Sprache und ihrer Alltagskultur von ihrem Gesichtspunkt aus zu verstehen bzw. Zugänge zu diesem Verständnis zu eröffnen. Bredella und Delanoy (1999) meinen dazu:

Interkultureller Fremdsprachenunterricht orientiert sich daher an einem *model speaker*, der über ein hohes Maß an interkulturellen Vermittlungskompetenzen verfügt. Anders als bei älteren Konzepten, die den *native speaker* als Norm für angemessenes fremdsprachliches Handeln wählten, rückt nun der *intercultural speaker* in den Vordergrund fremdsprachendidaktischer Überlegungen. (a. a. O., 17 f.)

So ist es z. B. wichtig, der Semantik im Fremdsprachenunterricht eine große Bedeutung zuzumessen, da viele Ausdrücke, Redewendungen, Begrifflichkeiten keine oder eine andere Entsprechung in der eigenen Sprache haben. Sie lassen sich nicht übersetzen, sie lassen sich nur verstehen und dies erfordert einen hermeneutischen Prozess der Annäherung an die Aspekte der Alltagskultur, des sozialen, gesellschaftlichen und kulturellen Lebens der Sprecherinnen und Sprecher der Zielsprache.

Bei Unkenntnis dieser Bedeutungsfelder kommt es bei realen Begegnungen oft zu gravierenden oder zumindest peinlichen Missverständnissen. Würde ein Türke den deutschen Ausdruck „Vor Freude aus dem Häuschen sein" nicht kennen, würde er aus seiner Sprache heraus wörtlich übersetzend sagen: „Deine Röcke klingeln"; „Jeder ist seines Glückes Schmied" würde er übersetzen mit „Jedes Schaf wird an seinem eigenen Bein aufgehängt". Im Englischen und Deutschen käme es zu ähnlichen „Missverständnissen": *„You cannot make an omelette without breaking eggs"* = „Wo gehobelt wird fallen Späne"; *„No pains, no gains"* = „Ohne Fleiß kein Preis" (vgl. Niedersächsisches Kulturministerium 2000, 100–103). Ein weiteres schönes Beispiel bringt Zoderer (2001):

Denn Brot heißt *pane* –, aber *pane* wird in den verschiedenen Regionen Italiens immer wieder anders hergestellt und gebacken als in Hamburg, in Wien oder München – Brot und *pane* sind Träger sehr different gewachsener Kulturwelten, obwohl man mit und ohne Hunger japanisch, schweizerisch oder senegalesisch hineinbeißen und damit den Hunger stillen kann. (a. a. O., 57)

Im Fremdsprachenunterricht verläuft interkulturelle Kommunikation, wie Roche (2001, 49 f.) betont, gleichzeitig auf verschiedenen Ebenen:
• zwischen den Lehrkräften und den Lernern,
• zwischen dem Lehrbuch und den Materialien und den Lernern,
• zwischen den Lehrkräften und dem Lehrbuch sowie den Materialien,

- zwischen den Lernern selbst (besonders wenn ihre Ausgangs- oder Herkunftskulturen unterschiedlich sind: bilinguale Klassen, Anwesenheit von Migrationskindern),
- zwischen der Lernergruppe und anderen Ressourcen (z. B. *chatlines*, Gesprächsplattformen).

Dabei kommt es zu vielfältigen Überschreitungen. Lassen wir noch einmal Zoderer zu Wort kommen, der dies am Beispiel der Situation in der Autonomen Provinz Bozen-Südtirol beschreibt:

> Wir haben schon längst etwas begonnen, was kein Berliner oder Frankfurter oder Grazer normalerweise erfahren kann: Wir haben seit acht Jahrzehnten nolens volens den Sprachalltag der anderen Zunge mitpraktiziert – wer mit einem deutschen Bozner italienisch spricht, tritt automatisch (mit oder ohne Anstrengung) über eine Grenzlinie, durch ein Tor in eine andere Sprachbildwelt (...) und muss sein eigenes Bild für das andere, seine Wohlgefühlswelt wie Geldscheine in eine Ungewohnheitswelt umtauschen. (Zoderer 2001, 57)

Diese Überschreitungen rufen bei einem interkulturellen Fremdsprachenunterricht Sensibilisierungen für die Kultur der anderen hervor, deren Sprache man lernt. Dies geschieht auch über eine entsprechende Auswahl thematischer Bereiche aus der Alltagskultur.

Hierbei können nach Bennet (1993, 23) folgende Phasen unterschieden werden:

1. Die Phase der Verleugnung kultureller Differenzen: Abweichendes Verhalten wird gutmütig stereotypisiert oder aus den Möglichkeiten menschlichen Verhaltens ausgeschlossen (Er benimmt sich wie „ein Wilder" oder es wird als Zeichen mangelnder Intelligenz verstanden (vgl. dazu Asterix: „Die spinnen die Römer!")).
2. Die Phase der Verteidigung gegen kulturelle Unterschiede: Jedes unterschiedliche Verhalten wird negativ eingestuft. Typisch für diese Phase ist das „Wir – Ihr" Denken und das Vorhandensein massiver und negativer Stereotypen.
3. Die Phase der Abschwächung von Differenzen: In dieser Phase werden oberflächliche kulturelle Unterschiede, wie z. B. Essgewohnheiten oder eine bestimmte Art sich zu kleiden akzeptiert. Diese Phase kann auch als eine Phase des Pseudoverständnisses bezeichnet werden.
4. Die Phase der Akzeptanz kultureller Differenzen: In dieser Phase werden unterschiedliche Verhaltensweisen und Werte nicht nur akzeptiert, sondern als Ausdruck der Vieldimensionalität menschlichen Verhaltens auch geschätzt. Es kommt zu einer kulturellen Re-

lativierung, auch der eigenen Kultur, und zu einer differenzierten und differenzierenden Beurteilung kultureller Phänomene.

5. Die Phase der Anpassung: Nun werden kommunikative Fertigkeiten für interkulturelle Kommunikation und Strategien für das Verstehen und Verstandenwerden eingesetzt.

6. Die Phase der Integration: In dieser Phase internalisiert das Individuum bi- oder multikulturelle Bezugsrahmen. Die eigene Identität wird nicht mehr als etwas Statisches, als eine unveränderbare Größe und Qualität verstanden, sondern als ein lebenslanger Prozess der Formung der eigenen Persönlichkeit.

Diesen Phasen entsprechen nicht graduell unterschiedlichen Kompetenzstufen der Sprachentwicklung, auch wenn es schwer vorstellbar ist, dass jemand in Phase 5 oder 6 nur eine Anfängerkompetenz in der Fremdsprache aufweist.

Allgemein kann Folgendes festgehalten werden:

> Die Bereitschaft, eine Sprache zu lernen, gilt, so könnte man annehmen, gleichzeitig als Einverständnis mit den Minimalforderungen interkultureller Kommunikation. Davon ausgehend ist zu erwarten, dass interkulturelle Kommunikation bei Übereinstimmung der Einstellungen der Kommunikationspartner in weiteren metakommunikativen Aspekten, wie der Offenheit des Kommunikationsprozesses, Ambiguitätstoleranz, Dialektik der Vermittlung, Empathie etc., noch weiter erleichtert wird. (Roche 2001, 48)

Bei einer positiven Einstellung gegenüber einer Sprache kann man wahrscheinlich davon ausgehen, dass die dritte oder vierte Sensibilisierungsphase gegeben ist.

Im interkulturellen Fremdsprachenunterricht geht es gerade daher auch um eine deutliche Fokussierung der Bemühungen der Lehrenden und der Lernenden auf die Sprache selbst (vgl. Bredella / Delanoy 1999, 17). Noch deutlicher drückt dies Larcher (1999) aus, wenn er schreibt:

> Hier ist der Punkt, um vom Exkurs in die luftigen Höhen der Sprachphilosophie wieder auf das Erlernen einer zweiten (oder dritten oder vierten) Sprache zurückzukommen. Die Grundannahme der meisten Sprachdidaktiken (Didaktiken der Erst-, der Zweit-, der Fremdsprache) besteht darin, es sei ausreichend, die Sprache des Sekundärprozesses als Regelsystem zu vermitteln. Sie setzen, je nach didaktischer Präferenz, auf das Beibringen

der Systemregeln oder auf das Einüben von Sprechakten, auf das Memorieren von Struktureigenschaften oder ‚*patterns*‘, auf den ‚*total physical response*‘ oder das eigenständige Entdecken der sprachlichen Gesetzmäßigkeiten. Dies sind durchaus sinnvolle Aktivitäten, die Lernenden helfen, sich im Gestrüpp der eigenen und/oder der fremden Sprache zurechtzufinden und sich deren Zeichensystem anzueignen und/oder es zu erweitern.

Wie wichtig solche Lernschritte sind, wissen alle, die jemals versucht haben, eine andere Sprache bloß durch ‚teilnehmende Beobachtung‘ zu lernen, selbst wenn sie längere Zeit in der Kultur der anderen Sprache gelebt haben. Jede komplexere Sprachverwendung macht ihnen Mühe, sei's beim Verstehen, sei's gar beim aktiven Sprachgebrauch. Je schwieriger das Thema, je abstrakter der Argumentationsgang des Kommunikationspartners, je verschlungener die Sprechabsicht (mit Bedingungen, Einschränkungen, Zugeständnissen usw.), desto unmöglicher wird es, sich mithilfe bloß aufgeschnappter sprachlicher Mittel verständlich zu machen. Trotz hoher Geläufigkeit im Bereich ganz alltäglicher Kommunikation stellt sich plötzlich das Gefühl der Sprachlosigkeit ein. Es ist zumeist der Verdienst gründlicher sprachlicher Unterweisung im traditionellen Sinn, wenn man dieses Stadium überwindet.

Die naive Annahme, dass es Aufgabe einer guten Sprachdidaktik sei, möglichst viele und intensive Begegnungen mit Personen der anderen Sprache zu ermöglichen, um aktive und passive Kenntnis der anderen Sprache (aber auch der eigenen) zu erhöhen – mit anderen Worten, dass interkulturelles Lernen als Begegnung mit Personen der anderen Sprachgruppe gleichsam von selbst das Sprachenlernen befördere, etwa nach dem Motto, dass man eine zweite Sprache dann am besten lerne, wenn man vergisst, dass man sie spricht, weil die Begegnung mit dem/den anderen so faszinierend und der Wunsch nach Kommunikation so überwältigend ist –, diese Annahme ist nicht mehr als ein frommer Wunsch. (a. a. O., 38 f.)

Etwas abschwächend kann man dem hinzufügen, dass Begegnungen und Kontakte doch sehr wichtige Schlüsselerlebnisse auf dem sicher steinigen Weg des Sprachenlernens sind.

Interkulturelle Erziehung im Fremdsprachenunterricht der Grundschule

Es könnte auf den ersten Blick hin so erscheinen, dass auf Grund der Komplexität der Zusammenhänge interkulturelle Erziehung erst auf der Sekundarstufe begonnen werden kann. Dies mag für einen Reflexionsprozess auf einer höheren Metaebene gelten, der z. B. auch die psychoanalytische Dimension anspricht, wie das Erkennen des Eigenen im Fremden und des Fremden im Eigenen. Es trifft aber nicht für konkrete Zugänge zum Fremden, zum Anderssein und zum Aufbau einer Haltung zu, die das Eigene, wie das noch Fremde, das noch Unbekannte schätzen und achten lernt. Dafür ist die Neugierde, die Entdeckungsfreude der sechs- bis zehnjährigen Kinder, ihre kognitive Leistungsfähigkeit sowie ihre emotionale Zuwendungsbereitschaft zu groß.

Jerome Bruner hat vorgeworfen, dass dauernd Talente und Begabungen verschwendet würden, weil man annehme, dass dies oder jenes für die Kinder noch zu schwierig sei:

> We begin with the hypothesis that any subject can be taught effectively in some intellectually honest form to any child at any stage of development. (1960, 33)

Auf dieser Grundlage sollen nun einige Möglichkeiten der interkulturellen Erziehung im Fremdsprachenunterricht der Grundschule auf unterschiedlichen Ebenen der Begegnung mit der Fremdheit angesprochen werden. Ich halte mich dabei an die dreifache Bedeutung der Kategorie Fremdheit in der Fremdsprachendidaktik wie sie von Bredella und Christ (1995) dargestellt worden sind:

> Wer fremde Sprachen lernt, begegnet der Fremdheit in dreifacher Weise:
> • Er lernt die fremde Sprache.
> • Die fremde Sprache ist Teil und Ausdruck einer fremden Kultur.
> • Er begegnet schließlich Personen, die ihm als Angehörige einer anderen Kultur und einer anderen Sprachgemeinschaft fremd sind. (a. a. O., 11)

1. Begegnung mit der Fremdheit beim Lernen der fremden Sprache
Interkulturelles Lernen erfolgt hier auf verschiedensten Ebenen: der phonematischen, der morphematischen, der syntaktischen, der semantischen, der pragmatischen sowie der gestischen und mimischen Ebene.

Schon das Grundschulkind kann entdecken, dass die Lautbilder in anderen Sprachen oft nicht oder nur teilweise mit den deutschen Lautbildern übereinstimmen. Es kann auch erkennen, dass die syntaktischen Konstruktionen in der Fremdsprache meistens andere sind, dass es aber auch Analogien und Entsprechungen gibt. Besonders wichtig ist, dass die Kinder fortschreitend eine Sensibilität dafür entwickeln, dass ihre Konnotationen beim Hören oder Lesen fremder Wörter oder Wendungen aus der eigenen Alltagskultur stammen und nicht mit jenen der fremden Alltagskultur übereinstimmen müssen. Auf der Ebene der Pragmatik sollte das Kind zu einem Verständnis geführt werden, dass die verschiedensten Sprachfunktionen (jemanden um etwas bitten, jemanden zu etwas auffordern, etwas ablehnen usw.) in der anderen Sprache nicht immer gleich realisiert werden wie in der eigenen. Schließlich sollten die Schülerinnen und Schüler durch handelndes Lernen konkrete Erfahrungen machen können, dass die Sprecher der anderen Sprache, die man lernt, sehr häufig völlig andere Gesten, eine andere Mimik, eine andere Körpersprache verwenden. Es geht hier auf Grundschulebene sicher nicht um eine definitorische Kompetenz, sondern vielmehr darum, in ganz konkreter Weise Einsichten in die andere und in die eigene Sprache zu gewinnen, kontrastive Entdeckungen zu machen, Analogien aufzuspüren und auf diesem Wege – zuerst nur intuitiv und später auch auf unterschiedlichen Metaebenen – zu erkennen, dass das System der eigenen Sprache nicht einfach auf das System der anderen Sprache übertragen werden kann. Es gibt selten eine 1:1 Entsprechung und es ist selten möglich, einen Satz oder eine Aufforderung „wörtlich" in die andere Sprache zu übertragen. Dies alles soll dazu beitragen, eine größere Sprachbewusstheit insgesamt zu entwickeln und die Schülerinnen und Schüler auch in das Feld der Mediation zwischen den Sprachen einzuführen. Ohne diese schon früh anzubahnende Kompetenz der Mediation verbleiben Lücken im Aufbau des symbolischen Verständnisses der anderen Sprache und die Schülerinnen und Schüler versuchen dauernd nur aus ihrer eigenen Sprache heraus zu übertragen, was einem ständigen Rückfall in die Einsprachigkeit gleichkommt.

Dies alles kann aber nur durch eine integrierte Sprachdidaktik Muttersprache – Fremdsprache (Zweitsprache) gelingen, das heißt durch eine Verzahnung und Abstimmung der beiden Bildungsbereiche. Dieser integrierte Sprachunterricht ist auf der Ebene der Lehrpläne, auf der Ebene der Lehrwerke und Materialien und auf der Ebene des konkreten Unterrichtes anzustreben. Im konkreten Unterricht erfordert er zumindest wöchentlich eine einstündige *team teaching*-Phase zwischen den beiden Lehrpersonen. Dabei geht es darum, beim Sprechen und Schreiben, beim Umgang mit Texten Sprachvergleiche durch entdeckende und forschende Verfahren anzuregen und Kommunikationsschwierigkeiten durch Vereinfachungs- und Vermeidungsstrategien (vor allem im morphosyntaktischen Bereich) und Kompensationsstrategien (vor allem im lexikalischen Bereich) zu überwinden (vgl. Flügel 1992, 62 f.).

Dies alles ist relativ einfach. Schwierig ist es, die Sprachen der Migranten, die einen unleugbaren Reichtum in unsere Schulen mit ihrem noch überwiegenden „monolingualen Habitus" (vgl. Gogolin 1994) gebracht haben, in diesen sprach-didaktischen Diskurs einzubeziehen. Es gelingt den einzelnen Schulen und auch den Ministerien für Unterricht und Kultur der europäischen Nationalstaaten oft nicht, eine Migrantensprache in den Unterricht der Grundschulen und Sekundarschulen zu integrieren. Eine Diskussion allerdings darüber, welche Sprachen zusätzlich zu den „klassischen Fremdsprachen" in den Schulen in Deutschland, Frankreich, Italien und in den anderen Ländern der Europäischen Union angeboten und gelernt werden sollen, ist längst überfällig und wird „nur" durch nationale Tendenzen behindert.

2. Begegnung mit der Fremdheit beim Kontakt mit einer fremden Kultur

Das Erlernen einer Fremdsprache bedeutet auch, eine zusätzliche kulturelle Kompetenz zu erwerben. Unter dieser Kompetenz versteht man nicht mehr nur, wie in den siebziger Jahren des 20. Jahrhunderts, den Erwerb von Wissen über Wirtschaft, Kultur, Zivilisation, Kunst, Bräuche usw. des entsprechenden Landes, sondern auch den Erwerb einer kontrastiv-kulturellen Kompetenz im Bereich der beiden Alltagskulturen. Die neue Dimension, die sich öffnet, ist eine Erfahrungsdimension. Sie kann nicht mehr nur über Informationen erworben werden, sondern muss zumindest das Nachspielen, das probehandelnde Lernen im Kulturbereich der zu erlernenden Sprache ermöglichen. Dabei geht es auch, besonders bei einer Präsenz von Migrantenkindern in der Klasse, um die Erarbeitung eines sozialen Rahmens, in dem interkulturelle und interpersonale Reflexionen möglich sind. „Interkulturelles Lernen soll die eigenen und die fremden kulturellen Regelungen des Lebens bewusst machen. Es hilft, diese Differenzen zu verstehen und die aus ihnen erwachsenden Konflikte auszuhalten. Es lehrt, die eigene Kultur zu relativieren und die andere zu schützen. Es zielt aber nicht darauf ab, (…) sich der anderen Kultur anzupassen". (Civegna/von Guggenberg/Larcher 1995, Faszikel Interkulturelles Lernen, 11)

Perregaux verweist in ihrem Buch *Odyssea* (1996, 42–143) auf die vielfältigen Hilfestellungen, welche die Integration eines Migrantenkindes in der Klasse erfordert, aber auch auf die realen Möglichkeiten und

Chancen der Persönlichkeitsentwicklung aller Schülerinnen und Schüler, die sich dadurch bieten.

Grundsätzlich geht es darum, den Kindern einen Durchblick zu konkreten Situationen der Alltagskultur der Sprecher, deren Sprachen sie lernen, zu eröffnen. Dies erfordert die Entwicklung und das probehandelnde Erfahren von Empathie als die Fähigkeit, sich in die Lebenswelt des anderen, noch fremden Kindes einzufühlen oder die Welt vom Standpunkt des fremden Kindes aus zu sehen. Dabei ist unabhängig, ob dieses Kind nun in der Klasse anwesend ist oder als möglicher Partner konzipiert wird wie es meist beim schulischen Lernen des Englischen und Französischen der Fall ist. Häufig gelingt dies nicht besonders gut, da die Versuche, einen virtuellen sozialen Rahmen aufzubauen meist deshalb scheitern, weil wieder landeskundliche und kulturkundliche Themen in darstellender und erzählender Form in den Vordergrund treten.

Wenn die Sprecher der Fremdsprache, die man lernt, nicht zugegen sind, kann dieser virtuelle Rahmen nur so geschaffen werden, dass man die Alltagsprobleme z. B. der englischen Kinder und Erwachsenen, die in Großbritannien leben, thematisiert und im Unterricht konkretisiert.

Dazu gibt es vielfältige Möglichkeiten, die sich auch im Grundschulbereich anbieten, und die darin bestehen vor allem in die Alltagskultur der Sprecher der anderen, „fremden" Sprache einzusteigen. Wie schauen die Schulen aus, die englische Kinder besuchen? Tragen die Schülerinnen und Schüler dieselbe Alltagskleidung, oder haben sie eine eigene Schulkleidung? Was würden wir in einer italienischen Grundschulmensa essen und wie würde uns das Essen schmecken? Hier eröffnen sich auch Möglichkeiten der praktischen Erprobung, wenn die Lehrpersonen über diese interkulturellen Kompetenzen verfügen.[10] Welche Unterrichtsfächer gibt es in einer russischen Grundschule? Wie verbringen spanische Kinder das Wochenende? Dabei könnten sich auch Möglichkeiten des sozialen Lernens ergeben, da in den anderen Ländern wie in Deutschland viele Kinder aus sozial benachteiligten Schichten am Wochenende gar nichts unternehmen und vielleicht nur im Hinterhof Fußball spielen. Auf diese Weise zeigt sich den Grundschülerinnen und -schülern auch ein kulturelles Alltagsmuster, das weder besonders englisch oder spanisch noch besonders deutsch ist, sondern viel mehr mit der sozialen Schichtzugehörigkeit zu tun hat.[11]

Welche Lieder singen überhaupt englische Kinder? Welche Reime sprechen sie? Gibt es bei ihnen ähnliche Reime und Singspiele wie bei uns? Wie sind die Redewendungen und Sprichwörter formuliert? Welche Märchen lesen die Mütter/Väter den Kindern vor dem Einschlafen vor? (vgl. Doyé 1999)

Hier bieten sich auch auf Grundschulebene Möglichkeiten des Einsatzes authentischer Texte im Unterricht an, auch wenn die Kinder erst 20 bis 30 Stunden Fremdsprachenunterricht erhalten haben. Kubanek-German (2003) schreibt dazu:

> Schon im Vorschulalter erwerben die Kinder die *story schemata*, so dass der frühe Fremdsprachenunterricht, selbst wenn er zukünftig bereits in Klasse 1 beginnt, mit dem Vorhandensein zumindest der Kompetenzen zum Verstehen von Geschichten rechnen kann. (ebenda, 79 f.)

Gute Vorschläge der Realisierung einer interkulturellen Erziehung im Fremdsprachenunterricht finden sich in vielen Zeitschriften und Veröffentlichungen.[12] Diese befassen sich zwar sehr häufig mit dem interkulturellen Lernen in Klassen mit türkischen, pakistanischen, kurdischen oder anderen Migrantenkindern, greifen aber nicht selten auch Möglichkeiten interkultureller Erziehung im Fremdsprachenunterricht Englisch und Französisch auf.

In den Klassen mit Migrantenkindern, die in urbanen Bereichen in weiten Teilen Europas bereits eine Normalität darstellen, die sich langsam auch auf die ruralen Räume ausweitet, sollte die Realisierung eines sozialen Erfahrungsrahmens deutlich leichter sein, als in Schulklassen, in denen man die Sprache eines fernen Fremden lernt. Dies ist allerdings aus sozialpsychologischer Sicht nicht der Fall. Der ferne Fremde, z. B. die Kinder und Erwachsene aus Großbritannien, schaffen im Unterricht weniger Probleme, einfach weil sie nicht da sind. Ihre Präsenz kann aufgerufen, aber auch wieder ausgeklammert werden, ohne dass Beziehungsprobleme auftreten.

3. Begegnung mit der Fremdheit bei Kontakten mit den Sprechern der anderen Sprache

Diese Ebene der Begegnung mit der Fremdheit ist besonders auf Grundschulebene eine schwierige, da Lehrfahrten in Länder, deren Sprachen in den Schulen unterrichtet und gelernt werden, erst in den Sekundarschulen oder über verschiedene Austauschprogramme der EU auf Hochschulebene durchgeführt werden.

Auf Grundschulebene bietet sich ein vertiefter Kontakt mit den Migrantenkindern an, die in der eigenen Schulklasse sitzen, deren Sprachen zwar nicht unterrichtet und gelernt werden, aber zum „Nahbereich der kindlichen Erfahrungswelt" gehören (Baur/Chlosta 1999, 30). Dieser Kontakt kann über das soziale Lernen hinaus durch gezielte interkulturelle Lernfelder ausgebaut werden. Dabei geht es darum, einerseits den verschiedenen Sprachen dieser Kinder durch das Lernen von Reimen, Singspielen, Liedern, Begrüßungsformeln usw. im Unterricht Raum zu geben und andererseits konkrete Elemente der Alltagskultur dieser Kinder (Kochrezepte, Kleidung, Feste usw.) in den Unterricht einzubauen. Es ist anzunehmen, dass diese konkreten kulturellen Erfahrungen einen positiven Transfer auch zur Alltagskultur in Großbritannien, Frankreich, Italien usw. oder auch zu französischsprechenden Migranten aus nordafrikanischen Ländern erleichtern könnte.

Gerade beim Lernen des Englischen als erste Fremdsprache wäre es von großer Bedeutung, dass z. B. Kontakte mit einer englischen Partnerklasse gesucht und aufgenommen werden, damit das Englische, wie weiter oben bereits ausgeführt, nicht als eine kulturlose „*fast food*"-Sprache zur raschen Befriedigung kommunikativer Bedürfnisse, als *lingua franca* eben, empfunden und verstanden wird, sondern als Sprache, die auch in unterschiedlichen Varietäten das Alltagsleben z. B. der Kinder von Avebury oder Dundee prägt.

Wie Bredella und Christ (1995) betonen, stellt die reale Begegnung mit Fremden, mit Personen anderer Sprachen und Teilhabern anderer Kulturen eine dritte Barriere dar, die überwunden werden sollte.

> Auf solche realen Begegnungen soll ja im Fremdsprachenunterricht vorbereitet werden, und sie werden nach Möglichkeit im Verlaufe des Lernprozesses bereits realisiert (z. B. auch durch Korrespondenz, am Telefon, durch Video usw.). (a. a. O., 11)

Sprachen sollten aber nicht auf Vorrat gelernt werden, sie sollten so schnell wie möglich in authentischen Kommunikationssituationen verwendet werden.

Die Didaktisierung umgangssprachlicher Kommunikation zum Wohle der fremdsprachenlernenden Schülerinnen und Schüler hat zu einem Phänomen geführt, das Bernard Dufeu die „mehrfache Sprachverfremdung" nennt (vgl. Dufeu 1985, 25 ff.). Die Themen, die Situationen, die sprachlichen Mittel sind vorherbestimmt, und zwar aus offensichtlich sprachdidaktischen Erwägungen; die Personen sind geschichtslos, die Situationen sind aus ihrem kulturellen, historischen und lebendigen Kontext herausgerissen. Die affektive Einbeziehung der Lernenden ins Unterrichtsgeschehen misslingt, da die blassen Figuren in ihren sterilen Situationen wenig Identifikationsmöglichkeiten anbieten. Nicht genug, dass die Sprache fremd ist; auch ihre Inhalte bleiben fremd, machen nicht betroffen, involvieren nicht in die Situation. Dufeu sagt dazu:

> Diese Verfremdung und Entfremdung hat Konsequenzen auf die Behaltensfähigkeit, die Motivation, das Interesse, die Aufmerk-

samkeit, die Anteilnahme, die Wahrnehmung der Teilnehmer, d. h. auf den Gesamterwerbprozess der Fremdsprache. (ebenda, 26)

Mithilfe eines solchen didaktischen Elaborats soll ganz offensichtlich für das Dort und Dann gelernt werden, für eine *„Pédagogie en décalage"*, wie Dufeu sagt, die Zeit und Raum verschiebt, „um zu lernen und zu üben, was man später woanders mit anderen vielleicht einmal brauchen kann." (Larcher 1994, 26 f.)

Die neuen Technologien bieten nun vielfältige und leicht zugängliche reale Begegnungsmöglichkeiten. Über das Internet kann in vielfältigen Formen Kontakt mit einer englischen oder französischen Schulklasse aufgenommen werden, kann ein Tele-Tandem begonnen und über eine *chatline* die Fremdsprache in authentischen Situationen verwendet werden. Bei Klassenpartnerschaften mit einer fernen Schule sollte aber immer auch ein kleines Projekt realisiert werden. Der Projektunterricht ist die beste didaktische Modalität in Klassenpartnerschaftsprojekten.

Er erfordert Eigeninitiativen und Selbsttätigkeit im Aneignen von Informationen, Sammeln, Auswerten und Verarbeiten von Daten. Eine besondere Dimension erhält Projektlernen in Partnerschaften dadurch, dass Lernen und Arbeiten nicht nur innerhalb der eigenen Klasse, sondern immer auch in Bezug auf und im Dialog mit der anderen Klasse erfolgt. (von Guggenberg 1998, 116 f.)

Dialogisches Lernen wird so im Austausch, in der Konfrontation mit den anderen, zum interkulturellen Lernen. Interkulturelles Lernen wird so mehr als nur ein Wissen über die anderen, es wird zu einer Erfahrung, zu einem ganz persönlichen Erleben, das seine Auswirkungen nicht nur auf der kognitiven, sondern vor allem auf der emotionalen Ebene hat. Das Lernen erhält so eine neue Qualität, die sich positiv auf die Motivation auswirkt.

Interkulturelles Lernen im Fremdsprachenunterricht zielt auf den Aufbau von Kompetenzen ab, die die Schülerinnen und Schüler befähigen, gerade vor neuen, unbekannten, fremden oder ungewohnten Situationen den Lernprozess aufrechtzuerhalten. „Die Welt hat sich verändert. Kinder begegnen immer häufiger Menschen anderer ethnischer und sprachlicher Herkunft und müssen auf diese Begegnungen vorbereitet sein." (Doyé/Hurrell 1998, 12)

Schülerinnen und Schüler lernen dann, wenn sie es sich zutrauen und dieses *empowerment* muss bei der Einschulung beginnen.

Anmerkungen

[1] „West-Europa hat keine Nation, die nur aus einem Volk, einer Kultur oder Ethnizität besteht. *Alle modernen Nationen sind kulturell hybrid.*" Hall 1994, 207)

[2] Sozialisierung in der eigenen Kultur.

[3] Sozialisierung in einer anderen zusätzlichen Kultur.

[4] Vgl. Erdheim, Mario: *Psychoanalyse und Unbewusstheit in der Kultur.* Frankfurt/M.: Suhrkamp 1988.

[5] Hymes hat den Begriff der „kommunikativen Kompetenz", der immer noch recht schillernd ist, im Jahre 1967 in die soziolinguistische Forschung eingeführt und gefordert, dass es notwendig sei „to describe the communicative competence that enables a member of the community to know when to speak and when to remain silent, which code to use, when, where and to whom, etc." (a. a. O., 13)

[6] Oksaar (2003) unterscheidet in diesem Zusammenhang Verhaltensweisen, die er Behavioreme nennt, und die er in ausführende (nonverbale, verbale, parasprachliche) und regulierende (extraverbale: Zeit, Raum, Proximik, soziale Variablen) unterteilt (a. a. O., 39).

[7] Ich verstehe darunter im Sinne Becks (1993, 155) die Individuen, die in der Zeit der Postmoderne in die Politik zurückkehren. Beck schreibt: „Wer auf die Politik von oben starrt und wartet, übersieht die Selbstorganisation des Politischen,

die – zumindest der Möglichkeit nach – viele, alle Felder der Gesellschaft ,subpolitisch' in Bewegung versetzen kann." (a. a. O., 156)

[8] Im wissenschaftlichen Sprachgebrauch scheint der Begriff „Plurilinguismus" immer stärker für persönliche Mehrsprachigkeit verwendet zu werden und der Begriff „Multilinguismus" für die Präsenz mehrerer Sprachen in einer Region.

[9] Vgl. Pelz 1989

[10] Vgl. die Überlegungen zum *intercultural speaker* im Kapitel *Interkultureller Fremdsprachenunterricht.*

[11] Dieses unterschiedliche kulturelle Verhalten führt zu einer weiteren Form kulturellen Lernens, dem des intrakulturellen Lernens, das unterschiedliches Verhalten nicht immer auf kulturelle Unterschiede, sondern auf soziale Unterschiede zurückführt.

[12] Vgl. z. B. die Zeitschrift *Grundschule.* Heft 1/2000. Braunschweig: Westermann, oder die Veröffentlichung des Niedersächsischen Kultusministeriums (2000): *Sichtwechsel. Wege zur interkulturellen Schule. Ein Handbuch.* (Bestellung unter Telefon: 00 49/51 11 20 70 37), oder auch die frühe Veröffentlichung des Staatsinstitutes für Schulpädagogik und Bildungsforschung München (1992): Miteinander und voneinander lernen. Handreichungen für den interkulturellen Unterricht. Band 1: Materialien für die Grund- und Hauptschule.

2

Peter Doyé (Braunschweig)

Exemplarischer Fremdsprachenunterricht

Einleitung

Im ersten Kapitel dieses Buches hat Siegfried Baur den Fremdsprachenunterricht in der Grundschule dezidiert in den Dienst interkultureller Erziehung gestellt und gute Gründe dafür genannt. Seine Auffassung ist heute bei vielen Theoretikern dieses Unterrichts akzeptiert und
wird auch von der Mehrzahl der für die Grundschule verantwortlichen
Politikerinnen und Politiker geteilt.

Sie spiegelt sich schon in den Richtlinien und Empfehlungen der
meisten deutschen Bundesländer wider. Hierzu zwei Beispiele:

> Fremdsprachenlernen in der Grundschule bedeutet sprachliches
> und interkulturelles Lernen. Es muss für die Unterschiede und
> Gemeinsamkeiten von Sprachen und Kulturen sensibilisieren
> und eine offene und aufgeschlossene Haltung gegenüber ande-
> ren Sprach- und Kulturgemeinschaften fördern. Hierdurch wird
> ein Beitrag zu interkultureller Toleranz und Achtung und damit
> zur Friedenserziehung geleistet. (Niedersächsisches Kultusmi-
> nisterium 1995)

> Die Begegnung mit einer fremden Sprache vollzieht sich im Un-
> terricht der Grundschule stets in einem kulturellen Kontext. Die
> Kinder erschließen sich so grundlegende Kenntnisse über frem-
> de Kulturen und erwerben interkulturelle Kompetenz. (Ministe-
> rium für Bildung, Frauen und Jugend, Rheinland-Pfalz 2004)

So weit, so gut. Jedoch wird die geforderte interkulturelle Erziehung in
der Praxis oft mit einer widersinnigen Einseitigkeit betrieben, – einer
Einseitigkeit, die völlig im Widerspruch zu der erstrebten prinzipiellen
Offenheit gegenüber Menschen und Gegenständen anderer kultureller
Herkunft steht. Wie Baur zu Recht betont, geht es bei der interkulturellen Erziehung nicht um die Befähigung zum Umgang mit Partnern
einer bestimmten anderen Kultur, sondern mit Partnern anderer Kultur
überhaupt. Denn was ist schon gewonnen, wenn Kinder und Jugend-
liche lernen, mit bisher fremden Menschen aus solchen Ländern und
Gesellschaften zu kommunizieren, deren Sprache und Kultur sie gera-

de studieren, und der „Rest der Welt" dabei außer Betracht bleibt? Mit anderen Worten: Eine Erziehung, die das monokulturelle Paradigma durch ein bikulturelles ersetzt, greift zu kurz.

Die hier vertretene Ansicht steht im Einklang mit den sprachenpolitischen Prinzipien der europäischen Union und des Europarats. In allen pädagogisch relevanten Beschlüssen und Empfehlungen der beiden großen europäischen Institutionen ist von der Vielfalt und Diversität, von *variety* and *diversity*, von *richesse et diversité* die Rede, die es zu bewahren gilt.

> Europe's linguistic diversity is a precious cultural asset that must be preserved and protected. (Europarat 1998)

> Es soll das Bewusstsein vertieft werden, welchen Reichtum die sprachliche und kulturelle Vielfalt in der Europäischen Union und welchen Wert dieser Reichtum für Kultur und Zivilisation darstellt, wobei der Grundsatz anzuerkennen ist, dass alle Sprachen den gleichen kulturellen Wert und die gleiche Würde haben. (Europäisches Parlament und Europäischer Rat 2000)

> L'enseignement des langues vivantes dans les systèmes éducatifs des Etats membres du Conseil de l'Europe doit être davantage diversifié. Il doit se traduire par l'acquisition non seulement de l'anglais, mais aussi d'autres langues européennes et mondiales. (Europarat 1998)

Was bedeutet dies für den Fremdsprachenunterricht in der Grundschule? Zunächst einmal, dass keiner Sprache und Kultur – aus welchen Gründen auch immer – der Vorrang vor allen anderen gebührt. Prinzipiell kommen drei Möglichkeiten in Frage: Die in der Grundschule unterrichtete Fremdsprache kann eine Migrantensprache, eine Nachbarsprache oder eine Weltsprache sein.

Bekanntlich geben die meisten europäischen Ländern gegenwärtig der Weltsprache Englisch den Vorzug.

Zum zweiten hat die Erkenntnis der Vorteile von Vielfalt und Diversität Bedeutung für die Reihenfolge der zu lernenden Sprachen; denn selbst wenn aus praktischen Erwägungen eine bestimmte Sprache allen anderen vorgezogen wird, folgt daraus noch nicht, dass sie als erste im Lehrplan auftreten muss. Sie könnte aus didaktischen oder lernpsychologischen Gründen sehr wohl zeitlich an zweiter oder gar dritter Stelle im Curriculum erscheinen.

Aber hier scheint nun die Entscheidung bereits gefallen. Die erste Grundschulfremdsprache ist in fast allen deutschen Bundesländern Englisch, und es wäre naiv anzunehmen, dass sich daran in absehbarer Zukunft etwas ändern könnte, selbst wenn die oben angeführten Argumente für mehr Diversifizierung sprechen. Zu groß sind die organisatorischen Vorteile einer einheitlichen Regelung, als dass die Bildungspolitiker der Länder bereit wären, das starre deutsche System zugunsten einer flexiblen Lösung mit größerer Freiheit der Sprachenwahl aufzugeben.

Die Situation ist also diese: Es gibt zwar gute Gründe dafür, Englisch nicht überall an deutschen Grundschulen als erste Fremdsprache zu etablieren und auch anderen Sprachen eine Chance zu geben (Baur / Chlosta 1999; Königs 2000). Diese Gründe spielen aber in der gegenwärtigen Bildungsdiskussion kaum eine Rolle. Es scheint offenbar deutschen Bildungspolitikern um vieles einfacher, d. h. praktischer, bei der einheitlichen Regelung zu bleiben. Wo aber bleiben dann die vielbeschworene europäische Vielfalt und die Erziehung zu offener Interkulturalität?

Die Grundidee meines Beitrags ist diese: Wenn denn schon eine Fremdsprache – und zwar meistens Englisch – eine so privilegierte Position im Fremdsprachenunterricht der Grundschule einnimmt, dann gebieten es pädagogische Logik und bildungspolitische Vernunft, diesen Unterricht interkulturell offen zu gestalten.

Die Stärke des Begegnungssprachenkonzepts, so wie es vor allem in Nordrhein-Westfalen praktiziert wurde, lag in seiner Betonung des interkulturellen Lernens.

> Begegnung mit Sprachen soll Interesse an Sprachen und Freude am Umgang mit ihnen wecken, die Gleichwertigkeit der Sprachen und Kulturen bewusst machen und dadurch einen Beitrag zur interkulturellen Erziehung leisten; ... sie soll zum gegenseitigen Verstehen erziehen und dazu beitragen, dass bei den Kindern Vorurteile und ethnozentrische Denkweisen nicht entstehen. (KM des Landes NRW 1992, 2)

Die Gefahr, dass dieser positive Grundgedanke verloren geht, wenn nun das Begegnungssprachenkonzept durch einen zwar systematischen, aber oft ausgesprochen konventionellen Unterricht abgelöst wird, ist nicht zu übersehen. Und wir müssen uns fragen, ob wir nicht wieder einmal das Kind mit dem Bade ausschütten, wenn wir einen inzwischen auch von seinen Verfechtern eingesehenen Fehler des Begegnungssprachenkonzepts, nämlich den Verzicht auf die Grundlegung kommunikativer Kompetenz in einer ausgewählten Sprache, zum Anlass nehmen, ein insgesamt sinnvolles pädagogisches Prinzip über Bord zu werfen.

Die beiden wichtigsten Merkmale dieses Prinzips waren und sind:
1. Das Fremdsprachenlernen in der Grundschule steht im Dienst interkultureller Erziehung.
2. Diese Erziehung ist nicht auf die Kultur(en) der gewählten Zielsprache beschränkt, sondern intendiert den Umgang mit anderen Kulturen überhaupt.

Das erste der beiden Merkmale ist heute, wie gesagt, generell anerkannt. Es gibt kaum noch Widerstände gegen eine Indienstnahme des Fremdsprachenunterrichts für die interkulturelle Erziehung.

Das zweite Merkmal hingegen ist umstritten. Seine Gegner argumentieren so:

Solide interkulturelle Erziehung ist auf Konzentration angewiesen. Nicht beliebige Fertigkeiten, Kenntnisse und Haltungen können das Ziel sein, sondern klar definierte kommunikative Kompetenzen in bestimmten Sprachen, spezifische Kenntnisse über das Leben von Angehörigen bestimmter fremder Kulturen und spezifische Haltungen ihnen gegenüber. So wünschenswert die interkulturelle Offenheit auch wäre, – sie dem Fremdsprachenunterricht in der Grundschule zur Aufgabe zu machen, wäre verfehlt; denn das überfordert Schülerinnen und Schüler wie Lehrkräfte.

Dem widersprechen natürlich die Verfechter der zweiten These, und zwar mit folgender Argumentation.

Argumente für interkulturelle Offenheit

Der Ausgangspunkt für die Befürworter ist die Auffassung, dass eine ausschließliche Ausrichtung des Unterrichts auf die eine gewählte Sprache und die von ihr repräsentierten Kulturen eine nicht gerechtfertigte Einengung des interkulturellen Lernens bedeute. Diese These wird von einer ganzen Reihe von Didaktikern vertreten.

Thürmann und Otten sehen darin eine unzweckmäßige und auch unnötige Einschränkung, weil Grundschulkinder die Welt noch nicht nach Ländern und Kulturen einteilten und deshalb offen seien für die Begegnung mit beliebig vielen Erscheinungen des Fremden (1993, 11 ff.). Hermann-Brennecke geht noch einen Schritt weiter. Sie befürchtet, dass interkulturelles Lernen in der Grundschule bereits im Ansatz dadurch gefährdet werde, dass man sich auf eine bestimmte Kultur fixiere. Wenn man die Kinder in einem besonders aufnahmefähigen Alter für andere Sprachen und Kulturen wirklich sensibilisieren wolle, dann dürfe man sich nicht schon so früh einseitig festlegen, sondern müsse sich auf das „Abenteuer Sprachenvielfalt" einlassen (a. a. O. 1993, 103).

Schließlich gehört auch die kritische Position von Ingrid Gogolin hierher. Ihren Einwänden gegenüber dem „monolingualen Habitus" der deutschen Schule möchte ich meine Bedenken gegen einen „bilingualen Habitus" an die Seite stellen, welcher ja nichts weiter bewirken würde, als die Beschränkung auf eine Kultur durch eine solche auf zwei zu ersetzen. Und damit wäre nun wirklich wenig gewonnen.

Eine solche Beschränkung war (und ist?) im konventionellen Fremdsprachenunterricht aber die Regel; und wenn sich die Lehrenden der Gefahr der Einseitigkeit nicht bewusst werden und entsprechend gegensteuern, setzt ein fataler psychischer Prozess ein. Kritische Lehrkräfte beobachten nicht selten, dass die Vertrautheit mit einer Sprache und Kultur bei ihren Schülerinnen und Schülern zu einer Vorliebe für diese und einer Indifferenz gegenüber anderen (im Extremfall zu Ablehnung) führen kann. Ich selbst habe sogar an der Universität bei gemeinsamen Seminaren mit Studierenden der Anglistik und der Romanistik feststellen müssen, dass, gerade wenn sie positive Grundhaltungen gegenüber „ihrer" Zielkultur entwickelt hatten, diese mit negativen Einstellungen gegenüber der jeweils anderen einhergingen. Sie hatten, ohne sich dessen bewusst zu sein, eine gehörige Zahl von Stereotypen und Vorurteilen in Bezug auf die jeweils andere Sprache und Kultur aufgenommen.

Nun haben ja aber schon 1990 Knapp und Knapp-Potthoff die durch ihre Schlichtheit beeindruckende essentielle Frage gestellt und für sich auch beantwortet.

> Ist das Ziel die Verbesserung der Fähigkeit zur Kommunikation mit Angehörigen einer bestimmten anderen Kultur oder eine Verbesserung der Fähigkeit zur Kommunikation mit Angehörigen beliebiger anderer Kulturen? (1990, 83)

Ihre Antwort ist eine klare Option für die zweite Alternative; und sie demonstrieren in einer Übersicht über die Komponenten interkultureller Kommunikationsfähigkeit, dass diese nur in ihrer allgemeinen Ausprägung pädagogisch sinnvoll ist.

Es stellt sich aber die weitere Frage, wie denn ein Unterricht, der auf eine Sprache und die von ihr vertretenen Kulturen konzentriert ist, einen Beitrag zu der intendierten interkulturellen Offenheit leisten könne.

Für die Beantwortung dieser Frage können wir auf ein bewährtes, aber in diesem Kontext noch nicht genügend beachtetes pädagogisches Prinzip zurückgreifen.

Das Prinzip des Exemplarischen

Den Grundgedanken dieses Prinzips hat Wolfgang Klafki so formuliert: Bildendes Lernen, das die Selbstständigkeit der Lernenden fördert, also zu weiterwirkenden Kenntnissen und Erkenntnissen, Fähigkeiten und Einstellungen führt, wird nicht durch die Aneignung möglichst vieler Einzelkenntnisse und -fähigkeiten gewonnen, sondern dadurch, dass die Lernenden an einer begrenzten Zahl von ausgewählten Beispielen grundlegendes, verallgemeinerbares Wissen und Können erwerben, also Wesentliches, Strukturelles, Prinzipielles. Er schreibt:

> Der Lernende gewinnt über das am Besonderen erarbeitete All-gemeine Einsicht in einen Zusammenhang, einen Aspekt, eine Dimension seiner naturhaften oder kulturell-politischen Wirklichkeit, und zugleich damit gewinnt er eine ihm bisher nicht verfügbare neue Strukturierungsmöglichkeit, eine Zugangsweise, eine Lösungsstrategie, eine Handlungsperspektive. (Klafki 1985, 90)

Ein plausibler Gedanke, wie ich meine, der auch als mögliches Prinzip des Fremdsprachenlernens bedacht werden sollte! Auf den Unterricht der Grundschule angewandt bedeutet er, dass die Beschäftigung mit der einen ausgewählten anderen Sprache und Kultur von vornherein nicht mit Ausschließlichkeit betrieben wird, sondern, wo immer dies möglich ist oder gar sich anbietet, mit dem Blick auf weitere Sprachen und Kulturen.

Wie könnte ein solcher Unterricht aussehen? Er müsste auf jeden Fall die von Klafki genannten drei Dimensionen, die ja auch die Dimensionen der interkulturellen Erziehung sind – also die kognitive, die pragmatische und die affektive – einschließen. Er könnte durchaus mit der Erarbeitung von Kenntnissen über Phänomene der ausgewählten Zielkultur beginnen; aber er müsste bereits die Beschäftigung mit Personen, Gegenständen und Vorgängen dieser Kultur prinzipiell betreiben, d. h. als Exempel für kulturelle Phänomene überhaupt und z. B. Parallelen ziehen zu anderen den Kindern bekannten Kulturen. Er könnte die Vermittlung von Fertigkeiten exemplarisch vornehmen in der

Weise, dass er die Darstellungs- und Ausdrucksweisen der gewählten Fremdsprache als eine von vielen Möglichkeiten, sich über die Welt zu äußern, darstellt und den Wörtern und Strukturen der Zielsprache, wo es sich anbietet, solche aus anderen Sprachen an die Seite stellt. Schließlich und besonders offensichtlich brauchte die Hinführung zu den erstrebten Einstellungen nicht auf die Erziehung zu Offenheit und Toleranz gegenüber den Angehörigen der Zielkultur beschränkt zu bleiben, sondern könnte von Anfang an entsprechende Haltungen gegenüber Menschen jedweder kultureller Herkunft ins Auge fassen.

Wem diese Vorschläge utopisch erscheinen, der möge daran erinnert sein, dass Grundschulkinder heute ohnehin in einer multikulturellen Welt leben und dass man nur einige der vielen anderssprachigen Erscheinungen in ihrer Umwelt aufzugreifen und in Beziehung zueinander zu bringen braucht. Mannigfaltige Parallelen sind möglich, – zur Erstsprache der Kinder, zu der zu lernenden Zweitsprache und zu manchen anderen.

Hinzukommt, dass die Zusammensetzung der meisten Grundschulklassen heute ohnehin schon multikulturell ist und die Lehrkräfte die Herkunftssprachen nichtdeutscher Schülerinnen und Schüler ja nur aufzugreifen und ihre Herkunftskulturen nur für die gemeinsame interkulturelle Erziehung zu nutzen brauchen.

Einige Beispiele aus der Praxis mögen dies belegen.

Beispiele aus dem Schulalltag

Beispiel 1: Christmas time around the world

Dieses eher konventionelle, wenn auch typische Beispiel stammt aus einer 4. Klasse in Salzgitter. Die Lehrerin geht, nachdem sie Weihnachtsbräuche in England behandelt hat, auf das Interesse der Kinder an solchen Bräuchen in anderen Ländern ein. Die Kinder wählen selbst einige europäische Länder aus und sammeln entsprechendes Material. In Gruppen- und Projektarbeit stellen sie Mappen aus Prospekten, Zeitungsausschnitten, Kinderbüchern und dergleichen zusammen, einschließlich einiger darin enthaltener originalsprachlicher Wörter und Phrasen. Die Gruppen stellen einander ihre Produkte vor und vergleichen sie. Schließlich lernen sie einige der Formeln, mit denen die Menschen in den besprochenen Ländern einander ihre guten Wünsche aussprechen:

Feliz Navidad, Joyeux Noel, Buon Natale, God Jul, Prettige Kerstdagen usw.

Beispiel 2: *Butterflies* und Schmetterlinge

Kinder einer 3. Klasse in Berlin finden Gefallen an gewissen Wörtern der englischen Sprache: Sie finden sie „lustig", „cool" oder „super". Bei *butterfly* sind sie besonders interessiert. Die Lehrerin erklärt ihnen die Herkunft des Wortes und stellt ihm inhaltsgleiche Wörter anderer Sprachen zur Seite, die den Kindern mehr oder weniger gut gefallen: *farfalla, papillon, mariposa, Schmetterling, sommerfugl, perhonen, motýl.* Man kommt auf Geschmacksfragen zu sprechen und auf kulturgebundene Ausdrucksweisen und stößt schließlich zu dem Thema geschmacklicher und das heißt hier: interkultureller Toleranz vor.

Beispiel 3: Greetings

Die Lehrerin einer Wolfsburger Grundschulklasse hat ihren Kindern erklärt, dass man in England ziemlich genau auf die Unterscheidung von *Good morning* (bis 12 Uhr) und *Good afternoon* (nach 12 Uhr) achtet. Die Kinder entdecken ähnliche Unterscheidungen in ihrer Muttersprache und – mit Hilfe der Lehrerin und weiterer Informanten – in anderen Sprachen. Sie erkennen die Kulturgebundenheit der verschiedenen Begrüßungen.

Zur Illustration hier eine Übersicht über die Begrüßungsmodi in acht Sprachen:

	Uhrzeit 8–12	12–18	18–22	22–24
PL	Dzień dobry		Dobry wieczór	Dobranoc
CZ	Dobré jitro	Dobrý den	Dobry vecer	Dobrou noc
R	Доброе утро	Добрый день	Добрый вечер	Спокойной ночи
D	Guten Morgen	Guten Tag	Guten Abend	Gute Nacht
E	Good morning	Good afternoon	Good evening	Good night
I	Buon giorno		Buona sera	Buona notte
F	Bonjour		Bonsoir	Bonne nuit
Sp	Buenos días	Buenas tardes	Buenas noches	
H	Jó reggelt	Jó napot	Jó estét	Jó éjszakát
Jap	Ohayo	Konnichiwa	Konbanwa	Oyasumi

Beispiel 4: Sir – Sire – Signore

Es werden auffällige, d. h. hier: den Kindern auffallende Sprachver-
wandtschaften für den Unterricht genutzt. Zum Beispiel: Einige Berliner Kinder erkennen in dem in einem französischen Film vorkommen
den Wort *Sire* das englische *Sir* wieder und fragen ihre Lehrerin nach
dem Grund dieser Ähnlichkeit. Diese erklärt ihnen die Verwandtschaft
und weist sie auf weitere Wörter in ebenfalls verwandten Sprachen hin,
wie z. B. *signore, senor, senhor*.

Beispiel 5: Sprechtest

Am Ende eines Sprechtests in einer Braunschweiger Grundschule, in
welchem die Kinder freie englische Äußerungen zu einer vorgegebenen realen Situation zu machen haben, geschieht folgendes: Ein paar
Kinder mit nichtdeutscher Muttersprache fragen den Testleiter, ob sie
die gleiche Aufgabe noch ein zweites Mal, aber diesmal nicht auf englisch, sondern in ihrer Erstsprache absolvieren dürfen. Erfreut über die
spontane Bereitschaft, lässt der Testleiter diese zweiten Äußerungen zu
und nimmt sie zum Anlass, mit der Klasse über Gemeinsamkeiten und
Unterschiede zwischen der ersten, englischen Version und der zweiten,
russischen, griechischen, türkischen Version zu sprechen.

Schließlich sei noch angemerkt, dass die plurikulturelle Zusammensetzung vieler Klassen ja bei einer ganzen Reihe von Unterrichtsgegen-
ständen die Möglichkeit zur Einbeziehung „anderer" Kulturen eröffnet,
und zwar auf dem Wege über ganz schlichte Fragen an die betreffenden Kinder: Wie sehen eigentlich die Bahnhöfe, Kaufhäuser, Busse,
Schuluniformen usw. in euren Ländern bzw. denen eurer Eltern aus?
Mit dem nötigen Fingerspitzengefühl können die Grundschullehrkräfte hier ganze Schätze interkultureller Information offenlegen.

Viele weitere Beispiele für exemplarisches Lehren und Lernen im
Fremdsprachenunterricht der Grundschule finden sich in dem Buch
The Intercultural Dimension (Doyé 1999).

Zusammenfassung

Ein ausschließlich auf die Vermittlung einer Sprache und der von ihr
vertretenen Kultur(en) gerichteter Unterricht wird der kulturellen Vielfalt nicht gerecht und ist daher pädagogisch nicht zu verantworten.

Ist aber eine Konzentration auf eine Sprache und die von ihr repräsentierte(n) Kultur(en) aus bildungspolitischen oder curricularen Gründen erforderlich, so muss der Unterricht dennoch jede Exklusivität vermeiden.

Einen Ausweg aus dem Dilemma zwischen der Erfordernis zur Konzentration und der Notwendigkeit zu interkultureller Offenheit bietet das Prinzip des Exemplarischen.

Wird der Fremdsprachenunterricht exemplarisch betrieben, d. h. die Vermittlung spezieller Sprachen und Kulturen stellvertretend für die Hinführung zu generell benötigten Kenntnissen, Fertigkeiten und Haltungen gesehen und entsprechend gestaltet, so bringt dies entscheidende Vorteile.

Die wichtigsten dieser Vorteile sind a) die Vermeidung jeglichen Ausschlussdenkens, b) die Schaffung eines Bewusstseins kultureller Vielfalt und c) die Wahrung der Offenheit gegenüber Menschen anderer kultureller Herkunft überhaupt.

Gerade die Grundschule, die mit der Schaffung von Grundlagen für alles weitere Lernen betraut ist, kann hier eine wichtige Rolle spielen.

Maria Felberbauer (Wien)

3

Integrierter Fremdsprachenunterricht

> *Teaching young learners is a blessing for teachers*
> *who can adapt to this new teaching situation,*
> *discover the child in themselves*
> *and act accordingly.*
>
> *Irena Köstenbauer*

Die Fremdsprache im Fächerkanon der Grundschule

Die gesellschaftliche Entwicklung ist in Österreich wie in den meisten europäischen Ländern durch zunehmende Internationalisierung geprägt. Auch die Grundschule kann sich der Tatsache nicht verschließen, dass sie sich nicht mehr auf eine Sprache – die Unterrichtssprache – beschränken kann. Das Grundschulkind ist von Fremdsprachlichem umgeben, sei es durch die Namen von Speisen, Getränken, Kleidungsstücken und Spielen, durch den Einfluss der Medien und der Werbung, oder durch die Anwesenheit von Mitschülerinnen und Mitschülern nichtdeutscher Muttersprache. Die Tatsache, dass bereits in der Grundschule eine Fremdsprache angeboten wird, gewinnt daher zunehmend an Akzeptanz.

Grundschulspezifisches Sprachenlernen, einige besondere Kriterien des Fremdsprachenlernens in der Grundschule und die Art und Weise, wie Fremdsprachen in der Grundschule unterrichtet werden, ob sie im Fächerkanon neben den anderen Fächern einfach herlaufen oder ob sie in das Unterrichtsgeschehen „integriert" werden, welche Voraussetzungen dafür geschaffen werden müssen, welche Vorteile daraus entstehen und welche Bedenken geäußert werden, sind die Themen dieses Beitrags.

Der Ausdruck „integrieren" wird im Bildungsbereich in letzter Zeit häufig und in unterschiedlichem Kontext verwendet: Kinder sollen sich in ein bestehendes Sozialgefüge integrieren, Schülerinnen und Schüler mit sonderpädagogischem Förderbedarf können durch Integration bessere Leistungen erbringen, Ausländerkinder sollen so schnell wie möglich in die Gesellschaft des aufnehmenden Landes integriert werden. Im Duden finden wir unter dem Stichwort „integrieren" die Definition, etwas „in ein übergeordnetes Ganzes aufnehmen". Handelt es sich bei dem übergeordneten Ganzen um den Unterricht an der Grundschule, so mag die Idee, eine lebende Fremdsprache in diesen aufzunehmen zwar den meisten Experten und Lehrkräften klar sein, doch können Art und Intensität recht unterschiedlich umgesetzt werden.

Grundschulspezifisches Sprachenlernen

Bei Schuleintritt sollen Kinder in ihrer Muttersprache kommunikationsfähig sein. „Zu Beginn des Fremdsprachenunterrichts ist es wichtig, den Kindern Gelegenheit zu geben, ihre Sprachkenntnisse zu beweisen und ihr Sprachkönnen zu demonstrieren" (Kommentar zum Lehrplan der Volksschule 2004, 701). Schulanfängerinnen und -anfänger weisen aber in ihrer Muttersprache ein recht unterschiedliches Niveau auf. Besonders die Schülerinnen und Schüler nichtdeutscher Muttersprache haben unter Umständen keine oder nur fragmentarische Deutschkenntnisse. Während der ersten beiden Grundschuljahre bauen Kinder ihre mündliche Sprachkompetenz aus, denn sie beginnen zu lesen, und dies erweitert ihren Wortschatz und ihre Sprachgewandtheit. Die Auffassung der Kinder zeichnet sich durch zunehmende Planmäßigkeit, Sorgfalt und Systematik aus. Sie sind Neuem gegenüber aufgeschlossen, lernen im Verlauf der Grundschulzeit Zusammenhänge erkennen und zueinander in Beziehung zu setzen (Seebauer 1997, 75 f.). Dadurch können sie in der Muttersprache immer längere Sätze bilden und komplexere Satzgefüge konstruieren. Kinder nichtdeutscher Muttersprache lernen Deutsch, wobei die Lernfortschritte in direktem Zusammenhang mit der sozialen Kompetenz und der individuellen psychischen Konstellation der Schülerinnen und Schüler stehen. Kinder, die auf ihre Deutsch sprechenden Mitschülerinnen und Mitschüler zugehen, lernen schneller als zurückhaltende, unsichere Kinder.

In der Grundschule steht Sprache im Mittelpunkt des Interesses. Die Beschäftigung mit Sprache bereitet den Kindern sichtlich Freude. Sie spielen gerne und oft Sprach(lern)spiele und rezitieren Reime. Manche Kinder erfinden Geheimsprachen, um mit Freunden und Freundinnen auf eine für andere unverständliche Weise kommunizieren zu können. Die Sprachkreativität kann beachtlich sein. Die Kinder gehen meist völlig ungehemmt mit Sprachlichem um, erfinden neue Wörter und

Wendungen und gehen über Fehler locker hinweg. All dies sind ideale Voraussetzungen für das Fremdsprachenlernen.

Zum Vergleich die wenig älteren Sekundarschülerinnen und -schüler: Mit dem Eintritt in die Vorpubertät beginnt für sie eine Zeit großer physischer und psychischer Veränderungen. Das Selbstbewusstsein verändert sich, sie werden unsicherer, das Fehlerbewusstsein nimmt zu, sie vermeiden es ängstlich sich lächerlich zu machen und gehen mit Sprachkreationen wesentlich vorsichtiger um als Grundschülerinnen und Grundschüler. Viele Kinder „verstummen" während der Pubertät, was sich bei der Einführung einer Fremdsprache auf dieser Altersstufe als Nachteil erweist.

Einige Kriterien des Fremdsprachenlernens an der Grundschule

Das Fremdsprachenlernen in der Grundschule erfolgt in ungehemmter Atmosphäre. Solange es keine formalen Beurteilungen oder Zensuren gibt, entfällt auch der Leistungsdruck. Ohnehin ist es schwierig, im Anfangsunterricht, in dem das Mündliche dominiert und Schülerinnen und Schüler mit guten auditiven Voraussetzungen im Vorteil sind, zu gerechten und vergleichbaren Leistungsbeurteilungen zu gelangen.

Dennoch ist es wichtig, dass die Grundschülerinnen und Grundschüler die eigene Sprachlernfähigkeit als erfolgreichen Lernprozess erleben und Lernfortschritte erkennen können (Horak 1995, 95). Zekl geht auf die Zielstellungen genauer ein, wenn sie schreibt:

> Das Ziel muss attraktiv, aber nicht zu hoch angesetzt, also erreichbar sein. Es muss positiv und präzise formuliert sein. Die Schülerinnen und Schüler müssen es mit eigener Kraft erreichen können. Sie müssen Kriterien haben, die ihnen helfen festzustellen, ob sie das Ziel erreicht haben. (Zekl 2004, 44)

Dies wäre zum Beispiel durch das Führen eines Grundschulportfolios im Sinne des europäischen Referenzrahmens möglich. Es liegen bereits aus einigen Ländern recht interessante grundschuladäquate Modelle vor.

Zu berücksichtigen ist auch die eingeschränkte Konzentrationsfähigkeit von Grundschülerinnen und Grundschülern. Gute Konzentration ist wiederum nur dann möglich, wenn die Unterrichtseinheiten kurz gehalten werden und möglichst oft, am besten täglich, stattfinden.

Das Fremdsprachenlernen in der Grundschule erfordert und fördert die soziale Kompetenz der Schülerinnen und Schüler. Um verstanden zu werden, müssen die Kinder deutlich sprechen, aber auch gut zuhören, und bereit sein, Fehlerkorrekturen zu akzeptieren und Gesagtes zu wiederholen.

Im Grundschulalter ist es möglich, Kinder durch das Lernen einer fremden Sprache zu positiven Einstellungen gegenüber anderen Kulturen und Sprachgemeinschaften zu führen, damit sie später Menschen mit anderer Sprache und Kultur offen und unvoreingenommen begegnen können (Lehrplan der Volksschule, 1998).

Durch methodisch gut gestalteten Fremdsprachenunterricht in der Grundschule wird die Grundlage dafür gelegt, dass die Kinder bereit sind, sich über Jahre weiterhin mit Sprachen zu beschäftigen. Die Motivation dafür kann aber nur dann erreicht und aufrecht erhalten werden, wenn die Lehrenden bereits in diesem frühen Stadium auf die Leistungsfähigkeit der Kinder eingehen und entsprechend differenzieren.

Fremdsprachen vom Schuleintritt an integrieren - was spricht dafür?
1. Der Faktor „Zeit und Abwechslung".
2. Der Faktor „Authentizität des Sprachgebrauchs".
3. Der Faktor „Handlungsorientiertheit".
4. Der Faktor „Lernen mit allen Sinnen".
5. Der Faktor „Entschlüsselung im Kontext".
6. Der Faktor „Soziales Lernen".
7. Der Faktor „Gleichheit aller Sprachen".

Zweifellos spielt der **Zeitfaktor** beim Fremdsprachenlernen eine entscheidende Rolle. Beginnt man daher – so wie in Österreich flächendeckend seit dem Schuljahr 2002/03 – bereits in allen ersten Klassen mit einer Fremdsprache, so könnte in den letzten Schuljahren ein gewisses Zeitausmaß einer zweiten Fremdsprache zugeschlagen werden. Damit würde man dem Vorschlang der Europäischen Union, ausgedrückt in der Formel „MT + 2" (Muttersprache plus zwei Fremdsprachen), mit der die Sprachkompetenz der zukünftigen Europäischen Bürger definiert wird, näher kommen.

Die Bedingungen, unter denen integriertes Fremdsprachenlernen auf dieser Stufe erfolgreich verläuft, sind am Beispiel der österreichischen Projekte „Lollipop – Englisch ab dem ersten Schuljahr" und „Papillon – Französisch ab dem ersten Schuljahr" nachzuvollziehen. Lollipops und papillons erscheinen in verschiedenen Formen und bunten Farben und sind bei Kindern beliebt. Lollipops sollen nicht zu häufig verzehrt werden, papillons flattern rasch von Blüte zu Blüte. Der Fremdsprachenunterricht für die Schulanfänger soll abwechslungsreich sein, den Kindern Freude bereiten, für sie zum Erfolgserlebnis werden und in kleinen Dosen, also in Kurzeinheiten von täglich fünf bis zehn Minuten, verabreicht werden. Das Konzept wurde evaluiert (Felberbauer/Seebauer 1995) und bewährt sich bestens.

Das didaktische Konzept dieses cross-curricular und integrativ geführten Fremdsprachenunterrichts folgt dem Grundsatz der **Authentizität**. Die Fremdsprache ist nicht Selbstzweck, sondern wird zu einem zusätzlichen Kommunikationsmittel im Unterrichtsverlauf. Der Gebrauch der Fremdsprache erwächst aus der Unterrichtssituation und die Auswahl von Lexik und Syntax richtet sich nach den Erfordernissen des Unterrichtsgeschehens. Auf diese Weise wird die Fremdsprache von Anfang an als Medium erfahren, mit dem man etwas mitteilen, erfragen und beantworten kann, in dem Auskunft erteilt wird, und mit dessen Hilfe man etwas bewirken oder abwehren kann. Die Gesprächssituationen sind authentisch, d. h. Pseudofragen wie *„How many eyes / fingers / legs / arms … have you got?"* oder *„Have you got a nose?"*, wie sie leider im Anfangsstadium des Fremdsprachenunterrichts vorkommen, werden vermieden.

Allerdings mag der Anspruch, von Beginn an in der Fremdsprache authentisch zu kommunizieren, unrealistisch erscheinen, wenn man bedenkt, wie gering der Wortschatz der Lerner am Anfang ist. Manche Lehrkräfte meinen, die Kinder müssten sich auf einfachste Dinge wie, wie *Hello, Good morning, I'm Susan. What's your name?* beschränken. Mit dieser Art von Kommunikation kann man jedoch das Interesse der Schülerinnen und Schüler nicht lange aufrecht erhalten. Da der Unterricht an der Grundschule **handlungsorientiert** ist, kann auch in der Fremdsprache all das zum Thema gemacht werden, was zu sehen, zu hören und zu „begreifen" ist. Die Kinder verstehen, was mit Bildern, Skizzen, Mimik und Gestik, mit akustischen Signalen wie Klatschen, Klopfen, Stampfen, oder mit Berühren („Be-greifen") von Objekten erklärbar ist.

Sie **lernen mit allen Sinnen**, denn sie schauen, hören, fühlen, riechen und schmecken und lernen dabei das entsprechende Vokabular im Kontext. Das folgende Beispiel entstammt einem Mitschnitt aus dem Englischunterricht zum Thema „Frühstück" in einer ersten Klasse, wobei sich die Lehrkraft zunächst um ein sehr niedriges Sprachniveau bemüht, aber dann den Schwierigkeitsgrad steigert.

Die Mutter (L), von der Lehrerin dargestellt, fragt ein Kind (S), was es zum Frühstück essen will.

L (zeigt auf ein Bild mit einer Milchpackung): *"Milk?"*
S: *"Yes, please."*
L: *"Warm milk?"*
S schüttelt verneinend den Kopf.
L: *"Cold milk and ovaltine?"* (zeigt auf das Bild mit einer Dose)
S: *"Yes, please."*
L: *"A sandwich?"* (zeigt auf ein entsprechendes Bild)
S: *"No."*
L (korrigiert): *"No, thank you."*
S reagiert nicht, L zeigt auf das nächste Bild.
L: *"A piece of toast?"*
S: *"Yes, please."*
L: *"Here you are."* (legt das entsprechende Bild auf einen Teller).
Beim nächsten Durchgang beginnt die Lehrerin den Dialog mit *"Would you like some milk?"* und setzt fort mit *"Warm or cold milk?"* und erhält die Anwort *"Cold milk"*.

Der Unterricht zu Beginn der Grundschule ist gegenwartsgebunden, weil sich das Geschichtsbewusstsein der Kinder erst im Laufe der Grundschulzeit entwickelt und Zukünftiges zunächst schwer vorstellbar ist. Dennoch kommen vergangene und zukünftige Zeitformen in Geschichten vor, die von Lehrkräften erzählt oder vorgelesen werden. Im **Kontext** verstehen Grundschülerinnen und Grundschüler fremdsprachliche Texte auch dann, wenn sie die grammatischen Formen noch nicht gelernt haben, genauso wie sie sich daran gewöhnen, Wörter und Phrasen zu entschlüsseln, und damit für späteres Fremdsprachenlernen eine günstige Ausgangssituation schaffen.

Die Fremdsprache als Kommunikationsmittel zu benutzen bedeutet, dass im Unterricht Lehrkraft und Kinder zeitweise die Unterrichtssprache durch die Fremdsprache ersetzen, wobei darauf zu achten ist, dass auch die Schülerinnen und Schüler untereinander möglichst oft die Fremdsprache gebrauchen. Im Sinne des **sozialen Lernens** müssen sie aufeinander hören, einander unterstützen und ihre Aussagen deutlich sprechen. Sie müssen lernen, aufeinander und auf ihre unterschiedlichen Fähigkeiten und Kenntnisse Rücksicht zu nehmen und Mitschülerinnen und Mitschülern zu helfen, denen der Umgang mit der Fremdsprache schwer fällt oder die sehr zurückhaltend im Umgang mit ihr sind.

Die parallele Verwendung der Unterrichtssprache und der Fremdsprache vermittelt die Botschaft, dass alle **Sprachen gleichwertig** sind. Horak drückt dies sehr treffend aus: „Dabei kann die Erfahrung gemacht werden, dass Sprachen keine hierarchische Wertigkeit haben, dass die Fremdsprache, ebenso „normal" ist wie die Muttersprache. Das Konzept unterschiedlicher Normalität zu begreifen, ist in unserer multikulturellen und multilingualen Welt von Sprachgemeinschaften von grundlegender Bedeutung für friedliches Zusammenleben." (Horak 1995, 93).

Beispiele für die Integration der Fremdsprache an österreichischen Grundschulen

Im Folgenden soll ein kurzer Einblick in die vielfältigen Möglichkeiten gegeben werden, wie man die Fremdsprache in Kurzeinheiten in das Unterrichtsgeschehen integrieren kann, ohne dass es zu einer Kürzung des Bildungsangebotes in anderen Fächern kommt[1]. Um Interferenzen mit der deutschen Sprache zu vermeiden, bleibt der Bereich Deutsch – Lesen – Schreiben von der Verwendung der Fremdsprache frei.

Classroom organisation

Grundschullehrkräfte wiederholen im Laufe eines oder mehrerer Schuljahre unzählige Male „Sieh her; Gib acht; Hör zu; Nimm dein Heft heraus; Zeig mir dein Arbeitsblatt; Reiht euch ein" usw. Auch Lob oder Tadel werden immer wieder mit den gleichen Sprachmustern vermittelt. Es gibt auch fachspezifische organisatorische Hinweise beim Sportunterricht, beim Zeichen- und Malunterricht, beim Musikunterricht usw. All das kann im Laufe der Zeit auch auf Englisch, Französisch, Italienisch, Spanisch usw. zu den Kindern gesagt werden. Man kann die Schülerinnen und Schüler zu Beginn des Unterrichts in der Fremdsprache begrüßen, ein „Guten-Morgen-Lied" mit ihnen singen, und sie am Ende der Unterrichtszeit verabschieden. Damit wird die Fremdsprache zu einer übergreifenden Klammer des Schultags.

Sachunterricht

In den ersten beiden Grundschuljahren liegen die Lerninhalte des Sachunterrichts sehr nahe an den Themen, die auch beim Fremdsprachenlernen am Anfang stehen. Es wird über Namen, Farben, Schulsachen, den Klassenraum und dessen Einrichtung, den Tagesablauf, Tiere, Spielsachen, die Familie, Freizeitaktivitäten, das Einkaufen, den Straßenverkehr, Kleidung, gesundes Essen usw. gesprochen. Situationen wie Einkaufen, in den Park gehen, auf dem Spielplatz sein, ein

Schwimmbad besuchen oder mit dem Auto oder dem Zug fahren ergeben geeignete Sprechsituationen. Der kleine Wortschatz, über den Grundschülerinnen und Grundschüler zunächst verfügen, stellt ein wesentlich geringeres Problem dar, als ursprünglich angenommen. Kinder bemühen sich sehr Dinge auszudrücken, die sie wirklich bewegen.

In den höheren Klassen werden die Lerninhalte im Sachunterricht komplexer. Es wird daher scheinbar schwieriger, geeignete Themen für den Fremdsprachenunterricht zu finden. Einige Beispiele[2] aus dem Englischunterricht belegen, dass dies durchaus nicht so ist: Greifen wir z. B. das Thema „Materialien, aus denen Dinge bestehen" auf. Vom Wortschatz her ergeben sich für das Englische folgende Parallelen: Plastik – *plastic*, Papier – *paper*, Metall – *metal*, Glas – *glass*, Wolle – *wool*. Schwieriger zu lernen ist die Bezeichnungen für Holz – *wood*, aber die Kinder kennen vielleicht aus der Comic-Literatur die Figur *Woody Woodpecker*. Das Wort *cotton* für Baumwolle findet man oft in Kleidungsstücke eingenäht. Die Bezeichnung *made in* findet sich auf der Unterseite von Spielsachen. Daher ist *made of* rasch zu erlernen und mit der Frage *What's your ... made of?* kann ein Gespräch über das Thema bereits angebahnt werden. Ähnliches kann man bei dem Thema „Müllentsorgung/ Mülltrennung" beobachten. Man vergleiche Container – *container*, Glas – *glass*, Metall – *metal*, Papier – *paper*, Plastik – *plastic* und ergänze mit *organic waste*. Die Kinder können danach fragen, welche Farbe die Container haben, erklären, wo sie stehen, womit sie befüllt werden usw.

Ähnliche Beispiele lassen sich für Themen „Wie und wo Pflanzen wachsen", „Haus- und Zootierhaltung", „Geografische Orte (Himmelsrichtungen, Landschaftsformen, Wege beschreiben)", „Kommunikationsmittel (Telefon, Fax, Post, E-Mail)", „Fahrzeuge und Verkehr", aber auch physikalische Themen wie z. B. „Aggregatzustände des Wassers", „Elektrischer Stromkreis" finden. Sogar geschichtliche Themen wie „Römer" und „Ritter"[3] sind in der Fremdsprache zu bewältigen. Ist man als Lehrkraft wegen der Verwendung der Vergangenheit besorgt, so begibt man sich ins Museum und unterhält sich darüber, wie alt die Dinge sind: *How old is this vase/the doll's house the oldtimer/ the church?* Grammatikalisch bleibt man im Präsens. Oder aber man „träumt" von Römern und Rittern, oder besteigt eine Zeitmaschine, die 2000 Jahre zu den Römern oder 1000 Jahre zu den Rittern in die Vergangenheit fährt, wodurch man sprachlich wiederum in der Gegenwart bleibt. Ein Beispiel: *Look at the castle. It's made of stones. There are knights with helmets and shields and a beautiful lady with a long dress.* Mit einiger Fantasie wird vieles möglich.

Mathematik

Zählen, Zahlen im Zahlenraum suchen und zuordnen, Nachbarzahlen finden, sich auf der Hundertertafel orientieren, Malreihen üben und einfache Rechenoperationen durchführen, Größen vergleichen, geometrische Körper benennen, all das kann man auch in der Fremdsprache machen, vorausgesetzt, es wurde vorher in der Unterrichtssprache ausreichend geübt. Mündliches Rechnen in einer Fremdsprache macht Grundschulkindern großen Spaß. Allerdings geht man sehr vorsichtig damit um. Es ist günstig für leistungsschwächere Kinder die Option offen zu halten, die Beispiele auf Deutsch zu rechnen. Bei Textaufgaben stößt man meist an die Grenze dessen, was man Kindern in der Fremdsprache zumuten kann.

Sportunterricht

Der Sportunterricht eignet sich vorzüglich für den Gebrauch einer Fremdsprache, denn es wird vorwiegend im Imperativ und in der Gegenwart gesprochen. Außerdem gibt es im Sportunterricht ein Standardvokabular, das immer wieder vorkommt. Besonders gut lassen sich zum Beispiel die Anweisungen für gymnastische Übungen in einer Fremdsprache ausdrücken. Mit einiger Fantasie kommt man über Anweisungen wie *bend your knees, jump up and down* oder *swing your arms* hinaus, wenn man sie in eine Erzählung einbettet. Dies sei an einem Beispiel aus einer zweiten Klasse gezeigt.

Die Lehrerin lässt die Kinder im Turnsaal gut verteilt Aufstellung nehmen und „verwandelt" sie in Apfelbäume.

> L: *You are apple trees, spread your arms,*
> *you grow taller and taller, you feel the wind blowing,*
> *your arms move left and right, left and right,*
> *now the wind becomes stronger and stronger*
> *and even your trunk moves from left to right,*
> *and again from left to right.*
> *Suddenly an apple falls off and hits the ground.*
> (Lehrerin und Kinder machen sich ganz klein).
> *You are trees again, your feel the wind,*
> *you spread your arms*
> *and move from left to right, from left to right,*
> *and another apple falls to the ground,*
> *…*

Bildnerisches Gestalten, technisches und textiles Werken

Zeichen- und Malarbeiten werden gerne mit Erzählungen eingeleitet. Was spricht dagegen, dass man dafür auch ein oder das andere Mal eine Geschichte in einer Fremdsprache wählen kann? Traumreisen bieten einen guten Anreiz für kreatives Gestalten. Auch sie können nach Anweisungen in der Fremdsprache erfolgen. Über die im Anschluss entstandenen Bilder kann man in der Fremdsprache ein Gespräch führen, erklären, was einem besonders gut gefällt, fragen, von wem dieses oder jenes Bild gezeichnet oder gemalt wurde, was darauf zu sehen ist, wie man Verbesserungen durchführen kann. Werkarbeiten im technischen und textilen Bereich können nach fremdsprachlichen Anleitungen gemacht werden. Sie können besprochen, beurteilt und zugeordnet werden. Da solche Arbeiten meist mit einem Vorzeigemodell durchgeführt werden, gibt es kaum Probleme bei der Verständigung.

Musikunterricht

Die Verwendung der Fremdsprache im Musikunterricht bietet sich so offensichtlich an, dass hier nicht ins Detail gegangen werden muss. Die meisten Lehrkräfte wissen über entsprechendes Liedgut Bescheid und setzen es auch entsprechend ein. Es soll aber betont werden, dass das Liedgut der Altersstufe angepasst werden muss, und dass die Kinder verstehen sollen, was sie singen. Das beliebte englische Lied *My bonnie is over the ocean* ist weit weniger gut für die Grundschule geeignet, als gemeinhin angenommen wird. Ich selbst habe mich als Kind jahrelang darüber gewundert, was denn das *pony* jenseits des Ozeans verloren hat. Es gibt viele für den Unterricht ausgezeichnet aufbereitete Lieder, die dem Lehrplan der Grundschule entsprechen. Man sollte auch nicht vergessen, dass Rhythmusschulung zum Musikunterricht an der Grundschule gehört. Was wäre dafür besser geeignet als fremdsprachliche *chants* dafür einzusetzen?

Integration und Sprachprogression – eine Herausforderung

Die bisher angeführten Beispiele zeigen, wie vielseitig die Möglichkeiten der Integration der Fremdsprache im Grundschulunterricht sind. Ein Problem soll aber hier nicht verschwiegen werden: Es ist nämlich gar nicht leicht beim integrativen Unterricht die Sprachprogression im Auge zu behalten. Tatsächlich ist es viel einfacher einem reinen Sprachkurs zu folgen als die Fremdsprache zur Vermittlung von Sachinhalten zu verwenden. Bedenkt man aber, dass laut einer empirischen Untersuchung zum Zweitspracherwerb Deutsch in der französischen Schweiz (Diehl u. a. 2000, 359 f.) der Spracherwerbsprozess anders abläuft als man es sich vorstellt, so mindert sich die Bedeutung des strikten Einhaltens einer bestimmten Progression im Sprachlernprozess. Wie wäre es denn sonst möglich, dass Grundschulkinder mit Begeisterung Geschichten hören und sie auch verstehen, obwohl sie noch nicht über die erforderlichen Kenntnisse der Grammatik und Lexik verfügen? Oder wie sonst ist es zu erklären, dass die Schülerinnen und Schüler in der Grundschule Erzählungen mit Hilfe der Lehrkraft recht gut wiedergeben können?

Integration und Lehrerausbildung

Integrativer Fremdsprachenunterricht sollte, allein schon aus Gründen der Organisation, von der Klassenlehrerin bzw. dem Klassenlehrer erteilt werden. Dies wiederum bedeutet, dass diese über eine sehr gute Sprachkompetenz verfügen und ein klares didaktisches Konzept verfolgen. Sie haben nicht nur die Aufgabe, die Fremdsprache sinnvoll an jedem Schultag einzuplanen, sondern müssen darüber hinaus während der zunächst kurzen, später längeren fremdsprachlich geführten Unterrichtseinheiten in die Rolle von *native primary teachers* schlüpfen. Ein breit gestreutes Fachvokabular und die Beherrschung einer grundschulgemäßen Ausdrucksweise in der Fremdsprache sind unverzichtbare Voraussetzungen. Diese Kompetenzen gehen in eine teilweise andere Richtung als ein in der Fremdsprache abgelegtes Abitur. Sie müssen an einer Hochschule erst einmal erworben und im Schulpraktikum umgesetzt und vertieft werden. Grundschullehrkräfte übernehmen eine große Verantwortung, denn sie sind es, die die Motivation zum späteren Fremdsprachenerwerb anbahnen und vertiefen.

> If teaching wants to be effective it must arouse and make use of the original curiosity that children and young people have. (Zekl 2004, 43).

Methodisches Geschick ist auch bei der Auswahl des Wortschatzes erforderlich, wobei auf einen hohen Transferwert geachtet werden soll und solchen Wendungen Vorrang einzuräumen ist, die sich aus der Interaktion der Lehrkräfte und der Kinder ergeben (Bliesener 2003, 6). Die Ausbildung bzw. Nachschulung der Grundschullehrkräfte ist eine der zentralen Aufgaben, vor denen Europa in den nächsten Jahren steht. Zu den von Bliesener angeführten Ausbildungsbereichen bestehend aus einer grundlegenden Kenntnis von Spracherwerbsprozessen, einer fundierten didaktisch-methodischen Ausbildung, interkultureller Kompetenz sowie Bereitschaft zur Reflexion über das eigene didaktische und methodische Tun, gehört eine sprachpraktische Ausbildung, die über das Maß hinausgeht, das eine Sprachlehrkraft braucht.

Integriertes Fremdsprachenlernen in organisatorischen Sonderformen

Österreich verfügt über eine nicht geringe Anzahl von Kleinschulen[4] und **jahrgangsübergreifenden** Projekten. Es stellt sich nun die Frage, wie man bei gleichzeitiger Führung mehrerer Altersklassen Kinder, die bereits Fremdsprachenunterricht hatten mit jenen, die gerade neu beginnen, gemeinsam unterrichten kann, ohne dass man die erste Gruppe langweilt und die zweite überfordert. Das Problem erweist sich in der Realität als nicht allzu groß. Wiederholung und Übung sind stets angesagt und durch die Neueinsteiger, die alles zum ersten Mal hören, automatisch gewährleistet. Kinder, die bereits über einige Fremdsprachenkompetenz verfügen, eignen sich durchaus auch als „Sprachlehrer", die den jüngeren Dialoge vorführen und kleine Rollenspiele vorspielen, womit wir wieder beim Faktor „soziales Lernen" sind. Das Können der älteren Schülerinnen und Schüler wirkt sich motivierend auf die jüngeren aus, die sehr bald versuchen mitzusprechen und sich an den Aktivitäten zu beteiligen.

Kinder mit **sonderpädagogischem** Förderbedarf, die in die Regelklassen integriert sind, nehmen auch am Fremdsprachenunterricht teil. Vieles, was ihre Mitschülerinnen und Mitschüler tun, können Integrationskinder rezeptiv aufnehmen. Hier liegt es an der Lehrkraft entsprechend zu differenzieren, taktvoll und unauffällig zu korrigieren, um diese Kinder soweit wie möglich an der Interaktion teilnehmen zu lassen.

Verhaltensauffällige Schülerinnen und Schüler stellen im Fremdsprachenunterricht kein besonderes Problem dar. Ihrer geringen Konzentrationsfähigkeit und dem häufig gesteigerten Bewegungsdrang kommt der Fremdsprachenunterricht mit den kurzen Einheiten, den motivierenden Aktivitäten und dem oftmaligen Wechsel der Lernphasen zugute. Lehrerinnen und Lehrer bestätigen, dass gerade in den Englischeinheiten diese Kinder wesentlich weniger stören als im restlichen Unterrichtsgeschehen.

Im positivem Sinne Vorsicht ist bei Schülerinnen und Schülern **nichtdeutscher Muttersprache** geboten. Für sie ist die Fremdsprache häufig bereits die dritte Sprache, die sie lernen. Allerdings haben sie dabei oft schon gute Techniken der Entschlüsselung entwickelt und verstehen Dinge schneller als ihre Deutsch sprechenden Mitschülerinnen und Mitschüler, die zum ersten Mal mit einer anderen Sprache in Kontakt kommen. Während der Fremdspracheneinheiten sind Migrantenkinder mit ihren Mitschülerinnen und Mitschülern gleich gestellt. Das gibt ihnen Selbstbewusstsein und Sicherheit. Die Erfahrung zeigt, dass gerade Schülerinnen und Schüler nichtdeutscher Muttersprache, die sich sonst sehr zurückhaltend geben, im Fremdsprachenunterricht selbstbewusst auftreten, sich an Aktivitäten beteiligen und genauso leistungsfähig sind wie die anderen (Felberbauer/Seebauer 1995).

Berechtigte Einwände und ein Fazit

Es soll hier nicht der Eindruck entstehen, dass die Situation des integrierten Fremdsprachenlernens völlig zufriedenstellend verläuft. Manche Einwände kommen aber daher, dass das Konzept des integrierten Fremdsprachenlernens relativ unbekannt ist.

Die Kritikpunkte kommen aus verschiedenen Bereichen:

• Von Schulbehörden, die befürchten, dass die Sprachkompetenz der Grundschullehrkräfte nicht ausreicht, um Inhalte anderer Fächer kompetent in der Fremdsprache zu vermitteln.
• Von Grundschullehrerinnen und Grundschullehrern, besonders jenen, die bereits länger im Dienst stehen, die diese Befürchtungen teilen.
• Von Experten, die meinen, dass es unter den gegebenen Umständen schwierig ist, Sprachprogression und Vermittlung von Inhalten unter einen Hut zu bringen.
• Von Eltern, die glauben, dass die Vermittlung von Lerninhalten in einer anderen als der Muttersprache zusätzliche Probleme bereitet
• Von Wohlmeinenden, die befürchten, dass Migrantenkinder die dritte Sprache nicht bewältigen und man sie daher vom Fremdsprachenunterricht befreien sollte
• Von Stütz- und Förderlehrkräften, die annehmen, dass die von ihnen betreuten Schülerinnen und Schüler „auf der Strecke bleiben", wenn man Lehrinhalte in einer anderen als der Unterrichtssprache vermittelt.

Eine Gruppe fehlt hier allerdings: die Schülerinnen und Schüler der Grundschule. Sie reagieren mit Freude und Begeisterung auf das Konzept, sie machen beachtliche Lernfortschritte, und sie sind es auch, denen diese Art des fächerübergreifenden, integrierten Fremdsprachenlernens zugute kommt, wenn sie später als europäische Bürger in mehreren Sprachen handlungsfähig sind.

Anmerkungen

[1] Dies ist eine Forderung, die im Lehrplan der österreichischen Volksschule explizit angeführt ist.

[2] Die Beispiele sind dem Lehrwerk „Bubble and the Five 'Friends'" Teil 3 entnommen.

[3] Die Beispiele sind dem Lehrwerk „Bubble and the Five 'Friends'" Teil 4 entnommen.

[4] Schulen, in denen nicht jede Schulstufe einer Klasse entspricht.

4

Nikola Mayer (Bremen)

Entdeckendes Lernen im Fremdsprachenunterricht der Grundschule

> *Curiosity is the centerpiece of inquiry –*
> *the desire to know.*
>
> *Hubert Dyasi*

Kinder sind von Natur aus neugierig. Sie beobachten die Phänomene der sie umgebenden Welt, entdecken dabei Neues und vergrößern so ihr Weltwissen. Die kleineren und größeren Entdeckungen geben Anlass, zu fragen und nachzudenken und sind somit wesentlich für Fortschritt und Lernen. Unter dem Konzept des entdeckenden Lernens/ *Discovery Learning* hat die Grundschule sich dieses Phänomen vor allem im sachkundlichen Bereich zu eigenen gemacht. Der Integration dieses Ansatzes in den Fremdsprachenunterricht der Primarstufe wurde bislang jedoch nur wenig Beachtung geschenkt. Dabei bietet sich gerade hier eine große Bandbreite an Möglichkeiten der Vernetzung und des fächerverbindenden Arbeitens. Sowohl der Anspruch der Altersgemäßheit als auch der der Anschaulichkeit und Kindgemäßheit werden in einem auf Handlungen und konkreten Erfahrungen basierenden Lernprozess umgesetzt. Wesentlich ist, dass der Prozess im Medium der Fremdsprache stattfindet, die hierbei nicht als Lerngegenstand, sondern als Kommunikationsmittel verwendet wird. Im Fokus der Aufmerksamkeit steht die Sache, der Versuch. Der Ansatz des entdeckenden Lernens im frühen Fremdsprachenunterricht bildet somit einen Teilaspekt des bilingualen Lernens heraus und zwar einen, der an allen Grundschulen stattfinden kann und der problemlos in den Fremdsprachenunterricht integriert werden kann.[1]

Entdeckendes Lernen/*Discovery Learning* in der Grundschule

Das Konzept des entdeckenden Lernens ist kein neuer Ansatz, aber nach wie vor ein überzeugender und kindgemäßer Lernweg und ein methodisches Konzept, das v. a. aus dem sachkundlichen Unterricht (vgl. Kaiser 1995) nicht mehr wegzudenken ist. Anhand eines konkreten Versuchs wird eine Fragestellung aufgeworfen, auf die die Lehrkraft gemeinsam mit den Kindern Antworten bzw. Lösungswege sucht. Häufig sind dies einfache Versuche, weshalb nicht die gesamte Komplexität eines Sachverhaltes erfasst wird, aber es wird ein erster, altersgemäßer Zugang zu wissenschaftlichen Fragestellungen und Arbeitsformen geschaffen.

Gibt es denn noch etwas zu entdecken?

In den 60er Jahren des vergangenen Jahrhunderts als sich v. a. in den USA Pädagogen und Psychologen zum ersten Mal in breiterem Umfang mit dem Konzept des *Discovery Learning* befassten, wirft der Psychologe Jerome Bruner die Frage auf, ob Entdecken (*discovery*) wirklich der passende Terminus sei, denn, so gibt er zu bedenken, vieles von dem, was unter entdeckendem Lernen verzeichnet wird, sei doch viel eher ein Weitergeben von Traditionen, aber auch von Denkansätzen:

> Culture, thus, is not discovered; it is passed on or forgotten. All this suggests to me that we had better be cautious in talking about the method of discovery, or discovery as the principal vehicle of education. Simply from the biological point of view, it does not seem to be the case at all. (Bruner 1966, 101)

Um sein Argument zu stützen, führt Bruner den Prozess des Erstspracherwerbs an, den er als äußerst kreativ charakterisiert, nicht aber als Entdeckungsprozess:

> Language-learning is very close to invention and has very little in common with what we normally speak of as discovery. (Bruner 1966, 102)

Ist entdeckendes Lernen also ein Trugschluss, eine Fata Morgana in einer Welt, in der es nichts mehr zu entdecken gibt? Und was oder wie lernen wir dann?

Die Auffassung von Lernen hat sich im letzten Jahrhundert stark verändert. Lernen wird heute so gesehen, dass sich das Individuum aus dem großen Bereich des Wissens der Menschheit das für ihn oder sie subjektiv relevante Wissen herausfiltert und aneignet. Dabei ist die Aneignung des Wissens heute keine Primärerfahrung in dem Sinne, dass wir etwas originär Neues entdecken, sondern, wie das gerade beim Lernen in institutionellen Kontexten der Fall ist, sie basiert auf Sekundärerfahrungen.

Übertragen auf den Unterricht heißt das, dass es nicht darum geht, das Rad noch einmal neu zu erfinden oder sich an den „Nullpunkt menschlicher Erkenntnisgewinnung" (Peterßen 1999, 66) zurück zu versetzen; vielmehr geht es aus Sicht der Lehrenden darum, Anlässe für Entdeckungen bereitzustellen und Lernende „vorliegende Erkenntnisse nach-vollziehen, nach-entdecken zu lassen, sie einen persönlichen Prozess der Wissenskonzeption durchlaufen zu lassen" (ebenda).

Die methodische Konsequenz, die sich aus dem obigem Verständnis von Lernen und Wissensaneignung ableiten lässt ist, dass die zu vermittelnden Informationen nicht als fertiges Paket weitergeben werden. Stattdessen kommt es darauf an, sie „von ihrer Statik zu befreien, sie so aufzulösen, dass sie Aufgabencharakter annehmen, die Lernenden zunächst zu Fragen, Vermutungen reizen, bevor sie über Planungen und Lösungsversuche zu endgültigem Wissen gelangen" (ebenda). Das übergeordnete Ziel hierbei ist, die Schülerinnen und Schüler zu selbstständigem, autonomen Lernen zu führen. All diese Aspekte können unter dem Begriff des entdeckenden Lernens / *Discovery Learning* subsumiert werden. Kernpunkte des entdeckenden Lernens sind demnach folgende:
- Schaffen von Anlässen für persönliche Prozesse der Wissenskonstruktion
- Aufbrechen fertiger Informationen
- Entwicklung einer konkreten Aufgabenstellung
- Formulieren von Fragen
- Äußern von Vermutungen (Hypothesenbildung)
- vorliegende Erkenntnisse über konkrete Erfahrungen nach-vollziehen, nach-entdecken lassen
- Hinführung zum selbstständigem, autonomen Lernen

Im Zentrum steht der Lernende, denn der wirkliche Entdeckungsprozess findet im Lernenden statt und hier treffen wir auch wieder auf Bruner (1966, 105):

Discovery teaching generally involves not so much the process of leading students to discover what is 'out there', but, rather their discovering what is in their own heads. It involves encouraging them to say, Let me stop and think about that; Let me use my head; Let me have some vicarious trial-and-error.

Entdeckungen im Medium der Fremdsprache

Eine neue Sprache zu lernen ist vergleichbar mit einer Entdeckungsreise in ein noch unbekanntes Terrain. Im Gegensatz zum Fremdsprachenunterricht der weiterführenden Schulen hat sich die Primarstufendidaktik einem ganzheitlichen Spracherwerb verschrieben. Die Kinder bekommen einen sinnlichen Zugang zur Sprache, die sie im Kontext und in der konkreten Verwendung anhand von Geschichten, Spielen, Reimen und Rhythmus erleben. Kognitivierende Prozesse sind zwar nicht ausgeschlossen, sie werden aber auch nicht explizit eingeleitet. Wenn von den Kindern Fragen oder Feststellungen metasprachlicher Art kommen, können diese Anlass für Erklärungen über Sprache im Sinne von Regelhaftigkeiten oder für weiteres Nachdenken bieten. Die Anlässe hierzu erwachsen fast immer aus konkreten Inhalten, denn Kinder interessieren sich nicht in erster Linie für sprachliche Phänomene (vgl. Waas 1994, 2), sondern vorrangig für bestimmte Themen, Gegenstände oder Situationen, im Sinne eines *content-based foreign language learning* (vgl. Dines 2000, 72 ff.). So kann beispielsweise beim Thema „*Pets*" der Vergleich von fremdsprachlichen Tierbezeichnungen mit den entsprechenden Begriffen in der (jeweiligen) Muttersprache Kinder zum Nachdenken über Ähnlichkeiten und Unterschiede anregen. Der Klang fremder Wörter kann Gefühle und Vorstellungen hervorrufen oder ein Kind stellt fest, dass man Wörter der fremden Sprache auf syntaktischer Ebene in die eigene Sprache integrieren kann etc. *Code Switching* und *Language Awareness* sind Begriffe, mit denen die Fachdidaktik solche Prozesse belegt. Für die Kinder selbst stehen vor allem der thematische Kontext und der kreative Umgang mit und die Freude an der Sprache im Vordergrund.

Entdeckungsprozesse können aber auch gesteuert in den Fremdsprachenunterricht einfließen. Da es sich hierbei um unterschiedliche Formen des Entdeckens handelt, habe ich sie in drei Bereiche eingeteilt:

1. methodisch angelegtes spielerisches Entdecken im Fremdsprachenunterricht,
2. sprachliche Entdeckungen im Fremdsprachenunterricht / *Language Awareness,*
3. sachfachliche Entdeckungen im Fremdsprachenunterricht / *Discovery Learning.*

Methodisch angelegtes spielerisches Entdecken im Fremdsprachenunterricht

Bei dem Spiel „*I spy with my little eye …*" wählt ein Spieler einen im Raum befindlichen Gegenstand aus, den die Gruppe durch Nachfragen herauszufinden versucht. Diese Form des gesteuerten, spielerischen Entdeckens findet sich in vielen Variationen im frühen Fremdsprachenunterricht. Reale Gegenstände oder deren bildliche Darstellung sind ein wichtiges Fundament zur Entwicklung von Wortschatz und sprachlichen Strukturen. Fragestellungen oder Aufforderungen wie „*Find the …*", „*Point to the …*" oder „*Where is the…?*" gehören zum Inventar des frühen Fremdsprachenunterrichts und trainieren sowohl das gezielte Hinschauen als auch die Versprachlichung dessen, was man sieht. Viele Lehrwerke bieten Wimmelbilder an, die sich für diese Art von Entdeckungen besonders gut eignen. Das Lehrwerk *Discovery* stellt zudem auf den Einstiegsseiten zu jedem Kapitel die Aufgabe an die Schülerinnen und Schüler, den Löwen Leo zu finden *(„Where is Leo?")*, der sich immer irgendwo im Bild versteckt hat.

Abb. 1: Where is Leo?, aus: Discovery 3

Eine andere Übungsform besteht darin, dass zwei scheinbar identische Bilder miteinander verglichen werden und die Kinder dabei die Abweichungen herausfinden und benennen („*Find/Spot the differences*"). Auch hier werden die Wahrnehmung und das genaue Hinsehen, eine Grundbedingung des entdeckenden Lernens, geschult.

Kinder tauchen in solche Aufgaben oft vollkommen ein und vergessen mitunter, dass es sich hierbei um Fremdsprachenunterricht handelt. Das Entdecken/Finden, das spielerische Lösen der Aufgabe steht im Vordergrund – die englische Sprache dient als Mittel der Kommunikation. Die Kinder handeln in der Fremdsprache.

Abb. 2:
Find the differences,
aus: Discovery 3,
Activity book

Sprachliche Entdeckungen im Fremdsprachenunterricht/ *Language Awareness*

Bewusstes Arbeiten an grammatischen Strukturen und die Vermittlung von Regeln sind kein konstitutives Element des Fremdsprachenunterrichts in der Grundschule. Dennoch bekommen die Kinder durch die im Kontext verwendete Sprache einen Einblick darin, wie Sprache allgemein und die fremde Sprache im Besonderen funktioniert. Der Bereich der Sprachbewusstheit/*Language Awareness*, ein Randbereich an den weiterführenden Schulen, nimmt in der Primarstufe einen wichtigen Platz ein. Durch ausgewählte Übungen wird den Schülerinnen und Schülern die Möglichkeit für sprachliche Entdeckungen gegeben wie ein Beispiel aus dem Lehrwerk *Bausteine Magic* veranschaulicht:

Unter der Überschrift *snow words* erhalten die Kinder den Arbeitsauftrag „*Read and match*" – d. h. sie sollen zunächst die Komposita (*snow + word*) erlesen und sie dann mit dem jeweiligen Bild verbinden. Die Aufgabe ist gelöst, wenn jedem Bild ein Wort zugeordnet wurde. Die genaue Analyse zeigt jedoch, dass beim Durchführen dieser Aufgabe mehr als das geschieht und dass hierbei, mehr oder weniger bewusst, unterschiedliche Strategien und Erkenntnisse gefördert werden.

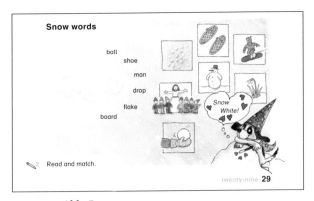

Abb. 3:
Snow words,
aus: Bausteine
Magic 3,
Activity book

Grundsätzlich vermittelt diese Form der Wortschatzerweiterung anhand des Wortes *snow* den Kindern einen Einblick in die Ökonomie und Vernetzung der Sprache – aus einem Wort entsteht eine Wortfamilie. Zudem können sie erkennen, dass es auch in der englischen Sprache möglich ist, Wörter zusammenzusetzen. Beide Erkenntnisse fördern die Entwicklung von Strategien zur Wortschatzarbeit und den Aufbau eines mentalen Lexikons.

Die neu entstehenden Wörter sind den Kindern teilweise bereits bekannt – Snowboard wird als englisches Lehnwort[2] im Deutschen verwendet. Andere der Schneewörter – *snow ball, snowman* – weisen eine große Ähnlichkeit mit den deutschen Wörtern „Schneeball" und „Schneemann" auf und sind somit leicht zuzuordnen. Das Wort *snow shoe* steht lautlich in großer Nähe zum deutschen Wort „Schneeschuh", unterscheidet sich aber in der graphischen Repräsentation, so dass hier das laute Lesen bedeutungsförderlich ist. Die Verbindung zwischen *snow flake* und „Schneeflocke" lässt sich sowohl über den Klang als auch über die Ähnlichkeit zwischen *flake* und Flocke und über die Abbildung selbst herstellen. Nach dem Ausschlussverfahren bleibt nun noch ein Bild bzw. Wort übrig – *snow drop*, das Schneeglöckchen. Hier ist die Verbindung zwischen dem Deutschen und dem Englischen nicht sofort erkennbar. Sowohl der deutsche als auch der englische Begriff spiegeln ein Charakteristikum der Pflanze wider. Im Englischen wird die geschlossene Blüte für die Namensgebung gewählt, diese ähnelt einem Tropfen = *drop*, wohingegen in der deutschen Namenswahl der geöffnete Blütenkopf, der an ein Glöckchen erinnert, betrachtet wird. Gerade das Schneeglöckchen bietet sich dazu an, den Kindern einen Einblick in Sprache und den Vergleich verschiedener Sprachen zu vermitteln. Jacobi/Kuhle (1997, 17) zeigen auf, dass die Pflanze in verschiedenen Sprachen ganz unterschiedliche Bezeichnungen trägt, die jedoch alle einen spezifischen Aspekt der Blume herausstellen. Damit lässt sich eine wesentliche Eigenschaft beim Vergleich von Sprachen, verdeutlichen: unterschiedliche Sprachen werfen einen unterschiedlichen Blick auf die Dinge der Welt um uns.

Noch ein weiteres Schneewort ist in der Aufgabe zu den *snow words* enthalten – *Snow White*, die Märchenfigur Schneewittchen – von der der kleine Hund Merlin träumt und die Anlass für das Erzählen des Märchens auf Englisch sein kann.

Sachfachliche Entdeckungen im Fremdsprachenunterricht

Die fachübergreifende Komponente und die eingangs beschriebene Methode des entdeckenden Lernens / *Discovery Learning* lassen sich über kleinere Experimente sehr gut in den Fremdsprachenunterricht integrieren. Die konkrete Durchführung von Versuchen im Medium der Fremdsprache scheint zunächst schwierig, ist jedoch ohne größere Probleme von Anfang an umzusetzen. Gerade durch das hohe Maß an Anschaulichkeit und den Anreiz, den der Versuch selbst bietet, wird es möglich, die Kinder in der Fremdsprache durch den Versuch zu begleiten und sie dahin zu führen, ihre Hypothesen (nach Möglichkeit in der Fremdsprache) zu formulieren. *Discovery Learning* bietet somit die Gelegenheit, die Sprache als Medium der Kommunikation zu erfahren, wobei auch hier Sprachunterricht stattfindet, da die Versuche immer so gewählt sein sollten, dass sich die Schülerinnen und Schüler im Rahmen ihrer sprachlichen Möglichkeiten und auch im thematischen Rahmen des Kapitels bewegen. Der Fremdsprachenunterricht ist die Ankerstation, der Ort, an dem die Versuche durchgeführt werden. Eine tiefergehende Beschäftigung mit den dem Versuch zugrunde liegenden wissenschaftlichen Hintergründen kann jedoch nur selten in der Fremdsprache geleistet werden. Fachübergreifende Projekte mit kleinerem oder größerem Ausmaß sind die hierfür geeignete Form.

Zusammenfassend sollte bei der Umsetzung von *Discovery Learning* im Fremdsprachenunterricht beachtet werden:
• einfache, aber interessante Versuche,
• die sich in das Thema der Unterrichtseinheit eingliedern
• und die so konzipiert sind, dass sich die Kinder mit ihren begrenzten sprachlichen Mitteln dazu äußern können, sowie
• fachübergreifende Vertiefung z. B. in einem Projekt.

Bei den sprachlichen Äußerungen der Schülerinnen und Schüler handelt es sich oft um einfache Formulierungen, die häufig der Unterstützung durch die Lehrperson bedürfen. Dennoch bietet sich hier ein spannender und im frühen Fremdsprachenunterricht seltener Kommunikationsanlass, der selbst dann, wenn die Kinder ihre Hypothesen auf Deutsch formulieren, die Lehrperson aber auf Englisch reagiert, das Eintauchen in die fremde Sprache unterstützt. Die grundsätzliche Motivation, die sich aus dem praktischen Tun im Medium der Fremdsprache entwickelt, leistet so einen generellen Beitrag zum Fremdsprachenunterricht und zur Herausbildung einer positiven Einstellung zur Sprache und dem Lernen einer fremden Sprache.

Abb. 4:
Black is black?,
aus: Discovery 3

Im Folgenden stelle ich anhand eines konkreten Beispiels aus *Discovery 3* den Ansatz des entdeckenden Lernens vor. Ich habe bewusst das erste Kapitel ausgewählt, um zu zeigen, dass auch hier schon sachfachliches und fremdsprachliches Arbeiten möglich ist.

Black is black?

Am Ende des ersten Kapitels „*Lucy at school*" findet sich auf der *Discovery page* der erste Versuch. Thematisch werden in diesem Kapitel die Bereiche *school things*, *numbers* und *colours* eingeführt. Das einführende und gleichzeitig zusammenfassende Wimmelbild zeigt Lucy mit ihren Mitschülerinnen und Mitschülern im Klassenzimmer. Lucy und ein Junge stehen an einem Arbeitstisch vor dem Fenster und führen den Versuch durch (vgl. Abb. 1). Bestandteile des Versuches (Abb. 4) sind ein Kaffeefilter, ein schwarzer, nicht permanenter Filzstift, ein Schälchen voll Wasser und eine Schere, die dazu benutzt werden kann, das Papier etwas handlicher zu schneiden.

Vor der Durchführung des Versuches stellt die Lehrperson den Kindern die Frage: „*Black is black?*", die von den Kindern mit einem einfachen „*Yes*" oder „*No*" beantwortet werden kann. Es besteht die Möglichkeit, hier ein Meinungsbild an der Tafel fest zu halten. Erst jetzt wird der eigentliche Versuch durchgeführt. Jedes Kind bekommt eine Filtertüte (*coffee filter*) ausgehändigt und füllt sich ein kleines Schälchen mit Wasser. *Bowl* ist für die Kinder ein neues Wort, das sie in diesem Zusammenhang jedoch nur passiv kennen lernen. Das Wort *water* sollte direkt verstanden werden und erklärt sich durch die konkrete Situation. Bei der Durchführung folgen die Schülerinnen und Schüler den Anweisungen der Lehrkraft, die sie Schritt für Schritt durch den Versuch leitet und die Handlungen ebenfalls ausführt:
Take the filter.
Draw a line with your black felt tip.
Hold the filter into the water.

Am Ende steht die Frage: *What do you see?* Auch diese Frage können die Schülerinnen und Schüler im Rahmen ihrer sehr begrenzten sprachlichen Mittel schon beantworten, indem sie entweder die einzelnen Farben, die sich entwickelt haben benennen – *pink, blue, green* etc. – oder einen Satz formulieren *„I see green and pink and blue."* Noch einmal stellt die Lehrperson nun die Eingangsfrage *„Black is black?"* Diesmal verneinen es die Kinder – *„No".* Sie könnten sogar eine etwas komplexere Antwort geben – *No, black is green and pink and blue.* Erläuternd kann die Lehrkraft noch hinzufügen – *„Black is a mix of colours – green, blue, pink etc."* Sogar die Verneinung kann eingeführt werden *„Black is not black",* die sich gut aus der Fragestellung ableiten lässt. Eine genauere Besprechung der Hintergründe und weitere Fragen der Schülerinnen und Schüler werden im Anschluss auf Deutsch behandelt. Es können zusätzliche Versuche zum Mischen von Farben folgen, die sich auch gut mit der für dieses Kapitel vorgeschlagenen Bilderbuch *Mouse Paint* verbinden lassen.

Der folgende Überblick zeigt die Bandbreite der verschiedenen Versuche, die in dem Lehrwerk *Discovery* genutzt werden, und deren enge thematische und sprachliche Einbindung an das jeweilige Kapitel:

DISCOVERY 3

Kapitel/ Themen	Discovery Page	Was wird entdeckt? Hintergründe	Sprachl. Äußerungen der Kinder
Lucy at school at school numbers colours	**Black is black?**	Schwarz ist eine Misch-farbe und zerfließt auf feuchtem Filterpapier in verschiedene Farben.	yes/no. It's blue, green, pink, yellow … Black is not black.
Let's meet time pets shops body family	**Where is the fish?** **(How can we help the fish to get into the bowl?)**	Bei der schnellen Drehung zerfließen die beiden Bilder (*fish/bowl*) zu einem Bild. optische Täuschung	In the bowl/ it is in the bowl.
Good morning, Lucy body clothes breakfast	**Shake it up** **What happens?** **What is this?**	Durch die Schüttelbewe-gung zerfällt die Sahne in Wasser und Fett. Herstellung von Butter Zentrifugalkraft	Butter/ This is butter. We're making butter.
Party time birthday presents games hobbies months	**Balloons and needles** **Does the bal-loon pop?**	Durch die zusätzliche Membran (Tesafilm) wird die Ausbildung von Rissen im Luftballon ver-hindert, so dass er nicht platzt, wenn er mit einer Nadel angestochen wird.	yes/no The balloon does not pop.

Kapitel / Themen	Discovery Page	Was wird entdeckt? Hintergründe	Sprachl. Äußerungen der Kinder
A picnic in the garden weather days fruit vegetables	**Water lilies** **What do you think will happen?**	Im Wasser öffnet sich die Papierfaltblume zu einer Seerose, da sich die Fasern im Papier langsam mit Wasser füllen.	They sink. They go open. They bloom.

DISCOVERY 4

Kapitel / Themen	Discovery Page	Was wird entdeckt? Hintergründe	Sprachl. Äußerungen der Kinder
School projects school clubs / radio discovery jobs time	**Water music** **Find the tune.**	Die Kinder experimentieren mit dem Klang der mit Wasser gefüllten Gläser und versuchen die Melodie von *Radio Discovery* nach zu spielen. Wahrnehmungsschulung / Experimentieren mit Klang	Listen. Too high Too low. That sounds good ...
At the camp packing the rucksack the seasons at the camp helping each other	**Twinkle, twinkle little star** **Two steps:** **In front of – what can you see?** **Behind – what can you see?**	Transparenz / Standort von Lichtquellen – wenn das Licht von hinten auf das Objekt fällt, dann scheinen die ausgestanzten Löcher durch, von vorne ist nichts zu sehen. Erklärung dafür, weshalb Sterne nur nachts zu sehen sind.	It is black / nothing. I can see through the paper.
A visit from New York letter house / flat furniture dinner numbers	**Making water soft** **What happens?**	Die Reißzwecken schwimmen zunächst auf der Wasseroberfläche. Nach der Zugabe von Spülmittel sinken sie ab, da sich die Spannung der Wasseroberfläche verändert hat.	They / the pins sink. They go down.
At the zoo zoo animals zoo animals kiosk / snacks	**Monkey hands** **How does it feel?** **Can you do it?** **Could you feel the difference?**	Mit der getapten Hand ist es viel schwieriger, Dinge zu fassen. Die Besonderheit der Affen- bzw. Menschenhand wird erfahren / entdeckt. Wahrnehmungsschulung	It's funny. It feels strange. Yes / No.

Kapitel / Themen	Discovery Page	Was wird entdeckt? Hintergründe	Sprachl. Äußerungen der Kinder
Going to town weather transport cinema witches	**The spinning wheel** **What do you see?**	*Benham-Circle.* Durch die Drehbewegung verschwimmen die offenen Linien zu einem Kreis, es werden zudem Farben wahrgenommen. Optische Täuschung / Wahrnehmungsschulung	I see different colours etc.

Ausblick

Der Fremdsprachenunterricht der Grundschule ermöglicht den Schülerinnen und Schülern eine Vielzahl unterschiedlicher Entdeckungen. Bei manchen dieser Entdeckungen steht das Lokalisieren, d. h. das Finden im Vordergrund. Andere, wie die Entdeckungen im Bereich der Sprache, sind eher implizit angelegt. Prozesse im Sinne eines forschenden Entdeckens finden sich über die themenorientierte, fachübergreifende Knüpfung von Fremdsprachenunterricht und Sachkundeunterricht .

Die Integration des entdeckenden Lernens anhand von Versuchen in den frühbeginnenden Fremdsprachenunterricht bietet den Kindern die Möglichkeit des altersgemäßen Arbeitens und Handelns in der Fremdsprache. Durch die sprachliche Begrenzung ist es sicherlich ein stark gesteuerter Prozess, in dem die Schülerinnen und Schüler nicht in vollem Maße ihre Vermutungen und Assoziationen zu den jeweiligen Fragestellungen äußern können. Dennoch ist es bei einer guten Auswahl des Versuchs, einem klaren Versuchsaufbau und einer gut ausgewählten Fragestellung möglich dies einsprachig durchzuführen und den Kindern zum einen das Erlebnis eines geglückten Versuchs und einer neuen Erkenntnis zu vermitteln, und zum anderen den Erfolg, dies in der fremden Sprache geleistet zu haben.

Versuche, wie der oben beschriebene, sind nicht die einzige Möglichkeit, sachfachliches Arbeiten in den Fremdsprachenunterricht zu integrieren. Bilderbücher und Geschichten mit naturwissenschaftlichen, biologischen oder geschichtlichen Themen bilden einen reichen Fundus für fachübergreifendes Arbeiten und kleine Projekte. Es gibt ein breites Angebot an englischsprachiger Fachliteratur (z. B. Evans (2000), Fredericks (2000), Lobb (2002), Maynard (2001), Parratore (2001)), dem Versuche entnommen werden können und mit entsprechender Anpassung auch im Fremdsprachenunterricht der Grundschule einsetzbar sind. Wichtig ist dabei, dass die Versuche immer in einen thematischen und sprachlichen Kontext eingebettet werden, um so eine sinnvolle Verknüpfung der Komponenten Sachfach und Fremdsprachenunterricht zu gewährleisten.

Anmerkungen

[1] In Deutschland gibt es diverse Grundschulen, die bilingualen Unterricht anbieten. Durch die wissenschaftliche Begleitung und die positiven Ergebnisse bekannt geworden sind v. a. die Europaschule in Gladenbach, Hessen (vgl. Legutke 2000, Legutke/Lortz 2002) und die Staatliche Europaschule in Berlin (vgl. Doyé 1997, Zydatiss 2000). Aufgrund der spezifischen Gegebenheiten an diesen Schulen ist es jedoch schwierig, die Erkenntnisse und Arbeitsformen auf „normale" Grundschulen zu übertragen. Aus diesem Grund plädiere ich für das Herausfiltern des zentralen Elements des bilingualen Ansatzes, das themenorientierte/sachfachliche Arbeiten.

[2] Die unterschiedliche Schreibweise zum Deutschen möchte ich an dieser Stelle nicht thematisieren. Auch dies wäre noch ein weiterer Aspekt, der jedoch hier zu weit führen würde.

Alison Hurrell (Aberdeen)

Fremdsprachenunterricht auf der Grundlage der Vorerfahrung der Kinder

5

Children already know a great deal about the nature, purpose and functions of language by the time they come to the learning of a foreign language.

Foreign language learning will be supported and enhanced by this secure knowledge base. Embarking on the learning of a foreign language should build on what they already know and proceed alongside their continuing learning in their first or second language. (Modern Languages 5–14 National Guidelines, 2000, 3)

Welche Annahmen liegen dieser optimistischen Behauptung zugrunde? Die meisten Lehrerinnen und Lehrer sind von der Richtigkeit der Annahme überzeugt. Da alle Kinder die gesprochene Form ihrer Muttersprache normalerweise mühelos und ohne ausdrückliche Steuerung erwerben, erscheint es sinnvoll, dieselben Voraussetzungen des Lernens beim Zweitsprachenerwerb nachzubilden. Jedoch spielen Motivation und menschliche Erfahrung beim Erstsprachenlernen die bedeutendste Rolle: Sie stellen den Motor des Lernens dar. Ist dies auch der Fall beim Fremdsprachenerwerb? Gibt es Forschungsmaterial, das die Ansicht stützt, dass ein solides Vorwissen unentbehrlich für den Fremdspracherwerb ist? Wenn dies der Fall ist, auf welche Art von Vorwissen können wir aufbauen? Müssen wir nur nach einer „Wissensgrundlage" Ausschau halten, die nur das bewusste, lineare Denken einschließt oder können wir den Rahmen erweitern auf das intuitive Verstehen, das intelligente Unbewusste, das Claxton *„undermind"* nennt? (ders. 1997, 7)

Es kann auch sein, dass wir nicht nur die Beschaffenheit der Vorerfahrung der Kinder untersuchen müssen, sondern auch ihre Interaktion mit den Voraussetzungen und Gewohnheiten der Lehrer und den sozialen Kontext, in dem diese Interaktion stattfindet.

Was sagen uns Untersuchungen zum Fremd- und Zweitspracherwerb?

Diskussionen über die Rolle, die die Muttersprache beim Lehren und Lernen einer anderen Sprache spielt, gibt es seit langem. Viele Wissenschaftler, die sich mit Zweitspracherwerb beschäftigen, konzentrierten sich auf natürliches und ungesteuertes Lernen, und sie betonen die Verarbeitungsmechanismen, die Erst- und Zweitspracherwerb gemein haben. Durch seine Forschung in Kanada auf dem Gebiet bilingualer Immersionsprogramme entwickelte Cummins eine überzeugende Darstellung davon, wie die zwei Sprachen miteinander verbunden sein könnten:

> In the course of learning one language, a child acquires a set of skills and implicit metalinguistic knowledge that can be drawn upon when working in another language. This common underlying language proficiency (CULP) provides the base for the development of both first and second language. It follows that any expansion of CULP in one language, will have a beneficial effect on the other language(s). (Cummins 1984)

Diese Idee wurde als doppelte Eisberg-Theorie bekannt. Oberflächlich betrachtet scheinen Erst- und Fremd- / Zweitsprachenerwerb getrennt zu verlaufen. Sie ermöglichen die Kommunikation mit der Außenwelt auf ihre je eigene Weise. Cummins zufolge befindet sich aber unter der Oberfläche der Bereich der Kognition. Kinder treten in den Vorschulbereich mit einer in der Erstsprache bereits etablierten beträchtlichen Sprachbeherrschung ein. Die Erziehung in der Grundschule verleiht dieser Kompetenz dann noch kognitive Tiefe. Die Kinder erwerben nicht nur Lese- und Schreibfähigkeiten in ihrer Erstsprache, sondern gewinnen auch neue Einsichten dazu, was Sprache ist, wie sie strukturiert ist und wie man sie benutzt. Im späteren Verlauf werde ich mich noch näher mit dem Erwerb von Lese- und Schreibfähigkeiten bei Kindern befassen.

Neben dem Spracherwerb im engeren Sinne lernen Kinder allmählich ihre Erstsprache zu benutzen, um ihr Denken zu ordnen und darüber zu reflektieren. Sprache hat nicht mehr ausschließlich mit der Außenwelt zu tun, sondern dient dazu, eigene geistige als auch körperliche Handlungen zu kontrollieren. In der Erstsprache passiert dies oft ohne direkte Vorschriften von Erwachsenen; das Kind besitzt seine gesamte Welt als ein ‚Sprachlabor'. Jedoch dürfen wir nicht außer Acht lassen, dass die Bedingungen, die wir in Klassenraumsituationen finden, nicht dieselben sind wie die in natürlichen außerschulischen Situationen. Unsere Schülerinnen und Schüler haben nur begrenzten Kontakt zu Sprechern der Fremdsprache und diese Sprecher sind meistens Erwachsene. Die „Investition von Erwachsenen-Zeit" beim Erstspracherwerb und deren Einfluss auf den Spracherwerb von Kindern können nicht wiederholt werden; das Ausgesetztsein, die Motivation und die Möglichkeiten, die fremde Sprache für „reale" Zwecke zu benutzen, sind begrenzt; die Rollen im Klassenraum sind sehr verschieden von denen in natürlichen Situationen; Machtbeziehungen sind unterschiedlich – wer oder was strukturiert das Lernen des Kindes? – und dies hat, so meine ich, ernste, aber auch aufregende Auswirkungen auf die Methodik und das Verhalten von Lehrerinnen und Lehrern.

Auf dem Gebiet des metalinguistischen Bewusstseins betont Johnstone (1994) die Fähigkeit von Kindern, beim Zweitsprachenlernen selbstsicher auf die allgemeine grammatikalische Terminologie zurückzugreifen, welche systematisch in ihrer Muttersprache in den ersten zwei Jahren ihrer Grundschulzeit eingeführt worden ist. Dieses bewusste Anwenden ihrer Kenntnisse ermöglicht es den Kindern spezifische und grammatikalische Merkmale in der Fremdsprache zu bemerken und zu kommentieren. Robinson (1995) behauptet, dass die Vertrautheit mit metalinguistischer Terminologie sehr wahrscheinlich den Lernern helfen würde, ihre Aufmerksamkeit auf relevante Merkmale des Inputs zu richten. Cook (1995) argumentiert, dass Unterrichtsverfahren entwickelt und gefördert werden müssten, die verhinderten, dass Lernende die Erst- und Zweitsprache als völlig getrennte Systeme anzusehen.

Was sagt uns dieser notwendigerweise selektive Blick auf die Fremd-/Zweitsprachenforschung? Wray drückt es zunächst so aus:

> It is extraordinarily difficult to actually find out what young children know about language. (Wray 1994)

Sollte uns dieses Faktum Unbehagen bereiten?

Ich würde dagegensetzen, dass es uns dazu bringt, uns mit dem zu beschäftigen, was Cambourne als *„reflective learning"* beschreibt – eine Form von Selbstgespräch, das man mit sich selbst führt und das dazu dienen kann, konzeptionelle Verwirrungen zu klären Es kann helfen, die große Frage nach dem Zusammenhang von Leben und Lernen anzugehen.

Die erste Diskrepanz, die ins Auge fällt, ist die zwischen „natürlichem" Sprachenlernen und den Voraussetzungen und Einstellungen der Lehrerinnen und Lehrer. Anders formuliert: Wieweit können wir lehren, was gelernt werden muss? Wir müssen die Beziehungen zwischen Lehren und Lernen untersuchen. Bis zu welchem Ausmaß kann, zum Beispiel, *gelehrte* Metasprache ein automatisierter Teil des Fremdsprachrepertoires eines Kindes werden? Was passiert, wenn die von der Lehrkraft benutzte Metasprache nicht verstanden wird, weil es keine Erfahrungsgrundlage dafür gibt, welche Bedeutung hat? Ist es nicht wahrscheinlich, dass in Kindern Metasprache oder Kognition aus wiederholter Erfahrung des „Realen" entsteht? Was passiert, wenn die Metasprache der Lehrkraft sich nicht mit der metakognitiven Absicht und dem Vorstoß des Lerners deckt? Können wir annehmen, dass das Lernen von Kindern passiv auf Instruktionen und Anweisungen von der Lehrkraft wartet? Clay meint, dass das Lernen der Kinder von *unseren* Schemata und *unserem* Schematisieren, von *unseren* Normen und *unseren* Theorien erzwungen wird (Clay 1991, 16). Bis zu welchem Ausmaß ist dann unser Unterricht auf Sand gebaut, auf ein Gefühl von dem, was Kinder wissen und können sollten, auf unsere „Verpflichtungen und unsere Theorien"? Als Lehrende brauchen wir einen Maßstab für das, was wir lehren können, Klarheit in der Frage des Lernens des Kindes, der Rolle von Erziehung und des Wesens von Unterricht. Vielleicht müssen wir das ganze Paradigma des Nachdenkens über Lehren und Lernen herausfordern. Wie Claxton sagt,

> we have been inadvertently trapped in a single mode of mind that is characterised by information-gathering, intellect and impatience one that requires you to be explicit, articulate, purposeful and to show your working. (Claxton 1997, 6)

In schulischer Umgebung realisieren Kinder sehr schnell, dass sie wissen müssen, womit sie sich beschäftigen sollten, wie sie aktiv Strategien entwickeln können, um die von anderen gesetzten Ziele zu erreichen und in der Lage zu sein anderen über sich selbst, ihre Handlungen und Motive zu berichten. Eine Möglichkeit dies zu erkunden, ist es, einen Blick auf die kognitiven Elemente zu werfen, die die Sprache untermauern. Dies ist der Schwerpunkt des folgenden Abschnittes.

Was sagen uns Untersuchungen über das Lernen der Kinder ?

Kinder sind von Natur aus neugierig, wissbegierig, verspielt und abenteuerlustig. Mit Margaret Donaldsons Worten:

> It is the child's ability to interpret situations which makes it possible for him, through active processes of hypothesis-testing and inference, to arrive at a knowledge of the language used. Child-

ren are able to learn language precisely because they possess certain skills and have a relatively well-developed capacity for making sense of certain types of situation involving direct and immediate human interaction. (Donaldson 1978, 37)

Kinder suchen und finden Regelmäßigkeiten in den Erfahrungen, die sie mit der Welt machen und sind in der Lage, Gesetzmäßigkeiten herauszufinden. Sie sind in der Lage auf dieses Wissen aufzubauen, obwohl sie nicht immer beschreiben können, was es ist, das sie wissen (Clay 1991, 27). Wenn ein Kind Wörter hört, die sich auf eine Situation beziehen, die sie zur gleichen Zeit wahrnehmen, ist ihre Interpretation der Wörter beeinflusst durch die Vorerfahrungen, die sie zu dieser Situation haben. Das Kind weiß, dass die Sprache existiert, um Bedeutung zu übertragen und sie sind aktiv an einem fortwährenden Prozess beteiligt, Bedeutung aufzubauen, Äußerungen und Handlungen der Menschen zu verstehen. Jedoch gibt es einen zu beachtlichen zeitlichen Abstand: Es kann eine beträchtliche Zeit dauern zwischen einem Verständnis der Wörter in einen sinnvollen Kontext und einem Verständnis dieser Wörter in anderen Kontexten oder in Isolation. Mit anderen Worten, das Kind kann sich nicht von dem Kontext lösen.

Es ist wichtig zu bemerken, dass die Funktion des Kontextes über das schiere Anbieten von Hinweisen auf die Bedeutung von eingebundener Sprache hinausgeht. Lernende treten mir ihrer semantischen Kompetenz in eine Gemeinschaft ein. Die Gemeinschaft unterstützt das Lernen, das zum Eintritt führt. Es lohnt sich zu fragen, was für eine Art von kommunalem Kontext wir denen, die wir unterrichten, anbieten.

In der Gemeinschaft des Erstsprachlernens ist das Spiel mit der Sprache im Zentrum jeder Kind-Eltern Interaktion. „Virtually as soon as a baby is born, it becomes part of a ludic linguistic world." (Crystal 1998, 159) Die meisten Vokalisierungen in den ersten Jahren des Lebens machen Spaß. Phonetische Sequenzen, Fingerspiele, Hüpfspiele sind alles spaßige Aktivitäten, aber sie liefern auch einen großen Anteil an Lernmöglichkeiten für das Kind. Da sie eine klare Struktur und einen Kontext haben, liefern sie dem Kind feste Routinen, Demonstrationen davon, wie Sprache funktioniert, wie verbale und nonverbale Sprache voneinander abhängen. Diese Routinen oder Demonstrationen werden immer wieder spielerisch gezeigt bis das Kind sicher in ihnen ist; sie bieten Möglichkeiten für das Kind, Sprache in einer immer größer werdenden Bandbreite von Kontexten zu erproben. Cambourne schreibt eindrucksvoll über die Demonstrationen, die die Bezugspersonen den Kindern liefern. Sie werden ungezwungen und endlos oft ohne die Erwartungen gegeben, dass das gewünschte „Ergebnis" in einem vorher bestimmten Zeitrahmen erreicht wird. Für diese Bezugspersonen ist das ganze Kind wichtig, nicht einfach der kognitive Teil. Lehren in diesem Sinne, kommt von Herzen.

Kinder haben potentiell große intellektuelle Energie, eine starke Lebenskraft, die zeitweise unvorhergesehen und auf unerwartete Art und Weise auftritt. Kinder haben den Wunsch ihre Welt zu meistern, die Freuden des Erfolgs zu erleben, und wir, als Lehrende, können nur indirekt dabei mitwirken. In ihrer letzten Forschungsarbeit über das Thema, was Kinder über das Schreiben und über Zahlen wissen, bevor sie es explizit lernen, entdeckte Tolchinsky, dass Kinder bemerken, dass Nummern und gedruckte Wörter zwei total verschieden Organisationen benutzen und dass sie in frühem Alter beginnen, darüber Hypothesen anzustellen. Bei sehr kleinen Kindern „ist der Erwerb der Schrift und der Zahlen bestimmt durch eine konstante Interaktion zwischen dem impliziten Wissen der Kinder und den besonders formalen Eigenschaften dieser zwei Systeme." (Tolchinsky 2003, XI) Kinder im Alter von achtzehn Monaten beginnen zwischen Text und Bildern zu unterscheiden, sie sagen aus, dass es der Text ist, der gelesen wird, und nicht die Bilder, „da dort Buchstaben sind." Haben wir die Fähigkeit der Kinder sich ein Bild von der Welt und ihren Werkzeugen zu machen so unterschätzt, dass wir über diese Erkenntnis überrascht sein können? Für kleine Kinder gilt, „Wissen, in seinem Wesen, ist implizit, praktisch, intuitiv." (Claxton 1997, 19) Die Kraft und Unvorhersehbarkeit dieses Lernens erfordert sicherlich weitere Untersuchungen der zentralen Frage: Wie können wir lehren, was gelernt werden muss?

Folgen für das Fremdsprachenlernen von Kindern und für unseren Unterricht

So verlockend es auch sein mag anzunehmen, dass effektive Lehrstile und -strategien ganz einfach von einem Alter auf ein anderes übertragen werden können, so müssen wir doch berücksichtigen, dass sich das Lernen im Alter von fünf Jahren in entscheidenden Punkten von dem Neunjähriger unterscheidet. Ein sehr wichtiger Faktor ist die mit dem Alter wachsende Fähigkeit des Kindes, Sprache zu meistern und von Sprache, die immer stärker kontextfrei ist, zu lernen. Anfängliches Sprachwachstum kommt in Situationen vor, in denen die Sprache in einem bedeutungsvollen gegenwärtigen Kontext eingeschlossen ist. Diese Kontextgebundenheit bleibt wichtig, aber die Kinder entwickeln sich in ihrer Fähigkeit Sprache zu benutzen und von Sprache zu lernen, die nicht eingebettet ist, weiter.

Kontextfreiheit kann in Hinsicht auf Raum und/oder Zeit bestehen. Eine andere Trennung erfolgt durch die Sprache selbst: Häufig benutzen wir eine deutliche Metasprache im Fremdsprachunterricht als eine Verbindung zwischen Sprache und dem angeschlossenen Lernprozess. Kleine Kinder besitzen ein Fremdsprachenbewusstsein, aber dieses ist implizit. Explizites Bewusstsein entwickelt sich allmählich aus wiederholten Erfahrungen und Diskussionen. Ist dies einmal gesichert, kann dieser Prozess in die entgegengesetzte Richtung arbeiten: Metasprache kann die jungen Lerner auf nützliche Aspekte von Sprache konzentrieren, aber wir müssen erkennen, dass dieser Modus, so üblich im Unterricht, das Gegenteil der Lerntechniken ist, die so gut und selbstsicher in früheren Jahren gebraucht wurden. Bruner (1974) sieht es als eine entscheidende Herausforderung für die Erziehung an, wie man die Anordnung der Aufgaben zeitlich festlegen kann, um sie dem sich entfaltenden Leistungsvermögen anzupassen, wie man es schafft zu lehren, ohne den Lerner abhängig zu machen, und wie man es schafft beides zu tun und dabei die Lust am weiteren Lernen aufrecht erhält.

Kontext, Gemeinschaft und Unterstützung scheinen deshalb im Zentrum eines jeden Lernens zu stehen und das Herz muss im Zentrum von allem Lehren stehen. Nun gilt es den theoretischen Rahmen vom lebensnahen Lernen genauer zu betrachten und zu überlegen, inwieweit, nach all den zuvor genannten Überlegungen, die Bedingungen für das Lernen der Erstsprache auf das Lernen einer fremden Sprache übertragbar sein könnten.

Cambourne arbeitete 1988 ein Modell des Lernens aus, welches die wichtigsten Bedingungen für den Erwerb von Sprachgewandtheit und Lese- und Schreibfähigkeiten identifiziert (Cambourne 1988, 32 f.):

> From the moment they are born, young language learners are saturated in the medium they are expected to learn. The older members of the culture, the language ‚experts‘ make available to the new members of the society thousands upon thousands of examples of the medium.

Zur weiteren Klärung werde ich einige Aspekte kurz beschreiben, die mir besonders wichtig erscheinen: Immersion, Demonstration, Engagement, Erwartung, Verantwortung und Kompetenz durch Annäherung.

Immersion

Kinder leben „versunken" in Klang, Rhythmus und Tonfall der gesprochenen Sprache, sie sind umgeben von sprachlichen Angeboten und begegnen einer Vielfalt von gesprochenen und geschriebenen Texten. Aber dieses Eintauchen braucht Zeit und davon haben wir so wenig im Fremdsprachenunterricht! Wo der Fremdsprachenlehrende linguistische Kompetenz und Selbstvertrauen hat, sollte er für das Fremdsprachenlernen ähnliche Bedingungen zu schaffen suchen wie sie für den Erstspracherwerb bestanden. Die Bedingungen können zwar nicht *identisch* sein, da, wie vorher bemerkt, der Kontakt mit anderen Sprechern der Fremdsprache in Zeit und Raum begrenzt ist, aber doch ähnlich.

Jedoch gibt es da ein praktisches Problem. Wo Lehrkräfte weniger kompetent oder sicher in ihrer Fremdsprache sind, wo das Lehren nicht „automatisch" ist, müssen sie über konzentriertes Denken agieren. Solche Rationalität ist aber zeitaufwendig und stellt Lehrerinnen und Lehrer oft unter Stress. „Ihrem Unterricht fehlen dann wichtige Voraussetzungen für effektives Unterrichten: die Fähigkeit sich ruhig und nahtlos durch Aufgabenstellung, Erläuterung, Klärung, Ermahnung, Festigung und Bestätigung zu bewegen." (Hurrell 2003) Dadurch leiden die nötige Vertiefung und folglich die Effizienz des Unterrichts.

Demonstration

Um das genannte Problem zu bewältigen, kann es für die Lehrkraft schon genügen, die nonverbale Kommunikation stark einzubeziehen, die dazu dienen kann, den verbalen Kanal zu stärken und die Wahrscheinlichkeit zu erhöhen, dass Botschaften leichter dekodiert werden. Nonverbales Verhalten ist ein notwendiges Element des Entwicklungsprozesses im Erwerb von Fremdsprachenkompetenz, für Lehrkräfte und Schülerinnen bzw. Schüler gleichermaßen. Weiterhin könnten Lehrkräfte einen genaueren Blick auf das gesamte Gebiet der Paralinguistik werfen, wie man Tonlage, Betonung oder Intonation und Füllwörter einsetzt, um das Zögern zu überbrücken, während man nach dem richtigen Wort sucht. Indem man dieses Verhalten den Kindern demonstriert, signalisiert man auch die Nützlichkeit von Stille, die ihnen die Zeit verschafft, sich vorzubereiten, vorauszuplanen und die nächste Aussage zu proben. Stille gibt dem Zuhörer Zeit zu verstehen und Verstehensstrategien zu entwickeln. Sie begrenzt bedeutende Einheiten und hilft damit dem Zuhörer, sie zu identifizieren, und bietet Zeit für deren Verarbeitung (Peters, 1983). Mit Demonstration meint Cambourne wiederholtes, kontextuell relevantes Vorführen von Sprache als Ganzes, das unbehindert und häufig geboten wird. Dadurch, so meint er, beginnen Kinder ihr Wissen zu interpretieren, organisieren und reorganisieren bis sie solche „Vorführungen" oder deren Abwandlungen selbst produzieren können. Wir denken hier sofort an Vygotsky's *„Zone of Proximal Development"* und das *„Scaffolding"* von Bruner.

Engagement

Trotz häufiger Demonstrationen lassen sich Kinder nicht immer für das notwendige Lernen motivieren, und wir führen ihre Weigerungen meist auf physiologische oder psychologische Faktoren zurück. Cambourne bringt aber noch einen anderen Faktor ins Spiel: Engagement. Lernende werden sich, so meint er, erstens nur dann engagieren, wenn sie erwarten können, dass sie selbst einmal Handelnde in einem Ereignis werden können, das dem demonstrierten ähnelt. Zweitens müssen sie sicher sein, dass ihr Engagement im Sinne eines ihrer eigenen Lebensziele erfolgt. Drittens werden sich Lernende nur mit etwas beschäftigen, wenn die damit verbundenen Risiken erträglich sind. Lehrerinnen und Lehrer müssen eine Klassensituation schaffen, in der das Eingehen von Risiken gefördert wird und wo Kinder das „Privileg des Sich-Bemühen" erleben (Cambourne 1988, 4).

Wenn wir die Lücke zwischen „natürlichem" Lernen, das erfolgreich, einfach, freudig, respektvoll und befriedigend ist, und schulischen Fremdsprachenlernen überbrücken wollen, sollten wir dem Kind Respekt und Achtung entgegenbringen. Das Verhalten der Lehrkraft ist von höchster Wichtigkeit. Alles was Lehrerinnen und Lehrer im Klassenraum sagen und tun, sollte mit Kopf und Herz getan werden. „If we do not genuinely respect and value children, they will come to know." (Donaldson 1978, 114) Diese Werte liegen im Zentrum des Pflegens von Selbsterfahrung, Selbstbewusstsein und dem positiven Glauben, den wir als Lehrkräfte haben, dass alle Kinder Erfolg haben können. „Young learners actually believe they are capable of learning anything until they are convinced otherwise." (Smith 1981)

Erwartung

Wie überzeugen Lehrkräfte Kinder davon, dass sie potentielle Sprecher, Leser und Schreiber der Fremdsprache sind? Sie erwarten es einfach von ihnen.

Expectations are messages that are communicated to learners in a variety of subtle ways. They are somehow connected with the confidence that the teacher consistently displays in her learners' abilities to be ultimately successful in whatever they are trying to master. (Cambourne 1988, 57)

Die Erwartungen, die Lehrerinnen und Lehrer an das Lernen ihrer Schülerinnen und Schüler haben, werden zu jeder Zeit vermittelt und werden von den Kindern auch meist positiv aufgenommen. Natürlich gibt es eine Einschränkung: Die Erwartungen der Lehrkräfte im Bezug auf die Ergebnisse des Fremdsprachenunterrichts – und die der Lerner – müssen realistisch sein. Angesichts der geringen verfügbaren Zeit im Curriculum werden Kinder weder Muttersprachlerkompetenz in der Fremdsprache erwerben noch sollten Lehrer dies als ein Ziel für schulischen Fremdsprachenunterricht sehen.

Es gibt zwei weitere Einwände, was die „Erwartungen" betrifft. Erstens sollten Erfolgserwartungen auf den Lernkontext wie auch auf die individuellen Lerner zugeschnitten werden. Die Erwartung eines Lernerfolgs ist schwierig, wenn der Kontext nicht anpassungsfähig ist. Der zweite Einwand ist, dass Erwartungen sich hauptsächlich auf Vertrauen beziehen, und dies kann schwierig sein, wenn es Menschen betrifft, von denen wir wenig wissen, und mit denen wir uns kaum verbunden fühlen. Diese Überlegungen sollten uns als Erinnerung dienen, dass wir nicht nur Lernkonzepte analysieren müssen, sondern auch Lehrer/Lerner-Beziehungen, und dass unsere Beziehung zu den Kindern die Lernergebnisse beeinflussen

Verantwortung

Donaldson erinnert uns daran, dass selbst im besten Unterricht das Kind Kompetenz nur in solchen Bereichen der Sprache entwickelt, denen es echte Aufmerksamkeit schenkt.

Sometimes it seems that when words are uttered, the child's interpretation of the utterance is strongly influenced by his own independent structuring of the context. If there is one feature of a situation which is salient for him, this feature can exert a pull on the interpretation of the words he hears. (Donaldson 1978, 88)

Cambourne spricht davon, dass die Schülerinnen und Schüler Verantwortung für ihr Lernen nur dort übernehmen, wo sie aufgrund eigener

Entscheidung Teile aus den Präsentationen der Lehrkraft auswählen konnten, also bestimmen konnten, was sie für wichtig hielten.

Dies erinnert mich an ein Ereignis, als während des Erzählens einer Geschichte eine Schülerin *le petit éléphant* als *le petit téléphone* verstand und wahrscheinlich Kiplings bekannte Geschichte rekonstruierte, um den Schwerpunkt anzupassen, den sie auf den Klang der Sprache gesetzt hatte und nicht auf den, den die Lehrerin im Auge hatte. Sie erfreute sich an ihrem „Missverständnis" und war sich sicher, dass der Lehrer und ihre Mitschülerinnen und Mitschüler ihre Freude teilten! Solche „Missverständnisse" sind für uns Lehrende amüsant, und wir nehmen sie klugerweise als Möglichkeiten wahr, in die Köpfe der Lernenden zu schauen, zu beurteilen, was unsere nächsten Schritte der Förderung des Lernens sein können. Und wenn wir dabei ein Stück weit unseren Schülerinnen und Schülern vertrauen, gewinnen wir damit mehr als durch ständige Korrekturen ihres Lernweges.

Kompetenz durch Annäherung

Wenn Kinder Sprache benutzen, tun sie das meist in Annäherung an die Leistung von Erwachsenen, und für Lehrkräfte ist es nicht immer leicht „Fehler" zu tolerieren. Aber wenn wir „Lernen als eine Form von Hypothesen-Testen ansehen, sind solche Annäherungen unbedingt notwendig für den gesamten Lernprozess" (Cambourne 1988, 67). Nochmals: Ein Klassen-Ethos zu schaffen, in dem „einfach mal probieren" aktiv gefördert wird, ist grundlegend, damit Lernen stattfindet. Ohne die Freiheit der Annäherung kann kein Fortschritt im Lernen erreicht werden. Kinder brauchen endlose Möglichkeiten, mit Sprache zu spielen, um „sich in kontextuellen relevanten und bedeutungsvollen Wegen auszutesten" (a. a. O., 71), um Spaß zu haben. Spielerische Ansätze im Klassenraum bieten den Lernern eine Reihe von Situationen und Sprachformen, die sie fast *en passant* meistern können. Das Bedürfnis zu kommunizieren, verbal, nonverbal und im Schreiben, liegt im Herzen des Lernens und für die Lehrkräfte. Es schafft „nötige" Kontexte, in denen das Kind selbst dieses Bedürfnis erlebt sich anzustrengen, besonders in der fremdsprachigen Welt. Das nicht-kontextgebundene Denken entfaltet – obwohl es der Definition nach die Fähigkeit erfordert, von Lebenssituationen Abstand zu nehmen – seine ganze Kraft am besten, wenn es mit Handeln verbunden wird.

Im Fremdsprachenunterricht europaweit benutzen Kinder immer öfter Sprache in realer Kommunikation, lernen authentische und nicht gekünstelte Sprache, wählen für sich selbst, was sie sagen oder schreiben wollen. Sie werden ermuntert, Sprache lieber zu kreieren als sie zu reproduzieren. Lehrerinnen und Lehrer bemühen sich Lernkontexte zu schaffen, die mit dem Eingehen von Risiken und Ungewissheit einhergehen, dafür aber ein wahres Verstehen des Zwecks ermöglichen. Indem sie dies tun, ermuntern sie die Kinder sich emotional und auch körperlich im Prozess des Sprachenlernens zu engagieren.

Dieses Engagement beinhaltet zwangsläufig, dass die Kinder Hypothesen anstellen und testen. Wie die Lehrenden auf die Entwicklung des Sprachverständnisses der Kinder reagieren, ist äußerst wichtig. Im Erstspracherwerb werden die Versuche der Kinder, Wortbedeutungen zu schaffen akzeptiert, unabhängig davon, inwieweit sie mit der „korrekten" konventionalen Form übereinstimmt. Annäherungen werden mit Begeisterung aufgenommen. Sie werden bewertet – in der Regel positiv – und es folgen freiere Demonstrationen. Kann das Gleiche über Reaktionen gesagt werden, die typischerweise von Lehrkräften in der Schule kommen? Nur allzu oft fühlen sich die Lehrerinnen und Lehrer von der Zeit eingeschränkt: Zeit das Curriculum zu schaffen, Zeit zu beurteilen – und Tempo ist angesagt. Aber wie Donaldson uns erinnert, „speed and reflective thought are antithetical at any age." (Donaldson 1978, 98) Dies sind wahre Einschränkungen und ihr lähmender Effekt auf die Unabhängigkeit der Lehrkraft sollte nicht unterschätzt werden.

Im Fremdsprachenunterricht versuchen Lehrerinnen und Lehrer intuitiv die Bedingungen des erfolgreichen Lernens nachzubilden: Sie schaffen Kontexte, von denen sie hoffen, dass sie starke Hinweise auf die Wortbedeutungen liefern; sie nehmen besondere Verhaltensweisen an, die im *motherese* vorkommen, zum Beispiel starke Veränderungen der Tonlage, einfachere Grammatik, Gesichtsausdruck, Mimik und Gestik; sie stützen das kindliche Verständnis vom Ablauf der Fremdsprache; sie versuchen es den Lernenden leichter zu machen, damit diese sich auf fremdsprachliche Kommunikation im Klassenraum einlassen und diese aufrecht erhalten; sie veranlassen die Kinder zu metalinguistischen Diskussionen und führen sie dahin, Ähnlichkeiten und Unterschiede zwischen Erst- und Zweitsprache zu sehen.

Um im Fremdsprachenunterricht den vollen Nutzen aus den Vorerfahrungen der Kinder zu ziehen, müssen Lehrerinnen und Lehrer über die Hindernisse und Beschränkungen hinausdenken und den Sprachgebrauch als einen Wert mit eigener Berechtigung ansehen. Um alle Vorerfahrungen im Bereich des Fremdsprachenunterrichts zu nutzen, müssen wir eine Gemeinschaft schaffen, in die einzutreten sich lohnt, und Beziehungen präsentieren, die die Kinder davon überzeugen, dass es in der Tat die Mühe wert ist, ihnen beizutreten. Wir können die unterstützende Kraft sein, die den Beitritt fördert. Auf diese Weise sind Kopf und Herz im Unterrichten vereint und wir erfüllen eine wichtige Rolle in der Bereicherung der einzelnen uns anvertrauten Kinder wie auch der umfassenden Gemeinschaft des Lernens und Lebens.

Pavlina Stefanova (Sofia)

Kinderliteratur im Fremdsprachenunterricht der Grundschule

Der gesellschaftliche Bezugsrahmen

Die vornehmste aller pädagogischen Aufgaben bleibt auch heute noch – trotz tiefgreifenden Neuorientierungen in Europa – die Vorbereitung der Jugend auf die erkennbaren Voraussetzungen der Zukunft und auf das lebenslange Lernen. Diesen werden die Kinder nur dann voll gewachsen sein, wenn sie sich außer in ihrer Muttersprache noch in weiteren Sprachen verständigen können.

Mindestens ebenso bedeutsam ist jedoch die mit der Beherrschung der Fremdsprachen zu verbindende Fähigkeit, aus der fundamentalen Erkenntnis der gemeinsamen Menschlichkeit heraus die Unterschiedlichkeit der kulturellen Erscheinungen als ein alle verbindendes europäisches Erbe zu achten und zu wahren. Diese Einstellung entspricht den grundlegenden Prinzipien, auf die die Arbeit des Rats für kulturelle Zusammenarbeit des Europarats auf dem Gebiet der modernen Sprachen basiert und die in der Präambel zur Empfehlung R (82) 18 des Ministerkomitees des Europarats niedergelegt sind:

- dass das reiche Erbe der Vielfalt der Sprachen und Kulturen in Europa ein wertvoller gemeinsamer Schatz ist, den es zu schützen und zu entwickeln gilt, und dass es großer Anstrengungen im Bildungs- und Erziehungswesen bedarf, um diese Vielfalt aus einem Hindernis für die Verständigung in eine Quelle gegenseitiger Bereicherung und gegenseitigen Verstehens umzuwandeln;

- dass es allein durch die bessere Kenntnis moderner europäischer Sprachen möglich sein wird, die Kommunikation und Interaktion zwischen Europäern verschiedener Muttersprachen zu erleichtern, und dass dadurch wiederum die Mobilität in Europa sowie gegenseitiges Verstehen und die Zusammenarbeit gefördert und Vorurteile und Diskriminierung überwunden werden können;

• dass Mitgliedstaaten, wenn sie ihre nationalen bildungspolitischen Grundsätze im Bereich des modernen Sprachenlernens
und -lehrens beschließen oder entwickeln, auf europäischer
Ebene durch Vereinbarungen über kontinuierliche Kooperation und Koordination eine größere Konvergenz der politischen
Maßnahmen erreichen können. (Europarat 2001, 15)

In vielen europäischen Ländern ist die Fremdsprachenvermittlung in
die Primarstufe vorverlegt.[1] Daraus erwächst eine neue Aufgabe für die
Theorie und Praxis der Primarstufe – eine ganzheitliche Methodik der
Fremdsprachenvermittlung herzuleiten.

In diesem Zusammenhang ist eine Antwort auf die Frage gefordert,
wie die Aneignung der erforderlichen fremdsprachlichen und fremd-
kulturellen Kenntnisse und Fähigkeiten gefördert werden kann.

Texte aus der Kinderliteratur im Fremdsprachenunterricht der Grundschule

Einen Beitrag zum Erreichen der *Ziele des Fremdsprachenunterrichts*
der Grundschule kann die Arbeit mit Texten aus der Kinderliteratur
leisten. Um diese Behauptung zu begründen, müssen zunächst folgende Fragen beantwortet werden:

• Inwiefern eignen sich diese Texte für die Fremdsprachenvermittlung?
• Zur Erreichung welcher Ziele und Inhalte des Fremdsprachenunterrichts der Grundschule können sie einen Beitrag leisten?

Für den Fremdsprachenunterricht der Primarstufe können folgende
allgemeine Ziele formuliert werden:
Der Unterricht soll:

• einen Beitrag zur Gesamtentwicklung des Kindes durch Entfaltung
seiner emotionalen, kreativen, sozialen, kognitiven und sprachlichen
Fähigkeiten leisten,
• dem Kind eine zusätzliche Möglichkeit bieten, sich in der Welt zu
orientieren,
• Interesse an Fremdsprachen und Motivation zu ihrem Lernen wecken,
• das Kind in Berührung mit anderen Kulturen bringen und dadurch
zur Entdeckung, Bewusstmachung und Akzeptanz der Gemeinsamkeiten und Unterschiede zwischen diesen und der Muttersprache und
der eigenen Kultur beitragen,
• dem Kind Lernstrategien vermitteln, die ihm helfen, zunehmend
selbstständig und bewusst zu lernen,

- Motivation zum Lernen der fremden Sprache als Mittel einer inter- und multikulturellen Kommunikation entwickeln,
- Fertigkeiten im mündlichen und schriftlichen Gebrauch der deutschen Sprache im Rahmen der vorgeschriebenen Inhalte entwickeln.

Für die erfolgreiche Kommunikation mit Menschen anderer kultureller Herkunft benötigt man entsprechende Kenntnisse (über das Land, über die Menschen, über ihre Kultur), positive Einstellungen (z. B. Aufgeschlossenheit, Kommunikationsbereitschaft u. ä.), praktische Fertigkeiten und Fähigkeiten (z. B. rezeptive und produktive sprachliche Fähigkeiten, nonverbale Verhaltensmuster usw.), um interkulturelle Begegnungen zu bestehen.

Es wird empfohlen, die allgemeinen Ziele im Prozess der Verwirklichung der spezifischen, kommunikativen Ziele zu erreichen. Die spezifischen Ziele werden durch die Fertigkeiten Lesen, Hören, Sprechen und Schreiben beschrieben.

Bei dieser Beschreibung wird vom didaktischen Grundsatz ausgegangen, dass die Ziele und Inhalte des Fremdsprachenunterrichts der Primarstufe so gestaltet werden müssen, dass sie Rücksicht auf die unterschiedliche sprachliche Leistungsfähigkeit der Lerner nehmen und es somit jedem Kind ermöglichen, sich im Rahmen seiner Fähigkeiten mit Freude und Erfolg die zweite Sprache anzueignen.
Gleichzeitig soll die Fremdsprachenvermittlung das Herz und die Augen des Kindes dafür aufschließen, dass das Gemeinsame nicht an den Grenzen des eigenen Landes, der eigenen Sprache und der eigenen Kultur endet.

Ohne Arbeit an authentischen literarischen Texten kann die Primarstufenlehrerin bzw. der Primarstufenlehrer diese Ziele nicht erreichen. Anhand der Kinderliteratur kann man den Unterricht erlebbar, anschaulich und sinnlich machen, die Neugier und die Wissbegierde des Kindes nutzen, ihm die Möglichkeit geben, sich zu entwickeln, seine emotionale Einstellung zur Fremdsprache fördern und somit eine positive Auswirkung auf die Entwicklung seiner Lernfähigkeiten im Allgemeinen ausüben.

Kinderliteratur

Die Kinderliteratur präsentiert sich in einer Vielfalt von Gattungen und Formen – Bilderbücher, Kinderlyrik, Märchen, Sagen, phantastische Erzählungen, Abenteuererzählungen, Tierbücher, Comics etc.

Die Entwicklung der Kinderliteratur tritt uns in immer neuen Formen entgegen. Die Leseinteressen der Kinder sind ebenfalls ständig in Bewegung. Aus diesen Gründen sollen die Vorschläge im Artikel eher als Anregungen zu eigener Arbeit der Leserinnen und Leser aufgefasst werden, sie erfordern Verständnis und Offenheit.

Die Vielfalt des heutigen Kinderbuchangebotes ermöglicht es, den verschiedenen Leseinteressen und der sprachlichen Fähigkeit der Lerner entgegenzukommen und den Kindern den Umgang mit fremdsprachigen (deutschsprachigen) Büchern vom ersten Blättern im Bilderbuch an zu einem lustbetonten Erlebnis zu machen. Die Kinderliteratur der Gegenwart „redet" mit den Kindern, sie hilft ihnen „leben, denken, empfinden" (Härtling 1983). Die Texte der Kinderliteratur sind charakterisiert vor allem durch „eine unmittelbare Nähe zum Kind", aus dessen „Sichtweise die Welt geschildert wird" und durch „Freude am Spiel in jeder Form – am Spiel mit Phantasie und Realität, mit Worten, Begriffen etc." (Burder 1992, 6).

Grundlage für die Anwendung von Texten aus der Kinderliteratur im Fremdsprachenunterricht der Grundschule sind folgende Fragen:
* Welche Texte eignen sich für den Fremdsprachenunterricht der Grundschule?
* Nach welchen Prinzipien sollen die Texte ausgewählt werden?
* Welche praktischen Hinweise kann man den Lehrerinnen und Lehrern zum methodischen Umgang mit den Texten geben?
* Welche Schlussfolgerungen kann man für die Ausbildung und Weiterbildung der Fremdsprachenlehrerinnen und Fremdsprachenlehrer ziehen?

Im Einklang mit dem grundlegenden methodologischen Prinzip des Europarats, dass für das Lehren, Lernen und Erforschen von Sprachen diejenigen Materialien und Methoden eingesetzt werden, die als die effektivsten gelten, um die Ziele zu erreichen, kann eine große Vielzahl von Methoden und Materialien im Fremdsprachenunterricht der Grundschule eingesetzt werden. Die schon jahrzehntelange Erfahrung im Fremdsprachenunterricht der Primarstufe in Bulgarien zeigt, dass die Lernenden die Fremdsprache (L2) durch eine Kombination von Darbietung, Erklärung, Übungen, Anwendung und durch direkten Kontakt mit speziell ausgewählten mündlichen und schriftlichen Texten (darunter auch mit Texten aus der Kinderliteratur in der L2) erfolgreich lernen können. Empfohlen werden können Bilderbücher, Märchen, Gedichte, Lieder, kurze Erzählungen, Comics, Auszüge aus Kinderbüchern.

Das Bilderbuch

Das Bilderbuch präsentiert sich heute in „gezeichneten, gemalten und fotografierten Bildern zu verschiedensten Inhalten in vielfältigen Formaten und Ausstattungen." (Trummer 1992, 23) Im Unterricht kann man anhand von Auszügen aus Bilderbüchern weitere Bilder im Innern der Kinder entstehen lassen, man kann die Kinder zum Spielen anregen, mit Zeichenstift und Farbe, mit Worten und Gedanken. Ein Beispiel dafür ist das Buch von Hilde Heyduck-Huth „Tanzen können auch die Steine". Spielerisch zeigt die Autorin Steine in verschiedenen Anordnungen und atmosphärischen Stimmungen. In ihnen kann sich das Kind wiedererkennen. Ein kleiner runder Stein dient als Identifikationsfigur. Es wird vom Lachen, Spielen, Weinen erzählt. Die Kinder erleben das Bilderbuch synchron, indem sie die Bilder betrachten und gleichzeitig den Text hören oder selbst lesen. Das Buch regt dazu an, mit Kindern über eigene Erfahrungen nachzudenken und zu sprechen. Auf diese Weise kommt das Kind in Berührung mit der Welt der Bücher als eine ihm angemessene Kunstform, denn hier wird Literatur gleichsam in zweierlei Gestalt vermittelt.

Kinderlyrik

Kinderlyrik unterscheidet sich qualitativ nicht von der allgemeinen Lyrik (Motté 1992, 27). Kinderlyrik ist aber ausdrücklich für Kinder verfasst. Von einem lyrischen Sprecher werden Einsichten vermittelt, die sich dem Begriff oder der logischen Beschreibung entziehen. Die Sprache wird in ihrem Materialcharakter spürbar: Ein allgemeiner Sinnzusammenhang herrscht vor dem logischen Mitteilungszusammenhang, bildhafte Verdichtung oder Personifikation, formelhafte Kürze und Prägnanz sind typisch, Inhalt und Form werden wiederholt. Intentionen wie darstellen, informieren, unterhalten, belustigen, belehren, provozieren, beruhigen, trösten sind hier zu finden. Die Themen und Motive sind aus dem Lebensbereich des Kindes entnommen oder sie werden durch Anknüpfen an eine konkrete Alltagssituation, Wahl einer einfachen Form, Gestaltung einer Identifikationsfigur, Personifizierung des dargestellten Gegenstands, persönliche Anrede in seinen Erfahrungshorizont gebracht. Bevorzugt werden einfache Formen (überschaubare Gliederung, Endreim, Wiederholungen, Kontraste u. ä.). Die Sprache ist einfach, der Ton ist optimistisch, der Abstraktionsgrad niedrig. Die Kinderlyrik berücksichtigt die Interessen, Bedürfnisse, Kenntnisse, Erlebnisweisen, Fähigkeiten und Fertigkeiten der Kinder. Man darf zusammenfassen, dass diese Charakteristika der Kinderlyrik sehr wichtig für den Fremdsprachenunterricht der Primarstufe sind. Der Umgang mit Lyrik kann für die Kinder im Hinblick auf deren Spracherwerb, Selbstfindung, Daseinsverständnis, Verhältnis zu den Mitmenschen und Orientierung in der Welt von hoher Bedeutung sein. Die Kinderlyrik eignet sich hervorragend, Fremdsprachenkompetenz und vor allem Lesefertigkeit auf spielerische Weise auszubauen.

Es wird empfohlen kurze, überschaubare und klar gegliederte Texte für den Fremdsprachenunterricht auszuwählen. Die Sprachverwendungsweise dieser Texte erschließt sich meist unmittelbar, durch Wiederholungen in Inhalt und Form werden Texterschließung und Sinnauffassung erleichtert. Dadurch prägen sich den Kindern Wörter und Satzmuster inhaltlich, klanglich, grammatisch und orthografisch leicht ein. Auf diese Weise lernen die Kinder die Fremdsprache durch Analogieschlüsse, Abwandlung und Kontrastierung vielfältig zu entwickeln. Die Wirkung der Kinderlyrik beruht auf der literarischen Qualität und auf den zahlreichen Möglichkeiten, mit ihr kreativ umzugehen, das Kind mit allen Sinnen zu beteiligen durch wiederholtes Sprechen, Singen, Spielen, bildnerisches Gestalten, Abwandeln, Umformen, Nachdichten.

Bei der Auswahl von Kinderlyrik für den Fremdsprachenunterricht sind vor allem altersbedingte und sprachliche Kriterien zu berücksichtigen. Für die Primarstufe eignen sich Gedichte, die vertraute Gegenstände und Vorgänge der Umwelt bildhaft darstellen und die sich die Kinder leicht einprägen können. Die Gedichte „Bücher" von Hartmut Kulick, „Baum und Buch" von Helga Demmer, „Erziehung" von Uwe Timm, „Wann Freunde wichtig sind" von Georg Bydlinski, „4-er Märchen" von Christine Nöstlinger, „Wen du brauchst" von Regina Schwarz, „Ich hab was für dich" von Wolf Harranth, „Worüber wir staunen" von Max Bolliger, „Ich bin der Wind" von Erwin Moser, „Der Stein" von Joachim Ringelnatz, „Zwei Elefanten" von Mira Lobe, „Karneval der Tiere" von Josephine Hirsch, „Was ich von meinen Tanten zum Geburtstag bekam" von Vera Ferra-Mikura passen vorzüglich in den DaF-Unterricht der Grundschule. Bevorzugt werden auch Wort- und Sprachspiele, Rätsel und witzige Gedichte. Anhand solcher Texte lernen die Kinder Strategien zum Entschlüsseln der Inhalte, wie Vergleichen, Kombinieren, schlussfolgerndes Denken anwenden.

Märchen

Märchen sind gespeicherte Lebenserfahrungen einer Kultur. Ziel des Märchenerzählens, Märchenlesens und der kreativen Beschäftigung mit dem Märchen ist also, diese Lebensweisheit zur Problemerfahrung und Problemlösung zu nutzen. Märchen regen zur Auseinandersetzung mit Gut und Böse, mit Leid und Glück, mit Leben und Tod an. Aus ihnen „erfährt man mehr über die inneren Probleme des Menschen und über die richtigen Lösungen für seine Schwierigkeiten als aus jeder anderen Art von Geschichten" (Bettelheim 1980, 11). Die sprachliche Form des Märchens sensibilisiert die Kinder für einfache und bildhafte Sprachgestaltung. Die Probleme werden in einfachen Sinnbildern dargestellt, die Kinder ansprechen können. Allgemein menschliche Probleme werden an konkreten Beispielen gezeigt, wodurch die Kritikfähigkeit des Kindes geschärft werden kann. Bei der Auswahl der Märchen muss man ausgehen einerseits von entwicklungspsychologischen Gesichtspunkten und den von Getrud Paukner nach Richard Bamberger (Bamberger 1975) ausgearbeiteten drei Märchengruppen (Paukner 1992, 46) und andererseits vom sprachlichen Niveau der Lerner. Natürlich muss man betonen, dass die Fremdsprachenlehrkraft den Entwicklungsstand ihrer Klasse und auch der einzelnen Kinder bei der Auswahl und Darbietung der Märchen berücksichtigen muss. Die Figuren des Volksmärchens sind typenhaft, der Handlungsablauf linear, es gibt keine Raum-und Zeitgliederung. Kunstmärchen sind dagegen in ihrer Komposition und Sprache schwieriger und eignen sich besser für Schülerinnen und Schüler der Sekundarstufe.

Bei der Arbeit an Märchen kann den Lehrerinnen und Lehrern empfohlen werden, Märchen zu erzählen, mit den Kindern Gespräche zur weiteren kognitiven und emotionalen Verarbeitung zu führen. Die Kinder sollten jedoch selbst Märchen erzählen, Märchenfiguren zeichnen, malen, modellieren und basteln, Märchen in ein Spiel umsetzen (Pantomime, Rollenspiel, Schattenspiel, Puppenspiel). Mithilfe der Musiklehrerin bzw. des Musiklehrers können Märchen rhythmisch-musikalisch gestaltet werden. Die Kinder können aufgefordert werden, Märchen zu verarbeiten, z. B.: Figuren auswechseln, den Schluss ändern, zu einem Märchenbild einen Text schaffen, zu einem Märchenschluss die vorangegangenen Ereignisse rekonstruieren, Rollen verändern, eine neue Version alter Märchen schreiben, ein Klassenmärchenbuch mit Illustrationen zusammenstellen, ein Drehbuch zu einem Märchen schreiben, ein alternatives Ende zu formulieren usw.

Sagen

Sagen sind anonyme, ursprünglich nur mündlich überlieferte, einfache und objektiv unwahre Geschichten, deren fantastische und unerhörte Ereignisse Staunen und Bewunderung hervorrufen sollen. Sie gehören allen Zeiten und Völkern an; sie sind meist ernst, wollen fesseln und erschüttern. (Doderer 1984, 242)

Bei der Auswahl von Sagen für den Fremdsprachenunterricht der Primarstufe soll man wie bei allen anderen Genres der Kinderliteratur sowohl die altersbedingten Interessen als auch das sprachliche Niveau der Kinder berücksichtigen. Zu empfehlen ist, Sagen zu Sachberichten oder unterhaltenden Geschichten umzuwandeln, sie zu didaktisieren und erst dann im Unterricht einzusetzen.

Erzählungen und Geschichten

Es scheint kaum möglich, die Fülle der Themen und Varianten der Kindererzählungen und -geschichten „auf einen Nenner" zu bringen. Man unterscheidet:

- fantastische Erzählungen (charakteristisches Motiv ist der Kampf zwischen Gut und Böse, die Verknüpfung von Realität und Irrealem, das Geheimnisvolle, z. B. „Melanie Miraculi" von Renate Welsh, „Hannes Strohkopp und der unsichtbare Indianer" von Janosch, „Die kurze Geschichte vom Bleistift und vom Mond" von Martin Auer u. a.,
- realistische Erzählungen (sie bauen auf Erfahrungen der Kinder in ihrer Umwelt auf: Familie, Schule, Freundeskreis, Begegnung mit anderen Menschen u. ä., z. B. „Friedensfest" von Renate Welsh, „Wir feiern Fasching" von Irina Korschunov, „Der richtige Weihnachtsmann" von Margret Rettich u. a.

Die realistischen Erzählungen eignen sich am besten für interkulturelles Lernen, denn in den Jahren zunehmender Massenkommunikation haben Autorinnen und Autoren der Kinderliteratur die vielfältigen Möglichkeiten der Begegnung mit Menschen ferner Länder entdeckt. Um den Lehrerinnen und Lehrern eine Hilfe bei der Auswahl von geeigneten Erzählungen und Geschichten für die Fremdsprachenvermittlung zu geben, wird empfohlen folgende Kriterien zu beachten (in Anlehnung an Paukner 1992, 93):

1. Wer sind die Helden der Geschichte?
2. Wie werden Menschen verschiedener Völker beschrieben? Wie handeln sie, wie verkehren sie untereinander?

3. Wie werden ihre Lebensformen beschrieben und andere Lebensformen gewürdigt?
4. Was ist die Botschaft des Textes?
5. Wie sind die Illustrationen? Wiederholen sie Klischees und bestätigen sie Vorurteile?
6. Wie sind Sprache und Stil des Textes? Gelingt es dem Autor/der Autorin, die Menschen und ihre Umgebung respektvoll zu beschreiben?
7. Trägt der Text dazu bei, bei Leserinnen und Lesern eine solidarische Haltung zu verstärken?
8. Ist der Autor/die Autorin ein Einheimischer oder ein Ausländer?
9. Wann ist der Text erschienen?

Bei den Anregungen für den praktischen Umgang mit Erzählungen und Geschichten im Fremdsprachenunterricht wird von der These ausgegangen, dass Lesen ein Kommunikationsvorgang zwischen Text, Leser und Vermittler ist. Der Vermittler im Unterricht ist die Lehrkraft. Der Umgang mit einem Text könnte durch Einzellektüre, Mitteilen des Gelesenen im Gespräch, Informieren über Personen und Situationen der Geschichte, Nachprüfen der Informationen hinsichtlich Glaubwürdigkeit, Authentizität, Loyalität und durch kreatives Um- und Nachgestalten (Schlussverändern, Parallelgeschichte erfinden, ein Rollenspiel daraus machen u. ä.) geschehen.

Comics

„Comics sind ursprünglich komische, lustige Bildergeschichten, die in einer Bild-Text-Kombination eine Handlung erzählen" (Kupfer 1992, 147). Bei den Comics dominiert oft das Bild, die erzählte Geschichte ist spannend, lustig, erregend. Die Figuren haben Stereotypencharakter, die spezifische Sprach- und Bildtechnik sind *balloons* und *panels*. Der Bildwitz (Cartoon) besteht aus einem einzelnen karikaturenhaft gezeichneten Bild. Die Lehrkraft kann in Gesprächen und praktischen Übungen die Kinder zum kritischen Umgang mit Comics befähigen, z. B.:
• Die Kinder erzählen eine vorgegebene Geschichte mit eigenen Worten nach.
• Sie erfinden eine eigene Geschichte zu einer Bilderfolge ohne Text.
• Eine unvollständige Geschichte wird vorgegeben und von den Kindern zu Ende geschrieben.

- Die Kinder schneiden Bilder aus verschiedenen Zeitschriften, Zeitungen, alten Büchern aus und erstellen eine Geschichte. Sie können sie durch eigene Zeichnungen ergänzen.
- Die Kinder versuchen gemeinsam mit Hilfe der Lehrkraft eine völlig neue Bildergeschichte zu erfinden.
- Die Kinder fügen eine ungeordnete Reihe von Bildern zu einer möglichst logischen Folge zusammen.

Bedeutung der Texte aus der Kinderliteratur für die Ziele des Fremdsprachenunterrichts der Grundschule

- Texte aus der Kinderliteratur können mit- und nacherlebbare Hilfen zum Weltverständnis sein und zu umfassenderem Lebenswissen beitragen.
- Sie tragen zur Persönlichkeitsbildung bei und regen zum Handeln an.
- Sie schulen die Kombinationsgabe, das logische Denken und die Kritikfähigkeit.
- Sie sensibilisieren für das Geschehen in der Natur und das Leben der Menschen, sie provozieren im Kind emotionale Kräfte durch Projektions- und Identifikationsvorgänge und durch ganzheitliche Einführung.
- Sie helfen die Entscheidungsfähigkeit des Kindes zu bilden, indem sie ein Sich-Distanzieren und ein kritisches Differenzieren ermöglichen.
- Sie fördern soziales und interkulturelles Lernen und den Abbau von Feindbildern und Rollenklischees.
- Die Einsicht in sprachliche Gestaltungskraft vertieft das Leseerlebnis und regt zu Sprachkreativität an.
- Die Arbeit mit den Texten aus der Kinderliteratur weckt das Leseinteresse und trägt zur Erziehung zum kritischen Lesen bei.
- Die Texte aus der Kinderliteratur leisten einen wichtigen Beitrag zur Leseerziehung und tragen zur Bildung lebenslanger Lesegewohnheit bei.
- Bei der Nachgestaltung der Texte (Rollenspiel, Dramatisieren, zeichnerisches, malerisches oder musikalisches Gestalten) wird die kommunikative Kompetenz der Kinder in allen Aspekten (Hören, Sprechen, Lesen und Schreiben) entwickelt.

Die Lehrerinnen und Lehrer dürfen nicht vergessen, dass die Kinder als vielseitig und ganzheitlich zu bildende, ernstzunehmende Personen anzusprechen sind.

Auswahl der Texte für den Fremdsprachenunterricht

Texte für Leseanfänger sollen sich an bestimmten Regeln orientieren, damit das Lesen als müheloser, angenehmer und erfolgversprechender Prozess empfunden wird. Wird dem Kind ein Text empfohlen, den es nicht gut findet, dann wird die Freude am Lesen getrübt, im Extremfall kann sogar das Lesevergnügen gleich ganz verdorben werden. Das Urteil der Lehrkraft oder der Lehrwerkautorinnen und -autoren wirkt sich auf die Freude am Text aus, die das Kind empfindet. Das ist die pädagogische Verantwortung, die die Lehrenden sowie Autorinnen und Autoren übernehmen.

Besonders in den ersten zwei Jahren ist es wichtig, die Freude am Lesenlernen in der Fremdsprache durch entsprechend konzipierte Texte und Aufgaben zu fördern. Es gilt, Lese- und Rechtschreibschwierigkeiten rechtzeitig zu erkennen, damit die Kinder nicht durch Misserfolg entmutigt werden. In den ersten Lesetexten sollten Wortschatz, Satzbau, Schrift und Bilder ganz auf die Entwicklungsstufe der Kinder abgestimmt sein. Die Texte sollten einen motivierenden Lesestoff bieten, der den Lesebedürfnissen und Lernansprüchen der Kinder entgegenkommt. Von großer Bedeutung bei der Auswahl der Texte sind Kompositionsform, Sprache und Stil. Bevorzugt werden sollten Einfachheit im Ausdruck, Übersichtlichkeit im Satzbau und Folgerichtigkeit im Aufbau ohne Rückblenden und ohne Erzähleinschübe. Der Wortschatz muss dem Erfahrungsbereich entnommen werden, es muss Dialoge mit direkter Reden geben, Satzperioden und Konjunktive sowie ungewöhnliche Tempora und Modi sollten vermieden werden. Die drucktechnische Gestaltung ist auch sehr wichtig für die Lesbarkeit der Texte. Die Illustrationen sollten großflächig und anregend sein, sie sollen den Text erschließen helfen, ihn gliedern und die Fantasie des Kindes anregen.

Wie an einen Text herangegangen wird, hängt von der Textsorte und von der Absicht ab. Die Leseaufgaben bei der Arbeit an Texten aus der Kinderliteratur können dazu beitragen, richtige Leseverfahren zu entwickeln und falsche Leseverfahren abzubauen, wie z. B. das Wort-für-Wort-Lesen. Die Lehrkraft sollte mit den Kindern Strategien entwickeln:
• zum Erschließen von unbekannten Wörtern im Text mit Hilfe der Muttersprache, der Zielsprache, internationaler Fremdwörter, des Kontextes, des Wörterbuches;

- zur ersten Orientierung durch Sammeln von Leseeindrücken, z. B.: Um welche Art Text handelt es? Was sagen die Überschriften oder andere Signale des Layouts dem Kind? Welche Farben werden benutzt? Welche Begriffe treten im Text wiederholt auf?;
- zum Erfassen bestimmter Informationen (den Text auf einen bestimmten, inhaltlichen Gesichtspunkt absuchen, das schnelle Lesen entwickeln durch Übungen, die dem Kind deutlich machen, dass ein Text auch verstanden werden kann, wenn ein Teil der Wörter nicht bekannt ist);
- zum intensiven Sinnerfassen, d. h. die wichtigsten Informationen unterstreichen, markieren, visualisieren, strukturieren, das Vorwissen mobilisieren und mit dem Wichtigsten im Text verbinden, wenn nötig den Text ein zweites, drittes Mal lesen.

Die Lehrkraft darf nicht vergessen, dass die Schwierigkeit beim Verstehen immer durch die Einheit von Text, Hilfen und Aufgaben bestimmt wird und dass je weniger vorgegeben wird und je mehr die Kinder selber herausfinden müssen, desto größer die Wahrscheinlichkeit ist, dass das Kind etwas lernt, was ihm beim Lesen anderer Texte nützt. Selber etwas ohne Verstehenshilfen herauszufinden ist genau das, was es später in der Realsituation können muss.

Methodische Hinweise

Bei der Arbeit mit literarischen Texten wird den Lehrerinnen und Lehrern empfohlen, sich vorher zu informieren, wofür sich die Lernenden interessieren und bei welchen Vorhaben und Projekten sie sich beteiligen wollen. Außerdem können sie die Kinder auffordern, weitere Vorschläge zu machen.

Was interessiert euch?

Kreuze an, was dich interessiert oder was du gerne tun möchtest!

☐ Wir malen Bilder zum Text und erstellen ein eigenes Bilderbuch.

☐ Wir erfinden zu den Bildern eine Geschichte und schreiben sie auf.

☐ Wir lesen die Textauszüge mit verteilten Rollen.

☐ Wir machen einen Lesewettbewerb.

☐ Wir lernen die Gedichte auswendig und sagen sie auf.

☐ Wir spielen die Geschichte.

☐ Wir machen Rollenspiele.

☐ Wir vertonen die Geschichte und machen ein Hörspiel.

☐ Wir betrachten die Bilder ganz genau und entwerfen Fragen zu den Bildern oder wir beschreiben sie.

☐ Wir versuchen, die Geschichte auf das heutige Leben der Menschen zu übertragen.

☐ Wir schreiben ein Drehbuch für einen Textauszug

☐ Wir suchen andere Bücher von diesem Autor.

☐ Wir lesen etwas mehr über den Autor, wir nehmen Kontakt mit ihm auf.

☐ Wir lesen andere Bücher von ihm.

☐ Wir suchen Übersetzungen von Texten dieses Autors.

☐ Wir bringen Bücher von diesem Autor mit und machen eine Ausstellung.

Abb. 1: Fragebogen zum Leseinteresse

Die Schlüsselposition der Lehrkraft im Leseprozess

Die Lehrkraft ist und bleibt die wichtigste Person im Fremdsprachenunterricht. Sie ist Mittler zwischen Text (Autor) und Kind (Leser). Sie trägt sehr große lesepädagogische Verantwortung im Lehr- und Lernprozess. Die erfolgreiche Erfüllung dieser Aufgabe ist mit der Beantwortung der Frage verbunden:

• Welche Schlussfolgerungen können für die Ausbildung und Weiterbildung der Fremdsprachenlehrkräfte gezogen werden?

Mit der Einführung einer Fremdsprache als obligatorisches Unterrichtsfach erwächst der Grundschule eine neue Aufgabe. Der neue, veränderte Status des Unterrichtsfaches „Fremdsprache" in der Primarstufe verlangt ein neues Überdenken der Ausbildung der Lehrerinnen und Lehrer, die in der Primarstufe die Fremdsprache unterrichten. Vom Fremdsprachenvermittler in der Primarstufe wird nicht nur eine hohe fremdsprachliche Kompetenz gefordert, sondern auch entsprechendes Wissen in Pädagogik, Entwicklungspsychologie, Psycholinguistik, Linguistik, sichere Beherrschung der Didaktik und Methodik des frühen fremdsprachlichen Unterrichts und nicht an letzter Stelle – gute Kenntnis im Bereich der Literatur (Kinder- und Jugendliteratur) und der damit verbundenen Lesedidaktik. Bei der Ausbildung von Primarstufenlehrerinnen und -lehrern sollte es an erster Stelle darum gehen, dass sie die Qualifikationen erwerben, die sie später bei ihren Schülerinnen und Schülern entfalten sollen, wie z. B. Lust am Fremdsprachenlernen, Weltaufgeschlossenheit und Weltverstehen, die Überwindung eines Ethnozentrismus, emotionale, kreative, soziale und kognitive Fähigkeiten, positive Einstellungen zum Lernen, Sensibilisierung für Unterschiede und Gemeinsamkeiten zwischen der eigenen und der fremden Kultur, nonverbale Verhaltensmuster, Lernstrategien usw. Diese Qualifikationen können durch Veränderung bei der Gewichtung der angewendeten Unterrichtsformen und durch Integration der theoretischen, sprachpraktischen und methodisch-didaktischen Aspekte erreicht werden.

Primarstufenlehrerinnen und -lehrer müssen in ihrer Weiterbildung Gelegenheit bekommen zur Entfaltung als Fachfrau bzw. Fachmann, als Pädagogin bzw. Pädagoge, als Menschen, die sich in ihren geistig-kreativen Dimensionen weiterentwickeln.

Anmerkung

[1] Vgl. in: „Fremdsprachenunterricht im Primar-und Sekundarbereich in der Europäischen Gemeinschaft", EURYDICE, Brüssel 1992; Lehrplan 1.–4. Klasse für die bulgarische allgemeinbildende Schule. Ministerium für Bildung und Wissenschaft, Sofia 1995.

Katja Waschk (Essen)

7 Medieneinsatz im Fremdsprachenunterricht der Grundschule

In einem Stadium, in dem Kinder im Fremdsprachenunterricht nur in sehr eingeschränktem Maße selbstständig mit der Sprache umgehen können, brauchen sie jemanden, der ihnen sprachliche Beispiele liefert, Interaktionen anregt und sie zum eigenen nonverbalen oder sprachlichen Handeln ermuntert. Es bleibt unbestritten, dass diese Funktion am besten von einer Person übernommen werden kann, mit der das Kind gern seine Zeit verbringt und mit der das Sprechen der Fremdsprache in einer authentischen Situation stattfindet.

Ein Medium, sei es auch noch so interaktiv, wird vermutlich niemals diese direkte Kommunikation ersetzen können. Dies bedeutet jedoch nicht, dass der Gebrauch von Medien, sowohl von traditionellen als auch von Neuen Medien, die Schülerinnen und Schüler nicht zeitweise aus der Abhängigkeit von der Lehrkraft befreien kann. Im Folgenden soll zunächst das Potential verschiedener Medien, u.a. verschiedene Funktionen der Neuen Medien in Bezug auf ihr Potential für einen offeneren und gleichzeitig stark mündlich ausgerichteten Unterricht in der Grundschule überprüft werden, bevor im Anschluss ein in eigenen Studien verwandtes Konzept der graduellen Öffnung des Englischunterrichts vorgestellt wird.

Öffnung durch Einsatz traditioneller Medien

Grundsätzlich sind sicherlich alle Medien und Materialien, die von Lehrerinnen und Lehrern im Fremdsprachenunterricht gebraucht werden, auch im offenen Unterricht von den Kindern selbst nutzbar. Dass dies für schriftlich wie auch mündlich ausgerichtete Medien und Materialien gilt, zeigen unter anderem die Ausführungen von Reichart-Wallrabenstein zu Lesekonferenzen und zur Arbeit mit dem weißen Blatt (Reichart-Wallrabenstein 2001). Diese belegen, dass Kinder durch einen problemorientierteren und offeneren Ansatz eine große Neugierde entwickeln und auch in der Grundschule schnell in der Lage sind, erste Ansätze von language awareness zu entwickeln.

Gerade Medien, die auch mündlichen Input liefern, sind im Fremdsprachenunterricht jedoch sicherlich wertvoll, da sie – anders als es die Lehrkraft normalerweise vermag – den Zugang zu unterschiedlichen Arten von authentischem Sprachgebrauch eröffnen. Zudem geben sie den Kindern die Möglichkeit, die Aussprache von Wörtern, Redewendungen und ganzen Texten zu speichern und erste Versuche des Nachsprechens zu unternehmen. Hätten die Kinder in Reichart-Wallrabensteins Klasse beispielsweise bei der Lesekonferenz zusätzlich zum Buch noch eine CD mit dem gesprochenen Text zur Verfügung gehabt, so hätten sie unter Umständen noch mehr von der von ihnen ausgesuchten Geschichte verstehen und unter Umständen auch mehr über die englische Sprache entdecken können, – zum Beispiel, dass einige Wörter, wie dies bei *brown* oder *house* der Fall ist, im Klang dem Deutschen ähnlicher sind als in ihrer Schreibweise und dass es eine Diskrepanz zwischen dem Schriftbild und dem Klang gibt.

Für das Erlernen von Konzepten und *chunks* und unter Umständen als Einstieg zum Lernen von ganzen Dialogen bietet das Anschauen von Videos eine noch bessere Möglichkeit. Dadurch, dass Personen im Video in realen Kontexten Sprache in Handlungen gebrauchen und somit auch viele nonverbale Informationen vorliegen, ist ein Verstehen auch komplexerer, altersgemäßer Geschichten im Kontext möglich (vgl. Brewster, Ellis & Girard 2002, 203 f.). Zwar ist ein Video nicht interaktiv und die Lerner werden während des Anschauens nicht gezwungen, den Inhalt des Videos aufzunehmen oder gar Einzelaspekte daraus zu behalten, durch gezielte *pre-, while-* und *post-viewing* Aufgaben kann die Aufmerksamkeit der Schülerinnen und Schüler jedoch auf bestimmte Teilaspekte des Videos gelenkt und somit eine Sicherung des gerade Erlernten bzw. Gesehenen erzielt werden (Brewster / Ellis / Girard 2002, 205 f).

Sobald die Kinder so sicher in ihrer Sprachproduktion sind, dass sie sich zutrauen, sie in Kleingruppen selbstständig zu gebrauchen, ist auch die Aufnahme selbst gesprochener oder szenisch gespielter Sequenzen auf Kassette oder Video möglich und u. U. motivationsfördernd.

Öffnung durch den Einsatz Neuer Medien

Das Potential des Einsatzes Neuer Medien im Fremdsprachenunterricht allgemein wird bereits seit langem diskutiert (u. a. von Rüschoff / Wolff 1999; Kallenbach / Ritter 2000). Während sich die Diskussion lange auf den Sekundar- und den Hochschulbereich beschränkte, gibt es nun mehr und mehr Publikationen auch zum Primarbereich (Lewis 2003; Müller-Hartmann 2003; Rüschoff 2003; Saalwirth 2004). Im Folgenden sollen die verschiedenen Funktionen bzw. Anwendungsmöglichkeiten Neuer Medien auf ihren Wert für den Grundschulenglischunterricht überprüft werden, wobei bei der Kategorisierung auf die vier Funktionen nach Rüschoff und Wolff (1999) zurückgegriffen wird. Die Beschreibungen beginnen mit der Funktion, der für den Fremdsprachenunterricht in der Regel das größte Potential zugesprochen wird, der Telekommunikationsfunktion.

Die Telekommunikationsfunktion

E-Mail, Videokonferenz, *voice-mail* etc. sind prinzipiell auch im Fremdsprachenunterricht in der Grundschule einsetzbar. Sie alle bieten die Möglichkeit des interkulturellen Austausches auch über große Entfernungen hinweg und ohne die zeitliche Verzögerung des Briefkontaktes. Die internationalen Kontakte, die zum Beispiel schon Freinet gefördert und gefordert hat, werden so noch schneller und auf motivierendere Weise möglich, da die Antwort nicht so lange auf sich warten lässt (Warschauer 1997).

Während eine Videokonferenz ähnlich einem Video ein Sehen und Hören des Gegenüber ermöglicht und damit – mit leichter Zeitverzögerung – eine reelle Begegnung simuliert, sind voice-mail oder E-Mail auf die Stimme bzw. die Schrift sowie eine eventuelle Unterstützung durch einen Bildanhang beschränkt. Zudem läuft diese Art der Interaktion nicht synchron wie die Videokonferenz oder auch ein *chat*, sondern asynchron (Warschauer 1997).

Die meisten deutschen Schulen beschränken sich auf E-Mail- und *voice-mail*-Kontakte mit Partnerschulen im Ausland, da *videoconferencing*-Anlagen bislang nur sehr wenigen Schulen zugänglich sind. Während *voice-mails* den Vorteil haben, dass sie – ähnlich wie gemeinsam aufgenommene Video- oder Audiokassetten – auch schon von jüngeren Schülerinnen und Schülern in der ersten und zweiten Klasse verschickt werden können, die noch nicht mit der Schrift in der Fremdsprache konfrontiert werden, haben E-Mails den Vorteil, dass man sie leicht in etwas Materielles, einen Ausdruck umwandeln kann, den man mit nach Hause nehmen kann und der mehrfach in Ruhe durchgelesen werden kann. Zudem sind E-Mail Programme auf allen gängigen Rechnern installiert oder sind als *shareware*-Programme aus dem Internet herunterzuladen. Aus diesem Grund kann erwartet werden, dass auch in Zukunft ein Großteil der Telekommunikation in Klassenzimmern über E-Mail stattfinden wird.

Von E-Mail-Projekten im Grundschulenglischunterricht und Möglichkeiten zur Durchführung solcher Projekte wird des öfteren berichtet (Müller-Hartmann 2003, Lewis 2003, Saalwirth 2004). Die E-Mails werden meist im Anschluss an ein erarbeitetes Thema von den Kindern geschrieben, jedoch auch dann nicht freihändig sondern mit Unterstützung durch einen Lückentext (Lewis 2003; Saalwirth 2004). So kann sichergestellt werden, dass die Kinder zwar über persönliche Erfahrungen berichten können, jedoch nicht überfordert werden.

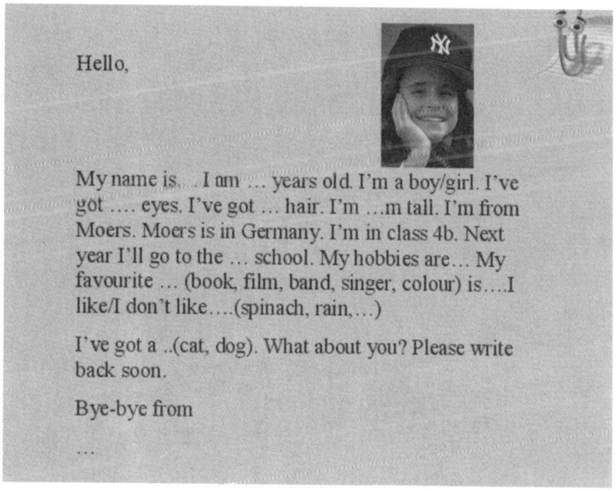

Mit einer fortgeschritteneren Klasse (Ende des 4. Schuljahrs) habe ich auch selbst bereits ein solches Gerüst für eine E-Mail formuliert (siehe Abb. 1), d. h. die Kinder konnten sich aussuchen, was sie über sich erzählen wollten, was sie eine andere Klasse gern fragen würden und konnten, so weit ihnen die Redewendungen noch aus dem Unterricht geläufig waren, den Text selbst formulieren. So ist ein Lückentext entstanden, der durch die Beteiligung der Kinder eine große Akzeptanz hatte.

Hello,

My name is. . I am ... years old. I'm a boy/girl. I've got .... eyes. I've got ... hair. I'm ...m tall. I'm from Moers. Moers is in Germany. I'm in class 4b. Next year I'll go to the ... school. My hobbies are... My favourite ... (book, film, band, singer, colour) is....I like/I don't like....(spinach, rain,...)

I've got a ..(cat, dog). What about you? Please write back soon.

Bye-bye from

...

Abb. 1:
Mit Schülern
erstellter
Lückentext für
ein E-Mail Pro-
jekt in einer
vierten Klasse

Jedoch sind diese Texte erst entstanden, als die Kinder einen großen Teil der verwendeten Redewendungen bereits mündlich gebrauchen konnten. Das Einzige, was beim Schreiben der E-Mails zum Teil neu war, waren die Worte, die sie im Wörterbuch nachschlagen mussten. Hier ließe sich darüber streiten, ob das Primat der Mündlichkeit voll befolgt werden soll und die Kinder somit nur Redewendungen und Wörter schreiben sollen, die sie vorher schon gehört haben. Dass bei E-Mail Projekten nichts Neues eingeführt wird, hält Lewis (2003, 32) für besonders wichtig:

> Be sure the children are familiar with the topic and have the language skills necessary to talk about it. The internet is not the place to introduce something completely new to the children – be it a topic or a language point. Use the medium to strengthen existing knowledge.

97

Es könnte aber auch im Sinne der Lernerautonomie (siehe Little 1991; Dam 1995, 2004) gefragt werden, ob nicht die Möglichkeit der Kreativität auch noch im Moment des Schreibens gegeben sein sollte, d. h. ob die Kinder nicht zumindest auf der Wortebene beim Ausfüllen des Lückentextes explorierend arbeiten sollten. Hält man sich streng an das Primat der Mündlichkeit, kann man E-Mail-Projekte nur nach langer Übungsphase durchführen, d. h. dann, wenn die Kinder das Geschriebene auch mündlich produzieren können. Damit fiele E-Mail-Projekten die Rolle der Festigung von Gelerntem zu. In der Anfangsphase, in der Kinder zunächst einmal nicht gezwungen werden sollen, selbst Sprache in großem Umfang zu produzieren sondern in erster Linie zuhören und nonverbal reagieren sollen, hätten E-Mail Projekte folglich keinen Platz.

Anwendungsprogramme

Anwendungsprogramme, wie etwa ein Schreibverarbeitungsprogramm, ein Malprogramm, ein Bearbeitungsprogramm für Fotos, Programme für *Web-Publishing* oder auch das bereits erwähnte E-Mail-Programm, können nicht nur im Fremdsprachenunterricht der Sekundarstufe sondern auch im Grundschulunterricht als authentische Werkzeuge eingesetzt werden. Für das Schreibverarbeitungsprogramm gilt grundsätzlich das Gleiche wie für das E-Mail-Programm: Nach Ansicht der meisten Fachdidaktiker kann es nur dann sinnvoll eingesetzt werden, wenn vorab etwas gelernt wurde, d. h. in einem späten Stadium der Übung bzw. Konsolidierung von Gelerntem.

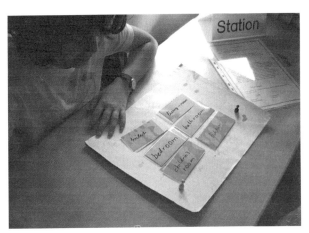

Im offenen Unterricht könnte ein Schreibverarbeitungsprogramm auch dafür genutzt werden, für Mitschülerinnen und Mitschüler Arbeitsblätter zu erstellen, um professionelle Spielmaterialien und Spielanleitungen zu selbst erstellten Spielen (siehe Abb. 2), herzustellen oder um bereits, mit Hilfe von Lückentexten oder anderen Hilfestellungen, kleine, kreative Texte zu produzieren.

Abb. 2: Von Kindern einer vierten Klasse selbst erstelltes Brettspiel mit einer am Computer verfasster Anleitung

Dass dem Schreiben als Kulturtechnik im Sinne von kreativem

Erstellen von Materialien oft zu wenig Raum im Grundschulenglischunterricht eingeräumt wird, und damit einerseits häufig eine Unterforderung der Schülerinnen und Schüler verbunden ist, und andererseits eine Möglichkeit zur Differenzierung verpasst wird, wird mittlerweile auch von neueren Forschungsarbeiten so beurteilt (Vollmuth 2004, 125 ff.).

Abb. 3: Arbeit mit einem in Partnerarbeit erstellten Nachschlagewerk (Stationslauf)

Kreativ können Lernende auch werden, wenn sie beispielsweise mit viel visueller Unterstützung durch Bilder und Fotos eine *website* für ihre Schule, ihre Klasse oder zu einem bestimmten Thema erstellen (Brewster/Ellis/Girard 2002, 214). Wenn der Bildanteil groß genug ist, kann der Textanteil so gering gehalten werden, dass eine solche Aufgabe auch in der Grundschule keine Überforderung darstellt.

Ein Programm mit Autorenfunktion, ist das Programm *Clicker 4*. Das Schreiblernprogramm für Kinder mit Englisch als Muttersprache kann die englische Schriftsprache in gesprochene Sprache synthetisieren und bietet gleichzeitig einen großen Fundus an graphischen Elementen sowie an Formatvorlagen. So kann der Computer mit Hilfe dieses Programms auch zu einem sprechenden Wörterbuch umfunktioniert werden. Ein solches Wörterbuch kann auch – nach Anleitung durch die Lehrperson – von Kindern selbst erstellt werden, wie sich in einem von mir im Rahmen meiner Doktorarbeit in der vierten Klasse durchgeführten Projekt zur Erstellung eines eigenen Stationslaufes gezeigt hat.

Anwendungsprogramme, die in der Regel inhaltlich offen gehaltene und zum Teil authentische, nicht für die Schulwelt produzierte Werkzeuge sind, ermöglichen also einen größtmöglichen Grad an Offenheit (siehe Rüschoff/Wolff 1999). Ein Großteil dieser Werkzeuge ist jedoch an den Gebrauch der Schrift gekoppelt und ermöglicht somit nicht, dass Worte und Redewendungen auch in der gesprochenen Form gelernt oder gebraucht werden. Ein Gebrauch dieser Werkzeuge im Anfangsunterricht wird folglich in der Regel zunächst nur in ganz kleinen Bereichen stattfinden.

Ressourcen on- und offline

Das Ziel des „Lernen lernens" kann unter anderem dadurch unterstützt werden, dass Kinder befähigt werden, Ressourcen zur Informationsbeschaffung selbstständig zu nutzen. So machen sie sich mehr und mehr unabhängig von der Lehrperson und werden auf Arbeitsweisen in der weiterführenden Schule vorbereitet, bei denen ein eigenständiges Nachschlagen und Ausarbeiten an Bedeutung gewinnt.

Die größte, auch authentische digitale Ressource ist das Internet. Viele kindgemäße Seiten, u.a. die des British Council (*www.learnenglish.org.uk/kid_frame.html*) laden zum Explorieren und zum Teil auch zum Mitspielen ein, wodurch entdeckendes Erlernen von Sprachelementen möglich wird (Brewster/Ellis/Girard 2002; Rüschoff 2003). Leider sind viele Seiten recht textlastig und seltener lassen sich auch Audiodateien finden, so dass eine sorgfältige Vorauswahl der Seiten wichtig erscheint, um die „Expeditionen" ins Internet zu einem positiven Erlebnis werden zu lassen. Einen Überblick über gute Internetseiten bietet der Bildungsserver des Landesinstituts für Schule NRW (*www.learnline.nrw.de/Angebote EGS*).

Abb. 4: Die „Learn English"-Seite des British Council

Auch offline verfügbare Nachschlagewerke können sinnvoll in den Unterricht integriert werden, vor allem kindgerechte Bildwörterbücher, durch die Kinder u. a. die oben genannten Lückentexte mit authentischem Inhalt füllen können (vgl. Groß 2003; Waschk 2003). Der Vorteil eines digitalen Nachschlagewerks gegenüber einer Printversion ist, dass die Einträge bei der digitalen Version auch in gesprochener Form vorliegen und somit gewährleistet ist, dass sich Schülerinnen und Schüler nicht nur die Schriftform, sondern auch die Aussprache der Einträge aneignen können.

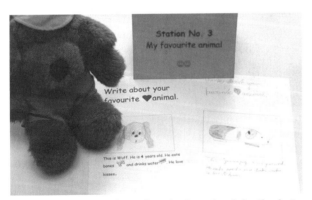

Abb. 5: Lückentext als Vorlage für kreative Schreibarbeit im Stationslauf

100

Der Gebrauch von Ressourcen on- und offline ist in offenen Unterrichtsszenarien möglich, in denen sich Kinder Inhalte und Aktivitäten selbst aussuchen und zum Beispiel eigene Minitexte produzieren oder eigene Wörterbücher erstellen. Gerade kindgerechte digitale Nachschlagewerke erscheinen für einen Gebrauch auch schon im Anfangsunterricht geeignet. Durch diesen Einsatz wird der Erwerb von Lerntechniken gefördert und ein interessengeleitetes Arbeiten bei gleichzeitigem mündlichen Input gewährleistet.

Tutorielle Lernprogramme

Tutorielle Lernprogramme werden in der Regel mit den behaviouristischen Prinzipien des Drills und der positiven Verstärkung assoziiert. Traditionell waren es einfach gestaltete Vokabel- oder Grammatiktrainer, die dieser Kategorie zugeordnet wurden (Rüschoff/Wolff 1999). Diese Art von Programmen wäre sicherlich für den Grundschulenglischunterricht ungeeignet. Neuere Multimediasoftware ist jedoch nicht mehr so einfach gestaltet und ermöglicht Kindern, viele Aktivitäten, die ansonsten in Abhängigkeit von der Lehrperson erledigt werden müssten, in freier Zeiteinteilung am Computer durchzuführen.

Dieses Ermöglichen einer freien Zeiteinteilung ist noch nicht mit offenem Unterricht gleichzusetzen (Peschel 2003a; Wolff 2002; Benson 2001). Lernprogramme bleiben in der Regel geschlossene Programme, da nur für geschlossene Übungen eine Kontrolle durch das System möglich ist. So lassen viele Programme nur wenig Kreativität und Entscheidungsfreiheit zu (vgl. Rüschoff/ Wolff 1999). Dies gilt jedoch in der Regel nicht nur für die aktuellen Englischlernprogramme für die Grundschule, sondern auch für einen Großteil der ansonsten eingesetzten Materialien, Medien und Aktivitäten (vgl. Vollmuth 2004). Die Lehrkraft oder das Material, in der Regel das Lehrwerk, bestimmen Inhalte und Lösungen zu Aufgaben.

Abb. 6: Zu explorierende Lernumgebung (Bumblebee Software)

Gerade dann, wenn ein Lehrwerk große Anteile an TPR-Übungen (*Listen and ...*) enthält, d. h. wenn durch nonverbale Reaktionen das Verstehen von Inhalten überprüft werden soll, wird den Schülerinnen und Schülern oft nicht viel Raum für Kreativität gegeben – es gibt richtige und falsche Reaktionen. Aufgefangen wird für die Kinder dieser Mangel an Wahlfreiheit und Eigenverantwortlichkeit nur durch die spielerische Aufbereitung der Übungen und Aktivitäten.

Somit ist die moderne tutorielle Lernsoftware mit den Spielen, die hier angeboten werden, ein genaues Abbild dessen, was in der Regel im Unterricht geschieht. Moderne tutorielle Software bietet häufig Übungen nach dem *listen and ...* Prinzip an, d. h. oft müssen die Kinder nach mündlichen Anweisungen handeln. Diese Art der Übungen ist durch den stark spielerischen Charakter für die Kinder meist stark motivierend. Auch die Bild-Schriftbild- Zuordnungsaufgaben, die Kinder oft in Übungsphasen auf Arbeitsblättern leisten, sind bei tutoriellen Programmen häufig zu finden, hier nur mit dem Unterschied, dass in der Regel zusätzlich immer noch mündlicher Input geboten wird und dass der spielerische Charakter durch die sofortige Rückmeldung durch das System verstärkt wird. Manche Programme bieten auch kreative Aufgaben, wie zum Beispiel das Ausfüllen eines Steckbriefes zur eigenen Person. Hier fällt jedoch die Funktion des Tutors, d. h. der Rückmeldung durch das Programm, weg.

Tutorielle Lernsoftware könnte also die Lehrkraft im Unterricht in einigen ihrer Rollen, d. h. unter anderem in der Rolle derjenigen, die den Kindern den verständlichen Input im Kontext liefert und derjenigen, die Rückmeldung zu Übungen geben kann, zwar nicht ersetzen (vgl. Piepho 2003), aber doch zeitweise vertreten. Durch den Input im Kontext, das Feedback zu Eingaben und Ergebnissen und ggf. die Hilfestellungen kann die Multimediasoftware also so gut wie kein anderes Material oder Medium die Lehrperson zeitweise in Funktionen entlasten, die sie in einer Unterrichtsklasse mit bis zu 30 Kindern unter Umständen selbst gar nicht immer zufriedenstellend erfüllen kann.

Abb. 7: Matching-Aufgabe zur Rekonstruktion der Geschichte „The Gingerbread Man" (Bumblebee Software)

Übernimmt die Lernsoftware diese Rollen eventuell auch perfekt, führt das jedoch nicht zwingend dazu, dass Lernende selbstständiger und unabhängiger werden (Kallenbach/Pankhurst/Ritter 1999) – die Abhängigkeit wäre lediglich von der Lehrkraft auf ein Medium übertragen (Benson 2001; Wolff 2002a). Dieses wiederum wird nach wie vor von der Lehrkraft ausgewählt.

Exkurs: Konzepte tutorieller Lernsoftware

Zu unterscheiden ist zwischen Programmen, die komplett geschlossen gestaltet sind, d. h. die Art und die Reihenfolge von Lektionen und Übungen genau vorschreiben und Programmen, die offener gestaltet sind, d. h. bei denen Lernende eine Wahlfreiheit haben. Lernprogramme können nicht nur die oben aufgeführten Funktionen sehr gut übernehmen, sondern sie bieten auch – sofern von den Autorinnen und Autoren bzw. dem Verlag gewünscht – die Möglichkeiten für flexible Lernwege und verschiedene Arten von Differenzierung.

So kann zum Beispiel die Struktur der Lernsoftware so offen und gleichzeitig so übersichtlich gestaltet sein, dass Lernende sich das Thema und die Art der Übungen frei aussuchen können, sie kann aber auch offen sein und im Sinne eines Abenteuerspiels die Art der Verzweigung nicht transparent machen oder aber sie kann linear und vollkommen geschlossen sein. Diese verschiedenen Arten von Lernprogrammen unterscheiden sich folglich oft in dem Maß, in dem sie entweder entdeckendes Lernen mit unter Umständen nicht vorhersehbaren Lernrouten ermöglichen oder aber im Sinne eines Lehrgangs die Lernergebnisse vollständig zu kontrollieren versuchen.

Zusätzlich kann es innerhalb eines Lernprogramms Wahlmöglichkeiten zwischen verschiedenen, mehr oder weniger einfach strukturierten Übungsarten geben, zwischen Übungen mit und ohne Schriftbild und es kann sogar die Option geben, das Schriftbild innerhalb einer Übung oder Phase des entdeckenden Lernens ein- oder auszuschalten. Einige Programme, z. B. das Programm *Wizadora*, bieten verschiedene Schwierigkeitsstufen an, bei denen unter anderem die kognitiv und zum Teil die motorisch zu erbringende Leistung durch unterschiedliche Schnelligkeitsstufen variiert oder auch die Menge der zu erinnernden bzw. zuzuordnenden *items* oder der Grad an Unterstützung, wie z. B. bei der Zuordnung von Satzteilen durch *drag'n drop*, durch Abschreiben aus einer Liste oder durch freies Schreiben.

Ein großer Unterschied zwischen unterschiedlichen Programmen besteht auch in der Art des sprachlichen Konzeptes sowie beim Umfang und der Art der Hilfestellungen während der Interaktion mit dem Programm. Die Übungen sind bei den meisten Lernprogrammen rein zielsprachig. Bei einigen Programmen werden die Einführungen zu den Übungen sowie die Hilfestellung jedoch in der Zielsprache und bei einigen Programmen in der Muttersprache gegeben. Variationen sind auch in der Ausführlichkeit der Einleitung zu den Übungen zu finden und darin, inwiefern auch zu einzelnen Bestandteilen der Übungen noch hilfreiche Tipps von der Hilfefunktion zu erwarten sind.

Grundsätzlich kann gesagt werden, dass sich aktuell bestehende multimediale Sprachlernsoftware, die auf den Grundschulbereich zugeschnitten ist, nahtlos in das Konzept des mündlich und spielerisch ausgerichteten Englischunterrichts in der Grundschule eingliedern lässt. Aus Sicht der Unterstützung der Selbstständigkeit auch im emanzipatorischen Sinne sind diese Programme zwar nicht als ideal einzuschätzen, da sie in der Regel geschlossen sind und Inhalte vorgeben. Es ist aber anzunehmen, dass diese Lernprogramme – sofern sie irgendeine Art der Wahlfreiheit bieten, durchaus dazu geeignet sind, die Lernenden nicht nur auf organisatorische Weise von der Lehrkraft unabhängiger zu machen, sondern ihnen auch die Möglichkeit bieten, durch den Prozess der Entscheidungsfindung sich der eigenen Fähigkeiten und Präferenzen bewusster zu werden.

Mehr Autonomie durch Mediengebrauch?

Ausgehend von der Annahme, dass intensiver Mediengebrauch mehr Wahlfreiheit auf verschiedenen Ebenen bedeuten kann, stellt sich die Frage, wie ein solcher Mediengebrauch im Fremdsprachenunterricht in der Grundschule organisiert werden kann. Mit diesem Aspekt habe ich mich in Studien meiner Dissertation befasst, die voraussichtlich im Jahr 2006 erscheinen wird. Deutlich wird, dass, wenn in der Anfangsphase des Unterrichts viele vorgefertigte Medien, wie zum Beispiel Hörtexte, und Aufgaben verwendet werden, eine Öffnung des Unterrichts nicht die Stufe 0 nach Peschels Kategorisierung der Offenheit überschreiten wird (siehe Abb. 8). Eine methodische sowie eine inhaltliche Öffnung können nur dann erreicht werden, wenn die Kinder sich tatsächlich aussuchen können, wie sie Aufgaben bearbeiten möchten und im Idealfall, welche Aufgaben sie sich stellen möchten. Von der höchsten Stufe der Öffnung, der sozialen Öffnung, kann nur dann gesprochen werden, wenn wirklich alle Mitglieder der sozialen Gruppe im Klassenraum als gleichberechtigte Persönlichkeiten angesehen werden. Ob diese letzte Stufe der Öffnung tatsächlich in ihrer Reinform in der Grundschule erreicht werden kann, ist sicherlich fraglich, da allein rechtliche Zwänge, denen sich Lehrkräfte beugen müssen, dagegen sprechen. Es ist jedoch sicherlich erstrebenswert, auf eine möglichst große Emanzipation und Selbstständigkeit der Kinder auch im Fremdsprachenunterricht in der Grundschule hinzuarbeiten.

Hierfür könnte das aus meiner Sicht als sehr mit einem umfassenden Verständnis von Lernerautonomie (Holec 1979; Little 1991) verwandte Stufenmodell Peschels als Phasenmodell aufgefasst werden, wonach mit der organisatorischen Öffnung begonnen werden könnte, um den Kindern nach und nach mehr Freiheiten geben zu können. Dieses Konzept habe ich in Studien umgesetzt, indem ich in zwei aufeinanderfolgenden Schuljahren mit der gleichen Klasse insgesamt fünf Stationsläufe durchgeführt habe.

Stufenmodell offenen Unterrichts nach Peschel (2003)
Stufe 0: Die organisatorische Öffnung […] Lernen muss Passung haben (lernpsychologisch-didaktische Begründung)
Stufe 1: Die methodische Öffnung […] Lernen ist ein enaktiver Konstruktionsprozess des Einzelnen (lern- und entwicklungspsychologische Begründung)
Stufe 2: Die methodische und inhaltliche Öffnung […] Lernen ist am effektivsten, wenn es vom Lernenden als selbstbestimmt und signifikant erlebt wird (lern- und motivationspsychologische Begründung)
Stufe 3: Die soziale Öffnung […] Soziale Erziehung ist am effektivsten, wenn die Strukturen vom Einzelnen mitgeschaffen und als notwendig/sinnvoll erlebt werden (bildungstheoretisch-politische Begründung)

Abb. 8: Stufenmodell offenen Unterrichts nach Peschel

Um eine organisatorische Öffnung im Fremdsprachenunterricht der Grundschule herbeizuführen, eignet sich die Unterrichtsform des Stationslaufs sehr gut, da hier einerseits – bei genügend großer Auswahl – eine Wahlfreiheit und auch eine freie Zeiteinteilung sowie zum Teil auch die freie Wahl der Sozialform gewährleistet sind. Andererseits werden jedoch feste Angebote gemacht, die eine geschlossene Aufgabenstellung mit einfachen, zum Teil medial vermittelten Aufgaben, ebenso ermöglichen wie recht offen gehaltene, unter Umständen auch kreative Aufgaben. Für die Lehrkraft besteht also zunächst noch die Möglichkeit einer gewissen Kontrolle darüber, was die Kinder lernen. Somit wird gesichert, dass die Schülerinnen und Schüler in der Anfangsphase einen vergleich-

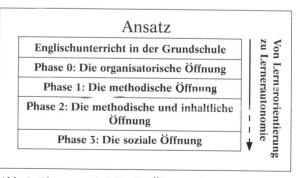

Abb. 9: Phasenmodell für die Öffnung des Englischunterrichts in der Grundschule

105

baren Lernstand erreichen. Später, wenn verschiedene Arbeitsformen, Aktivitäten und sprachliche Mittel bekannt sind, kann hingegen eine noch stärkere Öffnung für die Interessen der Kinder erfolgen.

In den Studien hat es, ausgehend vom auf Üben ausgerichteten Stationslauf zum Thema *Coulours, Numbers and Clothes,* eine solche Tendenz zu immer größerer Öffnung gegeben. Die im Folgenden aufgelisteten Stationsläufe – hier synomym gebraucht mit dem Begriff Lernzirkel – wurden zusätzlich zu der Einteilung mit Bezug auf die Offenheit auch mit Blick auf die von Bauer beschriebenen Lernzirkelarten entwickelt, die einen unterschiedlichen Grad an Selbstständigkeit voraussetzen:

1. Üben: Colours, Numbers and Clothes
2. Üben + Vertiefen: Fruit
3. Üben + Vertiefen + Erarbeiten: Animals
4. Vertiefen + Erarbeiten: The Gingerbread Man
5. Erarbeiten: In the House

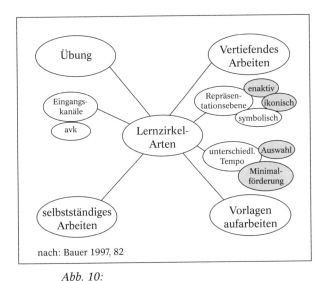

nach: Bauer 1997, 82

Abb. 10:
Lernzirkelarten
nach Bauer

Während bei den ersten beiden Stationsläufen nur vorgefertigte Materialien und geschlossene Aufgabenstellungen mit spielerischem Charakter genutzt wurden, gab es bereits beim dritten Stationslauf zum Thema *Animals* für die Kinder die Möglichkeit, in eingeschränktem Maße kreativ zu werden, indem sie mit Hilfe eines Lückentextes und eines digitalen Nachschlagewerkes einen Steckbrief zu ihrem Lieblingstier schrieben (Idee aus Bland et al. 2003). Im Stationslauf zum Thema *Gingerbread Man,* bei dem viele Materialien aus dem Lehrwerk *Bumblebee* verwendet wurden, gab es kreative Elemente, hier vor allem das Einüben eines Stabpuppenspiels, betreut durch die Lehrkraft. Die selbstständige Eigenleistung der Kinder bestand bei diesem Stationslauf darin, in begrenztem Maße den Wortschatz aus der bekannten Geschichte über Übungen und die Nutzung eines digitalen Nachschlagewerkes selbst zu erarbeiten. Im letzten Stationslauf bekamen die Kinder die Aufgabe, zum vorgegebenen Thema *In the House* nach einer vorentlastenden Einführungsstunde eigene Stationen für einen Stationslauf zu erstellen, wobei zwar nicht die Inhalte vollkommen frei gewählt werden konnten, wohl aber die Methoden, so dass hier laut Peschel die Stufe 1 des offenen Unterrichts erreicht wurde (s. Abb. 8).

So hatten die Kinder in den ersten Stationsläufen die Möglichkeit, verschiedene Aktivitäten kennen zu lernen, in zunehmendem Maße für zum Teil kreative Aufgaben ein Nachschlagewerk zu benutzen, und sich über ihre Präferenzen u.a. in Reflexionen bewusst zu werden, bevor sie im letzten Teil der Studien aufgefordert wurden, nach eigenen Vorstellungen Stationen zu entwerfen.

In diesem Teil der Studien sollte überprüft werden, ob die Kinder mit den immer weiter geöffneten und offenen Lernsituationen und mit den immer größeren Anforderungen an selbstständiges Arbeiten zurecht kommen würden und ob dies zu einer Motivation zum (selbstständigen und selbstgesteuerten) Englischlernen beitragen würde. Vor allem die Fähigkeit der Kinder, ihre Vorlieben und Lernerlebnisse zu verbalisieren, stand bei den Erhebungen im Vordergrund. Diese Fähigkeit zu formulieren sollte ein Indiz dafür sein, ob in dieser Schulstufe Verantwortung für das Fremdsprachenlernen auf die Kinder übertragen werden kann. Erhoben wurden in allen Stationsläufen – zusätzlich zu den eigenen Beobachtungen – in erster Linie die Einstellungen und Präferenzen der Kinder.

Bei der Auswertung aller Reflexionen ist deutlich geworden, dass der allergrößte Teil der Kinder (bis auf zwei Kinder in der Klasse) die Stationsläufe und andere geöffnete Formen des Unterrichts, wie die später im Unterricht eingeführte Freiarbeit, einem lehrergelenkten Frontalunterricht vorziehen. Dies zeigt unter anderem der folgende Auszug aus einer Reflexion, die nach dem Stationslauf zum *Gingerbread Man* bzw. nach dem Vorführen des mit der Fachlehrerin eingeübten Stabpuppenspiels stattgefunden hat.

A: *Mir hat auch alles gefallen, und den Text, den wir spielen mussten, fand ich leicht, den hab ich auch nur einmal durchgelesen, dann konnte ich den auch schon, ich hab auch glaube ich nicht so viel gelernt, weil ich weiß einfach nicht, ..., das war eben einfach.*

L: *Den Text fandest Du jetzt einfach? Was, ... was, ..., wie ..., im Englischunterricht allgemein, wo hast Du denn noch mehr gelernt als jetzt hier? Oder hast Du im Englischunterricht noch nie viel gelernt?*

A: *Bei den Stationen.*

L: *Aha?...Was hast du denn da mehr gelernt?*

A: *So Aussprache.*

L: *Aha?*

A: *B.*

B: *Ich kann auch besser beim Stationenlauf, ehm, besser lernen, weil da muss man ja auch was machen so, also, wenn man dazu auch was tun muss, also nicht einfach nur sagen da vorne,*

L: *Ihr musstet doch richtig spielen, da vorne.*

B: *Ja, oder so, wenn da jetzt irgendwie so'n englischer Text steht, dann musst Du, ehm, das lesen und dann verstehen, was da drauf steht, und das dann machen musst oder so.*

L: *Mh.*

B: *Also, wo man selber was machen muss.*

L: *Wo man selber was machen muss. Aber du musst hier* (gemeint: Beim Spielen des Gingerbread Man) *ja auch was machen, das meine ich, du musst ja eigentlich spielen.*

B: *Ja.*

L: *Das ist aber nicht das Gleiche, oder doch?*

B: *Nicht ganz.*

Hier wird deutlich, dass B problemlösendes Arbeiten nach Anweisungen bevorzugt und erkannt hat, dass sich dies deutlich vom Nachspielen eines Stückes unterscheidet, auch wenn bei dem hier vorgeführten Stück auch zum gesprochenen Text passende Handlungen mit den Stabpuppen durchgeführt werden mussten. Dies scheint für dieses Mädchen jedoch nicht so motivierend zu sein wie ein selbstständiges Knobeln. Dies ist eine Einschätzung, die von vielen Kindern in der Klasse geteilt wird.

Dieses Ergebnis wird auch in späteren Erhebungen bestätigt. In der Reflexion nach dem erfolgreichen Arbeiten mit dem auf sehr kreative Weise durch die Kinder erstellten Stationslaufs *In the House* bewertet wieder eine große Mehrheit aller Kinder das eigene Erstellen von Stationen und das Arbeiten mit diesen Stationen noch positiver als das Arbeiten mit vorgefertigten Stationen. Es zeigt sich also, dass in dieser Klasse, die ein Arbeiten in offenen Lernszenarien aus dem Unterricht in anderen Fächern gewohnt sind, viele Kinder auch eine offenere Gestaltung des Englischunterrichtes als motivierend empfinden und – wie der oben dargestellte Dialog zeigt – sogar einfordern. Auch bestätigt sich in meinen Studien die bereits in de Leeuws (1997) Studien belegte Einschätzung dazu, dass die Kinder in der dritten und vor allem in der vierten Klasse bereits sehr gut dazu in der Lage sind, sich selbst, ihre Vorlieben und ihren Lernprozess einzuschätzen.

Fazit

Es ist deutlich geworden, dass auch im Fremdsprachenunterricht der Grundschule der Computer mit all seinen Einsatzmöglichkeiten ein hilfreiches Werkzeug zur Förderung des selbstständigen und selbstbestimmten Lernens ist. Zudem wurde dargestellt, dass die Anwendungen, die eine Nutzung des Computers als Werkzeug für kreative Zwecke erlauben, den Lernenden zwar besonders viel inhaltliche Freiheit gewähren und damit besonders geeignet zur Förderung von Autonomie in mancherlei Hinsicht sind, jedoch im Fremdsprachenunterricht in der Grundschule auf Grund des Primats der Mündlichkeit (Bleyhl 2000; Schmid-Schönbein 2001; Cameron 2001; Piepho 2003) und der weit verbreiteten Angst, ein Fokus auf das Lesen und Schreiben könnte zu einer schlechten Aussprache führen (Schmid-Schönbein 2001), nur eine untergeordnete Rolle spielen werden.

Andererseits passen all die Medien, die in der Lage sind, mündlichen Input zu geben und interaktiv sind, d. h. in erster Linie multimediale Lernsoftware und Multimedia-Nachschlagewerke, sehr wohl in das aktuelle Konzept des Fremdsprachenunterrichts in der Grundschule. Ihr Einsatz ermöglicht bereits eine offenere und lernerorientiertere Art des Unterrichts als sie im üblichen Frontalunterricht anzutreffen ist. Durch Nutzung eines Multimedia-Nachschlagewerkes ist bereits ein interessengeleitetes Schreiben möglich, wenn in der Regel auch nur mit Hilfe eines Lückentextes. Die Nutzung von Lernsoftware bietet den Lernenden zumindest eine Offenheit organisatorischer Art, zum Teil bei der Wahl der Lernwege, und sofern kein Lehrgang vorgegeben ist, auch eine begrenzte Wahlfreiheit inhaltlicher Art.

Die Nutzung der oben beschriebenen Medien in Stationsläufen ermöglicht den Kindern selbstständiges Organisieren des Übens und sogar des Lernens von neuen Wörtern und Redewendungen und zudem selbstständiges, kreatives Arbeiten. Durch reflektierte Nutzung verschiedener Medien und das Ausprobieren verschiedener Aktionsformen können Kinder vieles über sich als Lerner und über das Lernen selbst erfahren. So kann durch eine graduelle Öffnung von Lernszenarien das Primat der Mündlichkeit mit Konzepten der Lernerautonomie verbunden werden, so dass eine durch die Lehrperson vorgenommene Lernerorientierung zunehmend autonomen Lernprozessen der Kinder weichen kann.

Otfried Börner und Christoph Edelhoff
(Hamburg/Grebenstein)

8

Leistungsfeststellung im frühen Fremdsprachenunterricht

Wie in den meisten europäischen Ländern hat nun auch in Deutschland der Fremdsprachenunterricht seinen Einzug in die Grundschulen gehalten. Mit dem Schuljahr 2005/2006 ist das frühe Fremdsprachenlernen in allen Bundesländern ordentliches Unterrichtsfach im Stundenplan der Grundschulen geworden, in der Regel ab dem 3. Schuljahr, in Baden-Württemberg und Rheinland-Pfalz bereits ab dem 1. Schuljahr. Meist geht es um anfänglichen Englischunterricht, aber es werden auch Sprachen von Nachbarländern (z. B. Französisch in rheinischen Grenzregionen) berücksichtigt. Die jahrzehntelange Kontroverse zwischen „Begegnungsunterricht" und lehrgangsorientiertem Unterricht scheint beigelegt, seit sich alle deutschen Länder und die Konferenz ihrer Kultusminister auf einen „ergebnisorientierten" Fachunterricht verständigt haben, auch wenn förmliche nationale Standards für diesen Bildungsbereich (noch) nicht vorliegen. Kommunikative Mündlichkeit (Hörverstehen und Sprechen), die Anbahnung von Schriftlichkeit (über Lesen und Schreiben), Interkulturelle Kompetenz, Sprachbewusstheit *(language awareness)* und Sprachlernkompetenz finden sich als Zielebenen in allen einschlägigen Lehrplänen, Handreichungen und Verlautbarungen. An vielen Orten hat „die jahrzehntelange Versuchsarbeit eine gediegene Erfahrungsbasis für ein erfolgreiches Englischlernen in Grundschulen geliefert", doch stellen „die Rahmenbedingungen eines für alle verbindlichen Unterrichts eine neue Herausforderung" dar (Sauer 2004, 38).

Die neue Herausforderung besteht insbesondere in der Neudefinition von Leistung und ihrer Feststellung und Bewertung – in einem auf Kommunikation und Ganzheitlichkeit grundschulgemäß angelegten Unterricht, der (bis auf Berlin und Brandenburg mit ihren sechsjährigen Grundschulen) noch in der Phase des kindlichen schulischen Fremdsprachenerwerbs durch Schul- und Systemwechsel beendet wird (Edelhoff 2003, 143–149).

Kaum ein Thema im Bereich des frühen Fremdsprachenunterrichts erfordert so große Anstrengung und Reflexion wie die Leistungsfeststellung. Standen in den Jahren der Modellversuche mit dem „Frühbeginn" didaktische und methodische Fragen des neuen Lernbereichs im Vordergrund, so treten in jüngerer Zeit – als Folge der landesweiten Einführung und der Maßnahmen zur Vereinheitlichung von Leistungszielen als Kompetenzzielen auf der Grundlage europäischer Rahmensetzungen wie im Gemeinsamen Europäischen Referenzrahmen (GER, Europarat 2001) – Fragen des Übergangs von der Grundschule in weiterführende Schulen und der Lehrerbildung in den Vordergrund. Gut und weniger gut vorbereitete Grundschullehrkräfte sehen sich vor den Herausforderungen des neuen Fachs und kämpfen um Respektierung sowohl in der eigenen Schule als auch im Blick auf die weiterführenden Schulen, denen sie im Interesse der Kinder verpflichtet sind.

Angestoßen von Großuntersuchungen zum Leistungsstand der Schulen in internationalem Maßstab (wie PISA und DESI), ist eine bundesweite Diskussion über Qualitätsentwicklung und Qualitätssicherung entbrannt, die auch die Grundschule und ihren neuen Lernbereich berührt (Edelhoff 2001). Im Ringen um gesteigerte Qualität sollen Schulen mehr Verantwortung übernehmen und sich innerer und äußerer Evaluation stellen. Die Frage „Was ist eine gute Schule?" (Döbrich / Stern 1999) wird durch die Frage nach gutem Unterricht (Meyer 2004; Knapp 2000) ergänzt. Neben die klassischen Komponenten eines Schulprogramms wie Schulethos, Schulklima und Schulleben tritt zunehmend der (Fach-)Unterricht und seine Ergebnisse als *outcomes* – mit der nahe liegenden Frage, was denn die Lernenden leisten und erreichen müssen und wie man dieses vereinheitlichen könne, um Vergleichbarkeit herzustellen.

Funktionen der Leistungsfeststellung

Freilich muss zuvor geklärt sein, welche Funktionen die Leistungsfeststellung im Grundschulunterricht hat und welches die erstrebten Leistungen sind. Je nach Adressaten treten bestimmte Funktionen der Leistungsmessung in den Vordergrund (vgl. Karbe 2004) wobei aus pädagogischer Sicht die diagnostische für den Lernprozess jedes einzelnen Kindes besonders bedeutsam ist, weil aus dem *feedback* der weitere Lernprozess positiv beeinflusst werden soll. Dabei gilt die Rückmeldung nicht nur den Lernenden, sondern auch den Lehrenden und der Lernumgebung. Aber auch Prognose, Vergleich und (Wert-)Urteil, d. h. Auskunft über Lernstände, erworbene Qualifikationen und Entwicklungs-/Lernfähigkeit der Schülerinnen und Schüler werden von Eltern und „Abnehmern" verlangt. So erfordert namentlich der Übergang von der Grundschule in die weiterführende Schule (Börner 2000, 2004) Auskünfte über den Lernstand und die weiteren Entwicklungsaussichten, wie aus der folgenden Übersicht hervorgeht:

Adressaten	Funktionen		
Lernende	Rückmeldung zum Lern-prozess; „Wo man steht"	**individuell oder an der unmittelbaren Lerngruppe orientiert**	diagnostisch DIAGNOSE
Lehrende	Rückmeldung zum Unterricht und zum eigenen Lehren		prognostisch PROGNOSE
Eltern	Auskunft über Lernstände und Kompetenzen	**gruppen- und normbezogen an Standards gemessen**	vergleichend VERGLEICH
Abnehmer/ „Gesellschaft"	Auskunft über erworbene Qualifikationen und Entwicklungs-/Lernfähigkeit		wertend (Wert-)URTEIL

Abb. 1: Funktionen der Leistungsfeststellung

Lernen und Leisten

In der neu aufgebrochenen Diskussion um einen Bildungsbegriff, der die veränderten Realitäten und Wertmaßstäbe der Medien- und Leistungsgesellschaft berücksichtigt, plädieren Erziehungswissenschaftler dafür, den pädagogischen Leistungsbegriff der Grundschule nicht aufzugeben und ihn mit einem ganzheitlichen Lernkompetenzmodell zu verbinden (Jürgens 2002). Leistung ist nach pädagogischer Auffassung nicht nur das Ergebnis der Bewältigung einer bestimmten Aufgabe in vorbestimmter Qualität und Zeit (*outcome*), sondern schließt auch die Bedingungen ein, die Bemühung, den Weg und die Bewegung, die dazu nötig sind. Neben dem Ergebnis steht der Lernprozess; die *performance* stellt kein personen- und situationsunabhängiges Ergebnis dar, sondern ist Ausdruck individuellen Lernens für und in kommunikative(n) Situationen.

Hi, my name is Silvia. What is your name? mag als Sprechakt des Begrüßens oder Kennenlernens in einer Liste von Zielkompetenzen rangieren und als „erreicht" oder „nicht erreicht" bezeichnet werden, doch kommt es beim Erwerb kommunikativer Kompetenz gerade darauf an, wie die Individuen die konkrete kommunikative Situation bewältigen, nämlich als Sprachhandelnde, die mit Sprache etwas tun – und dabei Erfolg haben. Wer mit wem, in welcher Situation, über was, mit welchen Absichten und mit welchen Sprachmitteln? lauten nach Piepho (1974) die Kernfragen kommunikativer Kompetenz. Gerade die sprachlich-kommunikative Leistung ist als Handlungskompetenz an den Erfolg gebunden. Wer Leistung feststellen und beurteilen will, muss deshalb den Erfolg beim Lernen je einzelner und damit unterschiedlicher Schüler in ihren (relativen) Lernprozessen betrachten. Lernprozess und Lernergebnis gehören bei der Leistungsfeststellung zusammen.

In der didaktischen Diskussion der Grundschule findet sich deshalb weitgehend Konsens in der Auffassung, dass (fremd-)sprachlich-kommunikative Leistungen nicht als vom Unterricht losgelöste Ergebnisse erhoben werden sollten, sondern – unterrichtsbegleitend – als „alltägliche Überprüfung von Lernfortschritten" (Kötter 2004) und allenfalls als Lernstandsfeststellungen in kürzeren Zeitabständen – etwa halbjährlich (Gerngroß 2004) zu überprüfen sind.

Schulübergreifende Leistungserhebungen

Damit scheinen die neueren Ansätze von schul-, regionen- und länderübergreifenden Lernstandserhebungen im Widerspruch zu stehen, die – auf der Grundlage von erwarteten Kompetenzen gemäß definierter fachlicher Standards – eine Systemsteuerung der ansonsten selbstständigeren Schulen ermöglichen sollen.[1] Dennoch vermögen Klassen- oder schulübergreifende Überprüfungen wesentliche Informationen zu liefern und Impulse auszulösen. Bereits Mitte der 70er Jahre konnten Doyé und Lüttge zum Abschluss des umfangreichen Schulprojekts in Braunschweig, Salzgitter und Wolfsburg die langfristige Überlegenheit der Schülerinnen und Schüler, die von der Grundschule an Englisch gelernt hatten, über die sogenannten „Normalbeginner" feststellen (Doyé/Lüttge 1977). Und in den 90er Jahren konnten Kahl und Knebler in ihrer Evaluation des Hamburger Schulversuchs ab Klasse 3 erhebliche Lernerfolge nachweisen und daraus Konsequenzen für die Weiterführung ziehen (Kahl/Knebler 1996). Schließlich zeigte die 1997/98 unternommene videogestützte „Sprachstandsermittlung" von Legutke in der Europaschule Gladenbach bei Gießen, dass nach vierjährigem Englischunterricht am Ende der Klasse 4 klare Aussagen zu Hörverstehensleistungen und zu Hörverstehen und Sprechen (gelenkte Interaktion in Gruppen) gemacht und Hinweise für die aufnehmenden Sekundarschulen gegeben werden konnten, die nicht nur die rein sprachlichen Kompetenzen betrafen, sondern auch soziale Kompetenzen in einer auf das Miteinander angelegten kommunikativen Lernkultur (Legutke 2000).

113

Mit der Hamburger Untersuchung „Kompetenzen und Einstellungen von Schülerinnen und Schülern" (KESS) wurde 2003 ein erneuter Versuch gemacht, gezielt Hörverstehensleistungen der Schülerinnen und Schüler am Ende der 4. Klasse und damit an der Schnittstelle zwischen Grund- und Sekundarstufe zu ermitteln. In sämtlichen Hamburger 4. Klassen (14.110 Schülerinnen und Schüler aus 638 Klassen an 263 Grundschulen) wurden die Lernstände in den Bereichen Leseverstehen, Mathematik, naturbezogenes Lernen, Rechtschreiben, Verfassen von Texten und Englisch-Hörverstehen erfasst (Bos / Pietsch 2004, 2–5). Zur Ermittlung von Kompetenzen im Hörverstehen englischer Sprache wurde ein am Hamburger Landesinstitut für Lehrerbildung und Schulentwicklung entwickelter Test verwendet, dessen Format und Ergebnisse hier auszugsweise referiert werden.

Im ersten Teil der Untersuchung wurden den Schülerinnen und Schülern zunächst unter der Fragestellung „Verstehst du Englisch?" nacheinander 12 Fragen aus ihrer Lebenswelt je zweimal von einem Tonträger vorgespielt. Diese mussten auf einem *Multiple-choice*-Fragebogen mit jeweils vier Distraktoren auf Deutsch richtig beantwortet werden, ohne dass die Fragen den Schülerinnen und Schülern dabei schriftlich vorlagen.
    Die Fragen wandten sich zum einen persönlich an die Kinder, z. B.:
    "What can you do with your pocket money?"
    ☐ einen Brief schreiben
    ☐ Blumen pflücken
    ☐ ein Eis kaufen
    ☐ die Haustür abschließen

Oder die Fragen bezogen sich auf Allgemeinwissen, wie z. B.:
    "What do cats like to drink?"
    ☐ Milch
    ☐ Tee
    ☐ Cola
    ☐ Mäuse

Im zweiten Teil wurde den Schülerinnen und Schülern zweimal eine Geschichte (*The monkey and the crocodile*) vorgespielt, und sie mussten, ebenfalls im *Multiple-choice*-Verfahren auf Deutsch, zehn Fragen ankreuzen, in zwei Fällen mit ergänzenden Begründungen, z. B.:
    Warum wollte das Krokodil den Affen fangen?
    ☐ Der Affe hatte das Krokodil geärgert.
    ☐ Das Krokodil wollte mit dem Affen spielen.
    ☐ Das Krokodil wollte den Affen fressen.
    ☐ Das Krokodil sollte den Affen für seine Mutter fangen.

114

Wegen der Schwierigkeit einer ökonomischen Auswertung konnten freie Antworten (auf Deutsch) zu Fragen wie

"How old are you?"
"What's your hobby?"
"Where do you live?"
"Do you like English?"
"Is there a computer in your classroom?"
"Can you swim?"
"How are you today?"

allerdings nicht in die Studie übernommen werden.

Ergänzend wurden Schülerinnen und Schüler, aber auch Eltern, Lehrkräfte und Schulleitungen u. a. zu „unterrichtsrelevanten als auch individuellen Bedingungen schulischen Lernens und schulischer Leistungen" und zum „außerschulischen Lernmilieu" befragt (Bos / Pietsch 2004, 33).

Die bekannten und mehrfach nachgewiesenen Zusammenhänge zwischen Sozialschicht der Eltern und Schulleistung der Kinder haben sich auch im Englischteil der KESS-Studie wieder bestätigt. Im Vergleich zu den Leistungen im Lesen, in Mathematik und Naturwissenschaft fällt auf, dass im Englisch-Teil kein Unterschied zwischen Kindern aus Familien mit beiden in Deutschland geborenen Elternteilen und einem in Deutschland geborenen Elternteil besteht und dass der Unterschied zwischen diesen beiden Gruppen und der Gruppe mit keinem in Deutschland geborenen Elternteil deutlich geringer ist (letzteres ähnlich wie bei den Orthografie-Leistungen).

Überraschend ist weiterhin die Tatsache, dass es in Englisch keinen signifikanten Unterschied zwischen Jungen und Mädchen gibt. Die Ergebnisse weisen eine durchaus erwartete Streuung auf, wobei in dem Teil „Verstehst du Englisch?" mehrheitlich die Aufgaben richtig gelöst wurden. Bei der Geschichte wurden Fragen nach Fakten relativ gut beantwortet, Probleme gab es mehrheitlich bei den erwarteten Begründungen.

Aufschlussreich sind auch einige Befunde aus der Lehrerbefragung: Von den 264 ausschließlich weiblichen Lehrkräften
- nutzen ca. 70 % regelmäßig englische Bilderbücher, ca. 10 % nie, ca. 20 % machten keine Angaben,
- setzen knapp 50 % mindestens wöchentlich Tonträger ein, ca. 30 % ein- bis zweimal monatlich, 20 % machten keine Angaben,
- haben 30 % eine Bücherei oder Leseecke mit englischsprachigen Büchern.

115

Lernen und kommunikativer Erfolg

Ziel aller unterrichtlichen Bemühungen ist es, dass die Schülerinnen und Schüler Erfolg beim Lernen haben. Das ist beim (frühen) Sprachenlernen nicht anders, auch wenn die Künstlichkeit der schulischen Situation den natürlichen Spracherwerb nur ganz unzureichend abbilden kann. Hier gilt ganz besonders *The proof of the pudding is in the eating:* die gelernten Reime aufsagen können, das Lied (mit)singen, eine Collage über *pets* herstellen und präsentieren, Auskunft über Persönliches geben: wie man heißt, wo man wohnt, Vater, Mutter und Geschwister nennen; eine Spielszene gestalten; Wörter als Benennungen zu Dingen schreiben; eine einfache E-Mail in der Fremdsprache vorlesen, gestalten und abschicken, vor allem aber: in einer authentischen Situation bestehen. *Learning by doing* ist der Grundsatz, der dem Ganzen innewohnt.

Seit Lernziele für den frühen Fremdsprachenunterricht ebenso wie diejenigen der weiterführenden Schulen als Könnens-Ziele formuliert worden sind wie vor allem im europäischen Referenzrahmen, können die zu erwerbenden Kompetenzen konkret beschrieben und einzelnen Bereichen zugeordnet werden, wie aus der Zusammenstellung von Werlen (2003, 10) hervorgeht:

Basiskomponenten der sprachlich-kommunikativen Fähigkeiten			
	mündlich	schriftlich	interaktiv und funktional
rezeptiv	(Zu)Hören	Lesen	**Verstehen**
produktiv	Sprechen	Schreiben	**Sich-verständlich-machen**
Sprachbau und Sprachverwenden verstehen: SprachLERNkompetenz			

Folgerichtig finden sich die einzelnen Kompetenzen in den Zielbeschreibungen neuerer Lehrpläne als „*Can-do*-Profile" unter der folgenden Rubrizierung:
1. Kommunikative Kompetenzen
1.1 Hören und Hörverstehen
1.2 Sprechen und mündliche Kommunikation
1.3 Lesen und Leseverstehen
1.4 Schreiben und schriftliche Kommunikation

ergänzt um den Kompetenzbereich der *mediation* in der Terminologie des GER als:
1.5 Sprachmittlung

und erweitert um die Bereiche:
2. Interkulturelle Kompetenz und
3. Methodische Kompetenzen.

Aussprache, Intonation, Wortschatz und Grammatik werden als Mittel zum Zweck angesehen; wobei in der Grundschule ausdrücklich der Aufbau des Sprachkönnens vor dem Erwerb von Sprachwissen rangieren soll. Mündliche Kommunikation steht nach den Lehrplänen der Länder für den Fremdsprachenunterricht in der Grundschule – im Konsens mit langjährigen Versuchserfahrungen – im Vordergrund; *learning by doing* bezieht sich deshalb besonders auf (Zu)Hören, hörendes Verstehen und Sprechen, während Lesen und Schreiben in der Fremdsprache angebahnt, aber nicht bestimmend sein sollen. Bleyhl (2000) macht auf die Erkenntnisse der Spracherwerbsforschung aufmerksam, wonach zwischen Sprachrezeption und Sprachproduktion ein fundamentaler Unterschied besteht, und plädiert dafür, in den beiden ersten Lernjahren nur die Sprachrezeption zu überprüfen.

Lernen begleiten, beobachten und beurteilen

Es gibt bei vielen Lehrkräften immer noch große Unsicherheit hinsichtlich der Frage, *„wie* fremdsprachliche Leistungen der Kinder im Fremdsprachenunterricht ermittelt und in den Zeugnissen der Grundschule dokumentiert werden sollen" (Gompf 2003). Es droht durchaus die Gefahr, dass – wenn die Grundschule ungeprüft die häufige Praxis der Leistungsmessung in der Sekundarschule mit ihrem Übergewicht des Schriftlichen übernimmt, das Primat des Mündlichen verloren geht und formale Sprachsystematik (Vokabeln, Strukturen) wieder in den Vordergrund rückt. Gerngroß (2004, 8) nennt in diesem Zusammenhang die Übersetzung von Wortlisten als einzigen Feststellungsmodus „das negativste Szenario", das „verheerende Folgen für die Methodik und Didaktik eines kommunikativen Englischunterrichts" hätte, und Bleyhl (1999, 28 f.) äußert sich in der Zeitschrift des Baden-Württemberger Kultusministeriums mit einem schroffen „der Vokabeltest bleibt tabu!"

Stattdessen ist die aktive Begleitung und Beobachtung des Lernprozesses mit konkreten individuellen Rückmeldungen zu Lernfortschritt und Lernerfolg angezeigt. Hier erweisen sich die *Can-do*-Profile des BIG-Kreises als unmittelbar in den Unterricht umsetzbar, z. B.:

2.1.Kommunikative Kompetenzen

2.1.1. Hören und Hörverstehen

Die Schülerinnen und Schüler können

- die Fremdsprache von anderen Sprachen unterscheiden,
- einfache Anweisungen im Unterrichtsalltag verstehen und befolgen,
- einfache Äußerungen zu vertrauten Themen verstehen und darauf angemessen reagieren (vgl. Sprechen),
- Schlüsselwörter aus gesprochener Sprache mit vertrauten Themen erkennen,
- Handlungsfolgen verstehen, behalten und das Verstehen des Gehörten nonverbal und/oder verbal belegen. (BIG-Kreis 2005, 9)

Kötter (2004, 14 f.) gibt in seiner Tabelle von Aktivitäten zur Erhebung von individuellen Sprachlernständen umfangreiche methodische Hinweise, z. B.:

Fertigkeiten im Fokus	Übungstitel bzw. -typ	Kurzbeschreibung	Erforderliches Material
Hörverstehen (beliebiger Wortschatz)	*Action game*	Alle Kinder, die ein bestimmtes Kriterium erfüllen (z. B. *who are wearing a red T-shirt / are born in April, ...*) müssen etwas Bestimmtes tun (z. B. *Please, stand up, jump three times ...*).	Kein spezielles Material erforderlich
... ...			
Hörverstehen (beliebiger Wortschatz)	*Action poem / action song*	Die Kinder (re)agieren nichtsprachlich auf Input (z. B. *Simon says*) oder präsentieren ein Gedicht oder Lied mimisch bzw. gestisch	Kein spezielles Material erforderlich
...			

Auf der Grundlage früherer Arbeiten von Hans-Eberhard Piepho benennen die Autorinnen und der Autor des Lehrwerks „Bausteine *Magic*" für die gezielte Beobachtung der Lernfortschritte zu den Einstellungen zum Unterricht, zum interkulturellen Lernen und zu Lernstrategien auch detaillierte Kategorien für die einzelnen Fertigkeiten, die teilweise über Lehrplanforderungen hinausgehen (Piepho 2004a):

Hörverstehen
Hören und Reagieren
Hören und Zuordnen
Hören und Lösen von Aufgaben
Hören und Verstehen von Geschichten

Sprechen
Mitsprechen und Nachsprechen
Sprechen in ritualisierten alltäglichen Situationen
Benennen und Beschreiben von Gegenständen und Bildern
Sprechen kurzer Reime und Texte
Über sich sprechen und Informationen einholen
Präsentieren eigener Arbeiten
Erzählen kurzer Geschichten

Leseverstehen
Das Schriftbild (Laut-)Bildern zuordnen
Bekannte Arbeitsanweisungen selbständig lesen und umsetzen
Bekannte Texte lesen
Lesen und arrangieren von Wörtern und Satzelementen

Schreiben
Bewusstes Abschreiben
Zeichnungen/Collagen beschriften
Selbst kurze Texte herstellen

Ein wirksames Mittel ist auch das Lernen an Stationen, wie Karbe,
Kuty und Piepho (2004, 2) es mit vielen Beispielen in einem eigenen
Heft vorschlagen:

> Die meisten Stationen sind … so eingerichtet, dass vertraute
> Sprachbestände sich in der Lösung von Aufgaben bewähren
> und geläufiger werden. … So kann das Verstehen von Gehörtem
> durch das Ordnen von Bildelementen, Zeichnungen oder Wort-
> karten nachgewiesen werden, aber ebenso durch das Ausführen
> von Anweisungen für *gym exercises* von der CD oder durch das
> Ausmalen eines Bildes nach Diktat des Partners. Gemeinsam
> kann ein Poster oder eine Collage gestaltet werden, zu der Schü-
> ler Zeichnungen anfertigen, Bilder einkleben und kleine Texte
> verfassen und das Gesamtwerk am Ende gemeinsam vorstellen.

Die Ergebnisse, nicht nur zum Thema *An apple a day keeps the doctor
away*, beweisen: *The proof of the pudding is in the eating.*

119

Ergänzt werden können solche individuellen Lernstandserhebungen durch gruppenbezogene Leistungsfeststellungen, wie sie Gerngroß (2004, 8–11) für *Listening, Speaking, Reading* und *Writing* vorschlägt, z. B.:

Observation Sheet

Name of child.................................... Class...............

Story: 1 2 3 4 5 6 7 8

Listening

Shows global understanding when a story is read aloud

Can listen for specific information

...

...

Speaking

Participates in storytelling sessions by repeating key-vocabulary and phrases

...

...

Ein ähnlicher auf die ganze Jahrgangsklasse bezogener Beobachtungsbogen in deutscher Sprache findet sich in dem erwähnten Lehrermaterial zu „Bausteine *Magic*":

Beobachtungsbogen Klasse: _____	Name										
Einstellung zum Englischunterricht											
Lässt sich auf die englische Sprache ein											
Beteiligt sich mit Interesse und Freude											
Hörverstehen											
Hören und Reagieren											
Hören und Zuordnen											
Hören und Lösen von Aufgaben											
Hören und Verstehen von Geschichten											
Hören und Laute/ Wörter diskriminieren											
Sprechen											
Mitsprechen und Nachsprechen											
Sprechen in ritualisierten alltäglichen Situationen											
Benennen von Gegenständen und Bildern											
Sprechen kleiner Reime und Texte											
Über sich sprechen und Informationen einholen											
Leseverstehen											
Das Schriftbild einem bekannten Klang/Lautbild zuordnen											
Bekannte Arbeitsanweisungen selbstständig lesen und umsetzen											
Bekannte Texte lesen											
Lesen und Arrangieren von Wörtern und Satzelementen											
Schreiben											
Bewusstes Abschreiben											
Zeichnungen/Collagen beschriften											
Selbstständig kurze Texte herstellen											
Lernstrategien											
Sucht sich gezielt Hilfen											
Benutzt Nachschlagemöglichkeiten											
Kann eigene Leistung einschätzen											

Abb 1: KV 1 aus: Bausteine Magic – Leistung beobachten und bewerten 3/4

Selbsteinschätzung durch ein Portfolio

Großes Gewicht kommt in diesem Zusammenhang der Selbsteinschätzung der Lernenden zu, wie sie in speziell für die Grundschule entwickelten Portfolios angeleitet wird (Börner 2003; Becker 2003). Mit dem in Hessen erarbeiteten „Mein Sprachenportfolio" von Legutke und Lortz (2002) liegt das zur Zeit am weitesten ausgearbeitete und erprobte Beispiel vor. Weitere „Junior-Portfolios" erwähnt Legutke (2003) in einer jüngeren Veröffentlichung.

Das Sprachenportfolio besteht aus den drei Teilen:
(1) Sprachenpass,
(2) Sprachenbiografie und
(3) Dossier.

Im **Sprachenpass** stellen die Schülerinnen und Schüler sich und ihre bisherigen Sprachenerfahrungen auf kindgemäße Weise vor und teilen Begegnungen mit Sprechern anderer Sprachen innerhalb und außerhalb der Schule mit.

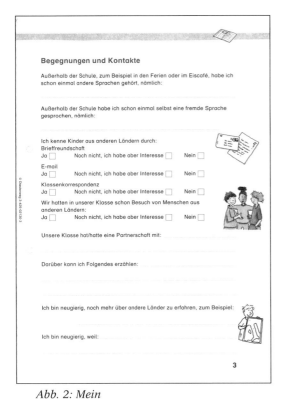

Begegnungen und Kontakte

Außerhalb der Schule, zum Beispiel in den Ferien oder im Eiscafé, habe ich schon einmal andere Sprachen gehört, nämlich:

Außerhalb der Schule habe ich schon einmal selbst eine fremde Sprache gesprochen, nämlich:

Ich kenne Kinder aus anderen Ländern durch:
Brieffreundschaft
Ja ☐   Noch nicht, ich habe aber Interesse ☐   Nein ☐
E-mail
Ja ☐   Noch nicht, ich habe aber Interesse ☐   Nein ☐
Klassenkorrespondenz
Ja ☐   Noch nicht, ich habe aber Interesse ☐   Nein ☐
Wir hatten in unserer Klasse schon Besuch von Menschen aus anderen Ländern:
Ja ☐   Noch nicht, ich habe aber Interesse ☐   Nein ☐

Unsere Klasse hat/hatte eine Partnerschaft mit:

Darüber kann ich Folgendes erzählen:

Ich bin neugierig, noch mehr über andere Länder zu erfahren, zum Beispiel:

Ich bin neugierig, weil:

3

Abb. 2: Mein Sprachenport-folio, S. 3

Eine für die Auswertung besonders interessante Aufgabe besteht darin, nach einer Idee von Krumm/Jenkins in die Umrisszeichnung eines Kindes die jeweiligen Sprachenerfahrungen farblich hineinmalen zu lassen und damit Gesprächsanlässe zu schaffen, wie beispielsweise:

• die einzelnen Sprachen den entsprechenden Ländern zuordnen;
• ein Wort in der betreffenden Sprache sagen;
• Wörter finden, die es sowohl in der benannten wie in der deutschen Sprache gibt;
• sagen, was Deutsch oder Deutschland in der jeweiligen Sprache heißt. (Legutke 2002, 6)

Die **Sprachenbiografie** bildet den größten Teil des Portfolios. Die Aufträge an die Kinder beziehen sich jeweils auf das zweite Halbjahr des 3. und 4. Schuljahres und dienen damit auch der Dokumentation des Sprachwachstums. Die Schülerinnen und Schüler werden aufgefordert, ihre jeweiligen sprachlichen Leistungen in einer (kindgemäßen) Viererskala („Das kann ich gut." – „Das kann ich normalerweise." – „Das fällt mir noch schwer." – „Das kann ich noch nicht.") einzuschätzen, aber auch frei mitzuteilen, was sie schon sagen und fragen können und welche Wörter für bestimmte Bereiche (z. B. Tiere oder Farben) sie bereits kennen.

Auf den folgenden drei Seiten der Sprachenbiografie sollen die Kinder mitteilen, wie sie Sprachen lernen und wie sie ihre Leistungen am Ende des 4. Schuljahres in einem Zeugnis beurteilen und was sie im nächsten Jahr noch lernen möchten. Dieses ist eine sehr anspruchsvolle, wenn auch für die Lehrkraft besonders aufschlussreiche Aufgabe, die den Schülerinnen und Schülern selbst einen Ansatz von Sprach- und Sprachlernbewusstsein zu vermitteln vermag.

Den Abschluss der Sprachenbiografie bildet ein einseitiger Beurteilungsbogen der Lehrkraft als Option (vgl. Abb. 5).

122

Ein **Dossier**, im „Mein Sprachenportfolio" kindgerecht „Schatztruhe" genannt, sollte eigentlich in allen Klassen und nicht nur in der Grundschule eingerichtet werden. Es handelt sich dabei um eine Mappe, die von den Schülerinnen und Schülern selbst gestaltet wird, in die sie die besonders gelungenen Arbeitsergebnisse aus dem Sprachunterricht hineinlegen und aufbewahren. Die „Schätze" sollen Auskunft geben über das jeweilige sprachliche Können. Legutke (2002, 12) macht in seiner Lehrerhandreichung Vorschläge für ein solches Dossier:

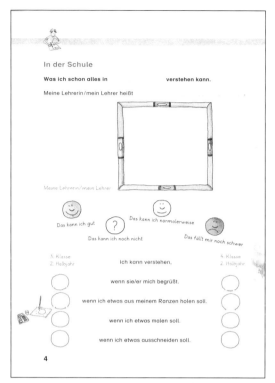

Abb. 3: Mein Sprachenportfolio, S. 4

- Eine Bildcollage von Spielsachen: Das Kind kann alle Spielsachen in der Fremdsprache benennen.
- Eine Liste der Lieder, die das Kind singen kann.
- Eine schön gestaltete Seite mit einem kleinen Gedicht, das das Kind auswendig kann.
- Eine Bildergeschichte, zu der das Kind eine Geschichte in der Fremdsprache erzählen kann.
- Eine Liste von Wörtern fremder Sprachen, die in der Klasse vertreten sind.
- Eine Kassette, auf der das Kind sich, seine Familie und seine Haustiere vorstellt.
- Eine Liste mit den Monatsnamen: Das Kind kann zu jedem Monatsnamen fünf Wörter nennen, die mit dem Monat zu tun haben.

Für den Sprachunterricht in der Grundschule bietet das Portfolio eine Reihe von Vorzügen:
- Die Schülerinnen und Schüler werden aufgefordert und sensibilisiert, Aussagen zu ihrem eigenen Lernprozess zu machen und so Sprachlernbewusstsein zu entwickeln.
- Die Einrichtung eines Dossiers, der „Schatztruhe", führt erkennbar zur Aufwertung des im Unterricht Geleisteten. Nicht nur der Unterrichtsprozess bestimmt das Lernen, sondern auch das Ergebnis wird wertvoll gemacht. Es steht für die weitere Arbeit zur Verfügung, zum Beispiel als zu nutzende und zu erweiternde *word bank* oder als Sammlung von kreativen oder beschreibenden Texten, die für die

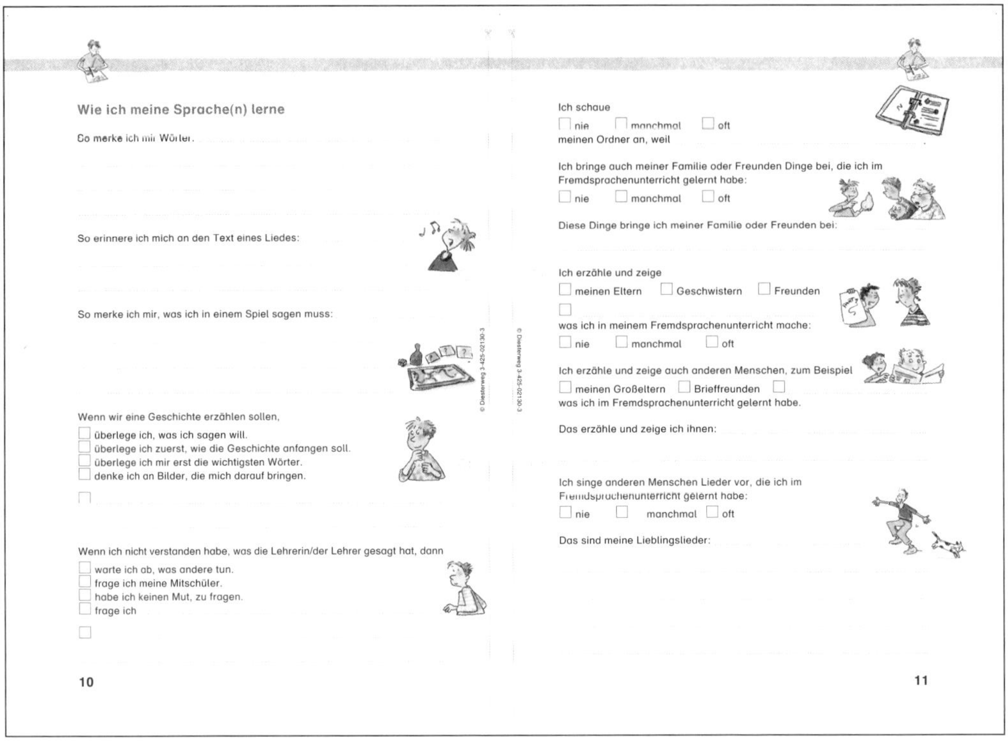

Wie ich meine Sprache(n) lerne

So merke ich mir Wörter.

So erinnere ich mich an den Text eines Liedes:

So merke ich mir, was ich in einem Spiel sagen muss:

Wenn wir eine Geschichte erzählen sollen,
- [ ] überlege ich, was ich sagen will.
- [ ] überlege ich zuerst, wie die Geschichte anfangen soll.
- [ ] überlege ich mir erst die wichtigsten Wörter.
- [ ] denke ich an Bilder, die mich darauf bringen.
- [ ]

Wenn ich nicht verstanden habe, was die Lehrerin/der Lehrer gesagt hat, dann
- [ ] warte ich ab, was andere tun.
- [ ] frage ich meine Mitschüler.
- [ ] habe ich keinen Mut, zu fragen.
- [ ] frage ich
- [ ]

Ich schaue
[ ] nie [ ] manchmal [ ] oft
meinen Ordner an, weil

Ich bringe auch meiner Familie oder Freunden Dinge bei, die ich im Fremdsprachenunterricht gelernt habe:
[ ] nie [ ] manchmal [ ] oft

Diese Dinge bringe ich meiner Familie oder Freunden bei:

Ich erzähle und zeige
[ ] meinen Eltern [ ] Geschwistern [ ] Freunden
[ ]
was ich in meinem Fremdsprachenunterricht mache:
[ ] nie [ ] manchmal [ ] oft

Ich erzähle und zeige auch anderen Menschen, zum Beispiel
[ ] meinen Großeltern [ ] Brieffreunden [ ]
was ich im Fremdsprachenunterricht gelernt habe.

Das erzähle und zeige ich ihnen:

Ich singe anderen Menschen Lieder vor, die ich im Fremdsprachenunterricht gelernt habe:
[ ] nie [ ] manchmal [ ] oft

Das sind meine Lieblingslieder:

10   11

Abb. 4: Mein Sprachenportfo-lio, S. 10/11

weitere Arbeit Modellcharakter haben, – ein erster Baustein für die Entwicklung autonomen Lernens.

- In der Diskussion über die Frage, wie die fremdsprachlichen Schülerleistungen zu bewerten seien, bildet das Portfolio ein Instrument der Selbsteinschätzung durch die Lerner und vermag den Lehrkräften hilfreiche Informationen, vielleicht sogar Hinweise für Korrekturen für ihre Beurteilung zu liefern. Mit Sicherheit geben die Eintragungen der Kinder im Portfolio ein besseres Bild über den jeweiligen Könnensstand als eine nackte Ziffer im Zeugnis.

- Die Funktion des Portfolios, über den Leistungs- und Könnensstand der Lerner Auskunft zu erteilen, erlangt besondere Bedeutung beim Übergang von der Grundschule in weiterführende Schulen. Die Lehrkräfte der Eingangsklassen können sich ein konkretes Bild von dem in der Grundschule Geleisteten verschaffen. Dabei ist es hilfreich, wenn die Schülerinnen und Schüler daran gewöhnt werden, auch mündlich ihre Arbeiten zu kommentieren.

Freilich ist das Sprachenportfolio kein Zaubermittel; neben positiven Befunden bleiben noch eine Reihe von Forschungs- und Entwicklungsarbeiten zu leisten (vgl. Legutke 2003):

124

- Wie wird die Selbstbewertung durch die Klassenlehrer beziehungsweise Fachlehrer in den Unterricht eingebracht?
- In welchem Maße und wie nimmt die Schule als Ganzes an der Implementierung des Portfolios teil? Kann es über den (Fremd-)Sprachenunterricht hinaus eingesetzt werden?
- Wie wird das Portfolio den Eltern nahe gebracht und wie reagieren sie darauf?
- Hat die Notengebung Einfluss auf die Art und Weise, wie Schüler auf das Portfolio reagieren?
- Wie gehen Lehrkräfte auf Schwierigkeiten der Lerner beim Umgang mit dem Portfolio um? Welche Unterstützungsmaßnahmen sind notwendig?
- Wie soll ganz praktisch mit dem Portfolio umgegangen werden, wie und wo soll es beispielsweise aufbewahrt werden?
- Welche Veränderungen müssen vorgenommen werden, um auch Programme für Herkunftssprachen und teilimmersiven Unterricht verstärkt berücksichtigen zu können?

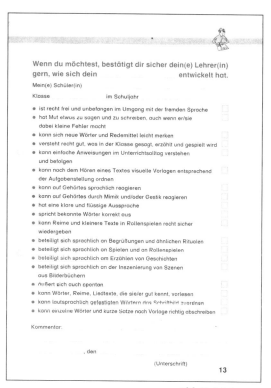

Abb 5: Mein Sprachenportfolio, S. 13

Trotz dieser offenen Fragen ist es unbestritten, dass das Sprachenportfolio in der Grundschule einen wichtigen Platz einnehmen kann. Lehrkräfte sollten versuchen, wenn nicht gleich das ganze, so doch zumindest Teile einzusetzen, beginnend mit der „Schatztruhe", während die Selbsteinschätzung als Vorbereitung auf die Lernerbiografie Gewöhnung und Übung benötigt.

Die Eintragungen der Schülerinnen und Schüler zur Selbsteinschätzung in ihrem Portfolio und die Dokumentation der Lernstände durch die Lehrkräfte dienen dem Ziel, eine Balance zwischen Selbst- und Fremdbewertung zur Begleitung der Kinder in die jeweilige Sekundarschule herzustellen. So begründet sich der Optimismus für die Entwicklung einer neuen Lern- und Beurteilungskultur im Sprachunterricht, die die Sekundarschulen aufgreifen und weiter entwickeln können.

Zensuren: Für und Wider

Nach alledem stellt sich abschließend die Frage, ob Lernfortschritte und Lernergebnisse, die sowohl den Lernenden Rückmeldung geben als auch die Eltern und Abnehmer, namentlich in den weiterführenden Schulen, ausreichend informieren, mit herkömmlichen Ziffernnoten zusammengefasst werden können. Sie wird, wie nicht anders zu erwarten, kontrovers beantwortet (Gompf 2003). Der grundsätzlichen „Fragwürdigkeit der Zensurengebung" (Ingenkamp 1971) steht die Auffassung gegenüber, dass die Fremdsprache ein „reguläres Fach" sei, das folglich „den anderen Fächern gleichgestellt" sei (vgl. Behörde für Bildung und Sport, Hamburg 2003. Die Verpflichtung zur Notengebung wurde allerdings im Frühjahr 2004 wieder zurückgenommen.). Maßgeblich bei dieser Regelung ist auch die Befürchtung, dass das Fach andernfalls nicht ernst genommen würde, und unter der Überschrift „Noten helfen Kindern weiter" befürwortet Heike Schmoll in der Frankfurter Allgemeinen Zeitung die Notengebung:

> Hartnäckig hält sich unter Lehrern und Eltern das Vorurteil, dass Ziffernnoten keinen differenzierenden Aufschluss über die Leistungen im Fremdsprachenunterricht gäben und die Kinder in ihrer Sprechbereitschaft hemmten. Doch das scheint vor allem an der Skepsis gegen Ziffernnoten in der Grundschule überhaupt zu liegen.[2]

Argumente für den Verzicht auf Noten lassen sich dagegen aus der empirischen Untersuchung zum Englischunterricht in der Grundschule (Kahl/Knebler 1996, 12) ableiten, insbesondere bezogen auf die Motivation und Einstellungen der Schülerinnen und Schüler:

> Der Grundschulunterricht bietet die Chance, … die Neugier der Kinder auf die fremde Sprache und ihre Kultur zu wecken, ohne zugleich eine Bewertung der sprachlichen Leistungen in Form von Schulnoten vorzunehmen. Auch leistungsschwächere Schüler/innen … haben deshalb im Englischunterricht der 3. und 4. Klasse überwiegend Erfolgserlebnisse und können eine positive Einstellung entwickeln.

Eltern und Lehrkräfte bestätigen diese Einschätzung. Dass dennoch – oder gerade deshalb – ein beachtliches sprachliches Können am Ende der 4. Klasse nach den nur etwa 120 Unterrichtsstunden in der Grundschule erreicht wird, belegen die Befunde der zitierten Hamburger KESS-Untersuchung.

Erika Werlen (2003) führt hingegen eine Reihe von Argumenten für Ziffernnoten ins Feld:

126

- Sie sind pragmatisch, denn sie entsprechen einer Beurteilungs-konvention und -tradition und verhindern eine Sonderstellung der Fremdsprache.
- Sie sind erzieherisch, weil sie die Einordnung in Gruppen (Klassen) ermöglichen.
- „Benotungsverzicht soll auf die gesamte (negativ erlebte) Benotung-spraxis ausstrahlen" und damit ablenken von der „Entwicklung und Erprobung angemessener Anforderungsprofile und einer angemesse-nen Leistungsdiagnostik" als dem eigentlichen Aufgabenbereich.
- Es fehlen „(zielführende) Alternativen", denn „notenfreie Zeugnisse" werden „durch die ‚Verbalisierung' nicht besser, objektiver, valider, reliabler".

Die Autorin kommt aber zu dem Schluss, dass sich zur Zeit die Proble-matik der Notengebung „hauptsächlich auf Mängel der Validität und Objektivität der Noten" beziehe, dass mit der Note „zu wenig über die ‚eigentliche' Leistung ausgesagt" werde und „das Zustandekommen der (Werte-)Zuordnung nicht klar ist". Damit wird der empirischen Fachdidaktik ein handfester Arbeitsauftrag erteilt.

Fazit

Für die Lehrkraft vor Ort bleibt die Verantwortung, einen auf den Er-werb sprachlichen Könnens ausgerichteten Fremdsprachenunterricht zu erteilen und den Nachweis zu liefern, dass die Schülerinnen und Schüler sprachliche Leistungen im Sinne formulierter Standards er-bringen.

Positive Erfahrungen mit Selbst- und Fremdeinschätzung liegen vor. Zwischen den Erwartungen der Eltern und der weiterführende Schu-len und den Schwierigkeiten einer validen und verlässlichen Beurtei-lung mündlicher Leistungen gilt es bei diesem sensiblen Thema auch der Gefahr vorzubeugen, dass sich das Schreiben und Lesen um justi-ziabler Noten willen in den Vordergrund drängt und damit das generell anerkannte Konzept des Primats des Mündlichen konterkariert.

Anmerkungen

[1] Als Beispiel können die Lernstandserhebungen zur Überprüfung von Lernergebnissen des Lan-des Nordrhein-Westfalen in den Klassenstufen 4 (Deutsch, Mathematik im länderübergreifenden Projekt VERA) und 9 (Deutsch, Englisch, Mathe-matik) dienen (FORUM SCHULE 2/2003, Soest: Landesinstitut für Schule).

[2] FAZ vom 5. September 2003.

Gilbert Dalgalian (Paris)

9

Frühe Zweisprachigkeit – Was uns die Psycholinguistik und die Neurowissenschaften zu sagen haben

Für viele Kinder in Europa stellt sich die Frage gar nicht, ob und wann sie eine zweite Sprache lernen sollen. Ob Türken in Deutschland, Afrikaner in Frankreich oder Angehörige binationaler Familien überall in Europa oder auch Kinder, deren Eltern sich für eine zweisprachige Schule mit einer Regionalsprache als Haupt- oder Zweitsprache (bretonisch, baskisch, deutsch-elsässisch in Frankreich) entschieden haben, für all diese Kinder ist die Zweisprachigkeit vom frühen Alter an ein fester Bestandteil ihres alltäglichen Erlebens. Sie wachsen bereits – in Familie, Schule und Gesellschaft – zweisprachig auf.

Was sind die Charakteristika, Vorteile und Bedingungen einer solchen früh einsetzenden Zweisprachigkeit? Inwiefern kann diese Art zweisprachiger Erziehung unsere Schulpraxis im gewöhnlichen Fremdsprachenunterricht beeinflussen? Was kann der Fremdsprachenunterricht in der Grundschule von der frühen Zweisprachigkeit lernen?

Charakteristika einer frühen Zweisprachigkeit

Zunächst muss hervorgehoben werden, dass der Lernprozess von Sprachen besonderer Natur ist, wenn dieser sehr früh einsetzt – etwa vor dem 4. Lebensjahr – und mit dem 7. Lebensjahr schon beträchtlich fortgeschritten ist. Denn in diesem Falle ist der Spracherwerb vom grundsätzlichen Aufbau der Sprechfähigkeit überhaupt nicht zu unterscheiden. Da wirkt der Sprachenerwerb (ob von einer oder von zwei Sprachen) als Träger und Anlass des einmaligen Aufbaus: der Sprechfähigkeit selbst. Anders gesagt: Die Sprechfähigkeit wird anhand von einer oder mehreren Sprachen gleichermaßen leicht und spontan erworben. Dem Erwerb einer Erstsprache wie einer Zweitsprache kommt das „Alter der Sprechfähigkeit" – *l'âge du langage* – immer zugute.

Dies wirft etwas Licht auf einen grundsätzlichen Unterschied im Lernprozess: Wenn das Erlernen einer Sprache in einem bewussten, gewollten und strukturierten Prozess geschieht – etwa ab dem 7. Lebensjahr – folgt es anderen Gesetzen, als wenn die Sprache schon im jüngsten Alter (also zusammen mit der allgemeinen Sprechfähigkeit) erworben wird. In diesem Falle ist der Lernprozess weder bewusst noch vom Kind recht gewollt und noch gar nicht strukturiert. Vielmehr ist er spontan, erfolgt in natürlichen Situationen, in Familie oder Kindergarten. Es ist noch kein Lernen im üblichen Sinne, sondern eine sprachliche Aneignung, ohne jeglichen Umweg über die Muttersprache, wie es später der Fall ist.

Dabei darf man nie übersehen, dass das mit so enormen Potenzialen verbundene „Alter der Sprechfähigkeit" zeitlich begrenzt ist. Dies wissen wir seit den ersten Fortschritten der Neurowissenschaften, vor allem mit den ausschlaggebenden Forschungsergebnissen von Jean-Pierre Changeux (1983). Demnach kommt die Stabilisierung der Synapsen mit dem fast endgültigen Absterben der bisher unbenutzten Grauzellen, circa um das siebente Lebensjahr zu Ende.

Synapsen sind jene ungeheuer zahlreichen Verbindungen zwischen Grauzellen, die von jüngstem Alter an aufgebaut werden, und sie stellen circa mit sieben Jahren eine Datenbank fürs ganze Leben. Jedes spätere Lernen oder Erlebnis wird einzig und allein mit dieser Datenbank (der bestehenden „Verkabelung") verarbeitet. Was Sprachen betrifft, bedeutet jedes neue Lernen einen zwar unbewussten, aber unumgänglichen Umweg über Mutter- oder Erstsprache, die ursprüngliche Datenbank. Deshalb spricht man vom *l'âge du langage*.

Ein guter Beweis für die Grundsätzlichkeit jener früh erworbenen Sprechfähigkeit ist dieser: Eine Sprache – besonders im Alter bis sieben – kann beim Kind teilweise oder vollkommen verloren gehen, wenn die mündliche Praxis aufhört. Hingegen wird sich dieses Kind in kurzer Zeit eine andere Sprache, nämlich die der neuen Umwelt, aneignen, weil die anhand von Muttersprache A aufgebaute Sprechfähigkeit den Verlust dieser Sprache „überlebt" und auf Sprache B transferiert wird. Der Verlust einer Muttersprache schadet dieser Grundfähigkeit nicht: Einmal erworben, wirkt diese das ganze Leben lang.

Anders steht es um die jungen Menschen, die im Kindesalter den Kontakt mit ihrer Gesellschaft und Sprache entweder früh verloren oder nie gehabt haben. Diese „a-sozialen" Kinder kommen nie dazu, die volle Sprechfähigkeit zu erlangen – auch wenn man sich später noch so bemüht, sie ihnen (mit 10 oder 12 Jahren) zu vermitteln. Höchstens lernen sie einige Dutzend Wörter und Ausdrücke, erwerben aber niemals die nötige, frühzeitig zu verinnerlichende Grammatik der Sprache. Für diese Menschen ist das einmalige *âge du langage* endgültig verpasst worden. Ihr sehr begrenzter Wortschatz bietet noch lange keine linguistische Grundlage für eine differenzierte Kommunikation; es fehlt ihnen die grammatikalische, völlig automatisierte – und deshalb kreative – Basis für ein komplexes und/oder abstraktes Denken, also für jegliche Erziehung.

Man hättc bis in die 90er Jahren dazu einwenden können, dass zwar solche Beobachtungen für die möglichst frühe Einführung einer Zweitsprache in die Schulcurricula sprechen, dass aber keine exakten wissenschaftlichen Beweise dafür vorliegen. Heute sieht der wissenschaftliche sowie der didaktische Horizont für eine frühe Zweitsprache anders aus. Erkenntnisse der Psycholinguistik, Fortschritte der Neurowissenschaften wie auch Evaluationen bilingualer Klassen (in Vergleich zu einsprachigen Klassen gleicher Schulen und Stufen und gleichen Alters) werfen ein neues Licht auf das Thema „Frühe Zweisprachigkeit in Familie, Kindergarten und Schule".

Erkenntnisse der Psycholinguistik

Unter den Potenzialen der Neugeborenen sind dies die drei wichtigsten:
- die kategorielle Hörwahrnehmung, die schon in den ersten Lebenswochen erkennbar ist,
- jene etwas später erkennbare Direktschaltung zwischen Hörwahrnehmung und Lautproduktion und
- die über alles bemerkenswerte Fähigkeit, im Fluss einer mündlichen Aussage deren Segmente und Regelmäßigkeiten einer noch unbekannten Sprache zu erkennen.

Ohne auf die Details der vorliegenden empirischen Untersuchungen einzugehen, können wir hier doch die Bedeutung dieser drei Potentiale näher beleuchten.

Die bekannten Tests des „elektronischen Knüllers" (siehe Abb. 1) haben demonstriert, dass jedes Neugeborene die Fähigkeit besitzt zu entscheiden, wann zwei nahe Laute entweder gleich oder verschieden sind. Es zeigt diese Fähigkeit bei den vertrauten Lauten der Umweltsprache, aber auch bei den Lauten, die in der sprachlichen Umwelt des Säuglings nicht vorkommen. Eine solche sofortige, ja blitzartige Entscheidung basiert auf einer universalen Hörfähigkeit für al-

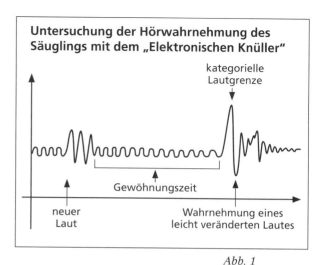

Abb. 1
Test des „elektronischen Knüllers"

le Sprachen der Welt, die selbstverständlich kein Kind jemals voll ausnutzt; denn es kann nur die in seinem Alltag vorhandenen Modelle aufnehmen und nur diese zu einer sprachlichen Kompetenz verarbeiten. Die kategorielle Hörwahrnehmung stellt noch kein linguistisch ausgebautes Hörverständnis der Phoneme dar, sondern nur dessen psychomotorische Basis. Wenn aber die vorhandenen Modelle zwei, sogar drei Sprachen entnommen werden, kann sich das junge Kind das phonologische System von zwei, oder mehr Sprachen aneignen, – dank seiner allseits offenen kategoriellen Hörwahrnehmung.

Was die Direktschaltung zwischen Hörwahrnehmung und Lautproduktion betrifft, so wird diese mit dem ersten Stammeln und den ersten Nachahmungsversuchen kaum sichtbar, weil die Verbindung zwischen Hören und Aussprechen noch lange nicht endgültig ist : dies führt – von Kind zu Kind verschieden – zwischen drei und fünf Jahren zu einer akzeptablen mündlichen Produktion.

Was man als Direktschaltung bezeichnet, ist also kein Endergebnis, sondern einfach das motorische Reproduktionsschema der gehörten Laute und Lautketten: ein Schema, das sogar zum Begriff selbst und der Memorisierung der zu erwerbenden Phoneme gehört. Man kann zusammenfassend sagen, dass jedes Hörverständnis von Lauten das entsprechende motorische Realisierungsschema beinhaltet. Dazu reicht ein regelmäßiger Kontakt mit der gegebenen Sprache, was aber nichts über eine effektive Aneignung der Sprache (und Aussprache) besagt. Eine echte und intensive Exposition zur Sprache bleibt unumgänglich. Wenn die Bedingungen vorhanden sind, kann diese Exposition auch der Aneignung von zwei, sogar drei Sprachen dienen.

Die Direktschaltung zwischen Hörwahrnehmung und Produktion ist leider von Hörfähigkeiten abhängig und bringt nach dem 7. Lebensjahr (Stabilisierung der Synapsen) nicht mehr so tief greifende sprachliche Kompetenzen wie im jüngsten Alter.
Hinzu kommt eine sehr früh – etwa im achten Monat – erkennbare Fähigkeit, Segmente und Regelmäßigkeiten in einer gesprochenen Kette zu erkennen. In diesem jungen Alter ist der Säugling schon imstande, zwischen korrekt segmentierten Ketten und gewollt falsch segmentierten Aussagen zu unterscheiden und den ersteren seine Präferenz zu geben.

Diese Segmentierungsfähigkeit hat deshalb eine große Bedeutung für jedes Sprachenlernen, weil der Test zwei Bedingungen voraussetzt: Erstens wird der Test mit Fremdsprachen geführt, die nicht zum Alltag des Kindes gehören. Zweitens wird das Kind circa zwei Minuten einem *sample* korrekter Segmentierung in der fremden Sprache ausgesetzt, ehe es seine Abneigung gegen nicht korrekt segmentierte Ketten kundgeben kann. Dies bedeutet, dass ein Baby mit acht Monaten intonative und prosodische Regelmäßigkeiten als einem vorgegebenen Modell gegenüber konform oder nicht konform erkennen kann.
Dass diese Fähigkeit allen möglichen Sprachen zunutzen kommt, stellt ein direktes Argument für eine frühe Zweitsprache dar. Denn auch dieses Potenzial lässt mit der Zeit nach.

Solche (und andere) frühe Fähigkeiten des jungen Gehirns kennzeichnen das *âge du langage* und begründen, warum dieses auch als *âge des langues* gesehen werden kann.

Fortschritte der Neurowissenschaften

Was die Psycholinguistik festgestellt hat, wird heute von der Neurologie bekräftigt. Die Fortschritte in diesem Bereich schaffen mehr Klarheit über die Besonderheiten der frühen Zweisprachigkeit und die darauf folgende Stimulierung des jungen Gehirns. Dank der Technik der *Functional Magnetic Resonance Imaging* (fMRI) wissen wir heutzutage besser als die Pioniere Wernicke und Broca selbst, was in den gleichnamigen Gehirnzentren von Wernicke und Broca (siehe Abb. 2) vor sich geht.

Das Zentrum von Wernicke ist das Laboratorium des Sinnes: Bedeutung der Wörter und Aussagen, Kohärenz einer Rede, eines Argumentes werden hier gedeutet, angenommen oder abgelehnt. Bei Wernicke sind unsere Logik und unsere Semantik geortet. Unabhängig von der Anzahl unserer Sprachen und vom Alter, in dem wir sie gelernt haben, werden wir immer nur über ein einziges Wernicke für alle unsere Sprachen und für unser ganzes Leben verfügen.

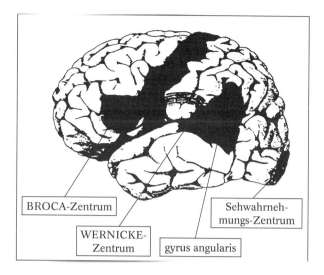

BROCA-Zentrum

Sehwahrnehmungs-Zentrum

WERNICKE-Zentrum

gyrus angularis

Während im Zentrum von Wernicke kein sichtbarer Unterschied beim fMRI-Bild zwischen dem Gehirn eines Früh-Bilingualen und dem eines Spät-Bilingualen besteht, sieht es im Zentrum von Broca ganz anders aus. Dieses regiert alle formalen sprachlichen Aktivitäten – phonologische, morphosyntaktische und lexikalische – sowohl in Rezeption wie in Produktion, und wir bauen ein zusätzliches Broca für jede Sprache auf, die wir lernen, und zwar dicht neben dem für unsere Muttersprache.

Abb. 2: Gehirnzentren, die an der sprachlichen Tätigkeit teilnehmen

Dies ist die Regel, außer wenn wir über zwei „Frühsprachen" verfügen. In diesem Fall haben wir ein einziges Broca – welches die formalen Aspekte beider Sprachen regiert (siehe Abb. 3). Dieses Broca agiert unbewusst und zum größten Teil automatisch, während wir mit unserem Wernicke auf Sinn und Bedeutung konzentriert sind.

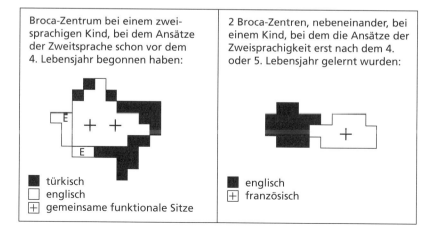

Broca-Zentrum bei einem zweisprachigen Kind, bei dem Ansätze der Zweitsprache schon vor dem 4. Lebensjahr begonnen haben:

E

E

■ türkisch
□ englisch
⊞ gemeinsame funktionale Sitze

2 Broca-Zentren, nebeneinander, bei einem Kind, bei dem die Ansätze der Zweisprachigkeit erst nach dem 4. oder 5. Lebensjahr gelernt wurden:

■ englisch
⊞ französisch

Abb. 3: Broca-Zentren beim frühen zweisprachigen Kind und beim spät zweisprachigen Kind

Broca ist also der Träger jener schon im jüngsten Alter automatisierten Grammatik, die wir als Basis der sprachlichen Kreativität des Menschen und seiner Erziehbarkeit betrachten müssen. Dies gilt umso mehr, weil sie automatisch arbeitet und so den Weg zu mehr Denken, mehr Komplexität und Abstraktheit frei gibt.

Wie soll man dieses singuläre Broca des frühen zweisprachigen Kindes gegenüber dem doppelten Broca des Spätlerners deuten?
Zwar stehen die Neurowissenschaften erst am Anfang eines gewaltigen Forschungsfeldes, aber schon die bisher vorliegenden Erkenntnisse gestatten wichtige Einsichten in die Prozesse des Sprachenlernens. Deren wichtigste ist diese:

Beim frühen zweisprachigen Kind haben beide Sprachen den Status einer Erst- oder Muttersprache und die Frage eines Umwegs über eine Muttersprache stellt sich gar nicht, denn beide Sprachen werden auf jeden Fall direkt aufgebaut. Das ist der eigentliche Sinn eines einzigen Broca beim zweisprachigen Kind. Das wesentliche dabei ist, dass das einheitliche (und größere) Broca des frühen Zweisprachigen eine Art Ökonomie von Grauzellen schafft, ja eine Faktorenrechnung oder Vereinfachung im Einsatz von Grauzellen, die dann gleichermaßen für Aktivitäten in Sprache A wie in Sprache B eingesetzt werden können. Trotz dieser Tendenz des Gehirns, immer zu den kürzesten Wegen und Mitteln zu greifen, muss festgestellt werden, dass das Broca der Zweisprachigen sie auf ständiges, wenn auch unbewusstes, Hin und Her zwischen Sprachen und auch auf effiziente Lernstrategien vorbereitet und so eine größere Übertragbarkeit ihrer Sprachkompetenzen untermauert.

Inwiefern kann zweisprachige Erziehung die Schulpraxis beeinflussen?

Was uns die Evaluation bilingualer Klassen sagt

Evaluationen, die vom französischen Erziehungsministerium in öffentlichen bilingualen Schulen und Klassen durchgeführt wurden (in diesem Falle immer mit Regionalsprachen wie Bretonisch, Baskisch oder Deutsch-elsässisch, neben der Nationalsprache Französisch und mit der gleichen Stundenzahl in beiden Sprachen), weisen auf eine im Laufe der Schulzeit immer größer werdende Überlegenheit der Durchschnittswerte bilingualer Klassen gegenüber monolingualen gleichen Alters in zwei Fächern auf: Mathematik und Französisch!

Die besseren Ergebnisse in Mathematik haben Fragen ausgelöst, bis wir neuerdings aus der iFMRI-Forschung erfuhren, dass zwei Gehirnzentren an der mathematischen Intelligenz teilhaben. Das exakte, arithmetische oder algebraische Rechnen hat das Broca zum Sitz, dagegen haben Schätzungen und annäherndes Rechnen ihren Platz in einem unteren Teil des Gehirns, das sonst Sitz der Sehwahrnehmung und unabhängig von sprachlicher Tätigkeit ist.

Die Verbindung mit Broca ist von einem Forschungsteam vom *Massachusetts Institute of Technology* (MIT) bei Zweisprachigen – Englisch/Russisch – auf folgende Weise getestet worden: Eine erste Testkomponente betraf das exakte Rechnen und hatte den Zweck, die Rechenzeiten zu messen, bald in der einen Sprache, bald in der anderen. In beiden Fällen ist die Rechenaufgabe einmal ohne vorheriges Üben in der jewellgen Sprache, einmal nach einem solchen Training gegeben worden. Jedes Mal wurde beim exakten Rechnen festgestellt, dass die Rechenzeiten kürzer waren, wenn der Aufgabe eine sprachliche Vorbereitung vorausging. Hingegen blieb bei der zweiten Testkomponente – Schätzungen und annäherndes Rechnen – die Rechenzeit vom sprachlichen Üben unbeeinflusst.

Diese Tests zeigen die enge Verbindung zwischen Sprache und exaktem Rechnen, während Schätzungen anscheinend mit keiner sprachlichen Aktivität im Gehirn verbunden sind. So hat man eine gewisse Einsicht in die besseren mathematischen Leistungen der bilingualen Klassen gegenüber den monolingualen gleicher Stufe gewonnen.

Der MIT-Test wäre nicht ausschlaggebend ohne den ergänzenden fMRI-Teiltest, der vom französischen INSERM (*Institut National de la Santé et de la Recherche Médicale*) geführt wurde. Die fMRI-Technik hat bewiesen, dass bei kognitiven und sprachlichen Aktivitäten, insbesondere beim exakten Rechnen, immer das Zentrum von Broca aktiv wird, während das Schätzungsrechnen immer nur zwei kleine Zentren am unteren Scheitelbein aktiviert.

Es muss noch einmal hervorgehoben werden, dass bei bilingualen Kindern die Verfügbarkeit der sprachlichen Mittel im Dienste jeder kognitiven – also auch jeder mathematischen – Aufgabe durchschnittlich größer ist als bei Monolingualen. Dies ist dadurch begründet, weil ein einziges Broca höhere Flexibilität aufzuweisen scheint.

Wie steht es nun mit den höheren Durchschnittsleistungen der bilingualen Klassen in der Muttersprache Französisch? Ist diese Gesamtleistung nicht erstaunlicher als die Leistungen in Mathematik? Haben die bilingualen Klassen und Kinder nicht um die Hälfte weniger Französischstunden (50 % in Französisch und 50 % in der Regionalsprache) als die monolingualen Vergleichsklassen ?

Die Erklärung liegt in der Globalität der sprachlichen Kompetenzen bei jungen Kindern, deren Leistungen in der Muttersprache aufgrund einer frühen Zweitsprache nicht zurückgehen, sondern im Gegenteil davon eine größere – automatische, wie auch metalinguistische – Meisterschaft und Einsicht gewinnen.

Was bei den bilingualen Klassen der französischen Regelschulen festgestellt wurde, ist noch viel prägnanter bei solchen Klassen und Schulen, die die sogenannte Immersion in der Regionalsprache in den ersten vier Jahren der Schulzeit (3 Jahre *Ecole maternelle* + 1 Jahr der Grundschule) praktizieren. Hier sind die Evaluationen noch eindeutiger.

Hinzu kommt die allgemeine Feststellung, dass die Schüler, die die eine oder andere Form einer zweisprachigen Erziehung genossen haben, später beim Einstieg in die dritte Sprache schon die nötigen Lernschritte und Strategien beherrschen und dann bessere Leistungen erzielen als ihre einsprachigen Mitschülerinnen und Mitschüler gleichen Alters. Dies ist ein kräftiges Argument zugunsten einer Diversifizierung der in Schulen angebotenen Sprachen und sollte unsere entscheidenden Instanzen zur Überlegung veranlassen, ob die übliche Nivellierung des Angebots durch das „Alles Englisch" nicht ein unnötiges Opfer ist.

Was kann der allgemeine Fremdsprachenunterricht, auch in der Grundschule, von der frühen zweisprachigen Erziehung lernen ?

Angenommen, eine frühe Zweisprachigkeitserziehung ist nicht generell durchsetzbar und der Fremdsprachenunterricht kann nicht noch weiter vorverlegt werden, was kann der derzeit übliche Unterricht (mit Beginn in der 1. oder 3. Klasse) den wissenschaftlichen Erkenntnissen der genannten Disziplinen sonst entnehmen?

Hier ist wichtig, sich klarzumachen, dass der Verzicht auf eine wirklich frühe Zweisprachigkeit noch nicht einen Verzicht auf die dort vorherrschende Art des Lernens nach sich ziehen muss. Das heißt: Sprache will nicht nur gelernt, sondern auch erlebt werden. Dies kann in jedem Alter und zu jeder Zeit geschehen, es verlangt nur die passenden sprachlichen Umweltbedingungen.

Wenn die Umweltbedingungen vorhanden sind, kann sich auch ein Spätlerner zu einem effizienten Zweisprachler entwickeln. Seine Grundkompetenzen sind am Anfang nicht die eines frühen Zweisprachlers, sie sind aber genügend vorhanden (dank seiner grundsätzlichen früh erworbenen Sprechfähigkeit), um ihn zum Einleben in – und Aufbau von – Fremdsprachen zu befähigen.

Sprachenlernen erfordert einen viel größeren Aufwand als jedes andere Lernen, das nur mit kognitiver Aktivität verbunden ist. Es ist mit vielen neuen emotionalen, sozioaffektiven, psychomotorischen und kulturellen Aspekten verbunden, die eben im Verhältnis zum Aufwand eine entsprechend starke und ständige Motivierung verlangen. Da ist jedes Lernen eine neue Infragestellung aller Gewohnheiten, Automatismen, Reflexen, Gebräuche und Werte.

Beweggründe, eine Sprache zu lernen, können sehr verschieden sein. Aber ein gemeinsamer Nenner ist bei allen Lernenden das Bedürfnis, die Sprache in verschiedenen Gebieten und Interaktionen zu erleben. Anders als in anderen Fächern ist bei Sprachen kein Lernen ohne erlebte persönliche Implikation mit allen Mitteln und Kräften möglich.

Anwendungen dieses Grundsatzes finden sich in jeder Lebenssphäre: Familie, Schule, Gesellschaft. Im Familienkreis ist für die Schülerin bzw. den Schüler oft keine direkte sprachliche Hilfe zu erwarten. Doch müssen die Eltern wenigstens eine eindeutig positive Einstellung zur Sprache zeigen, denn mehr als Erklärungen (die sowieso von der Schule gegeben werden) braucht das Kind die Gewissheit, beim Sprachenlernen einen echten Wunsch seiner Eltern zu erfüllen. Die schon erwähnte ständige Infragestellung des Kindes verlangt permanente Bewertungen seiner sprachlichen Leistungen seitens der Eltern.

Die allerwichtigste Umweltbedingung betrifft die Schule. Wenn schon das Alter der Lernenden nicht geändert werden kann, kommt als nächstes Parameter für ein aktives Sprachenlernen vor allem die Stundenzahl in den Blick, die dem Lehr- und Lernprozess zu Verfügung steht. Auch bei einem späteren Beginn des Sprachen-lernens könnte man die Immersion, wenigstens in den ersten Jahren, als eine gute Lösung in Betracht ziehen. Eine ganze Reihe bilingualer Schulen in Ungarn (mit Deutsch, Englisch oder Französisch) haben nach diesem Prinzip ein Extra-Schuljahr, genannt „Null-Jahr", eingeführt, in dem nur in der zu lernenden Fremdsprache unterrichtet und gelernt wird. An anderen bilingualen Grundschulen wie in Berlin, Frankfurt, Wien oder Wolfsburg gibt es ähnliche Einrichtungen.

An diesen Schulen gibt es auch die sogenannte „Halbzeit-Immersion" mit einer paritätischer Stundenverteilung (50 % in der einen Sprache, 50 % in der anderen), die genau wie die komplette Immersion den fachübergreifenden Gebrauch der Sprache mit einem allseitigen Erleben der Sprachen garantiert – in den kommunikativen wie in den kognitiven Anwendungen des Gelernten.

Fachübergreifend (transdisziplinär) ist jeder Gebrauch der Sprache außerhalb der eigentlichen Sprachstunden, genau so wie es im muttersprachlichen Unterricht immer der Fall ist: in Biologie, Geschichte, Erdkunde und Mathematik, aber auch im Sportunterricht und den musischen Fächern. Diesem Prinzip folgen die Kindergärten ganz spontan und natürlich, weil bei so jungen Kindern nichts anderes denkbar ist (auch in einer Fremdsprache), als dass sich die Aktivitäten nach den Grundbedürfnissen der Lernenden richten: beim Spielen, in Gruppenarbeit, in musischen Aktivitäten und – so oft wie möglich – mit Körperausdruck und psychomotorischem Einsatz.

In höheren Stufen und Klassen erhält das Prinzip der Transdisziplinarität andere Formen und Inhalte, aber auch hier gilt die Regel, die Lerninhalte immer nach den Bedürfnissen der Lernenden zu richten – eher als nach den oft steifen Schulcurricula.

Mit der Transdisziplinarität ist aber noch nicht alles geregelt. Der fachübergreifende Unterricht in einer Fremdsprache bewirkt noch kein Sprachenlernen, sondern bietet lediglich einen Anlass dafür. Man konzentriert sich auf den Inhalt, aber dieser muss erst noch sprachlich verarbeitet werden. Dazu braucht es weitere Lernschritte wie Anwendung, Kombinieren, Transferieren auf andere Gebiete und Problemfälle und schließlich das Finden neuer Lösungen für neue Probleme. Lernen verlangt aktives Produzieren und persönlichen Einsatz. Sprachenlernen ist entweder kreativ oder es bleibt in den Geburtswehen der Wiederholungen und metalinguistischen Begriffsbildungen stecken. Aktives Lernen heißt kreative sprachliche Produktion, ob mündlich oder schriftlich. Nur sprachliche Produktionen können als Interaktion mit der Umwelt betrachtet werden.

Wenn man die Lernziele derartig hoch und neu gesteckt hat, dann muss auch die Evaluation in ihren Inhalten und Verfahren völlig neu durchdacht werden. Evaluation ist ein wichtiger Bestandteil der Schüler-Umwelt. Da ein Ziel des Sprachenlernens die Kommunikation ist, müsste die Evaluation in Form von echten kommunikativen Aufgaben erfolgen, das heißt in bestimmten Fällen auch als Gruppenevaluation.

Darüber hinaus müsste das Prinzip der Transdisziplinarität in logischer Folge die fachgebundenen Leistungen mit in die Bewertung einbeziehen, weil diese ja die Fähigkeit der Lernenden zu einem kognitiven Gebrauch der Sprache zum Ausdruck bringen. Althergebrachte Evaluationsformen sind nicht alle überholt, sie sind nur auf ihre Vereinbarkeit mit den neuen Lernzielen zu überprüfen. Sie müssen in bedeutsame sinntragende Aufgaben umgestaltet werden.

Schließlich noch ein Wort zu den neuen Kommunikations- und Informationstechniken. Wir haben zu zeigen versucht, dass ein effizientes Sprachenlernen drei Funktionen zu erfüllen hat:
• mit der Sprache Sachinhalte zu lernen,
• kommunikative Interaktion zustande zu bringen und
• sachgebundene sprachliche Produktionen zu schaffen.

Und was sind die Funktionen dieser neuen Techniken? Sind es nicht eben die gleichen wie die der Sprache? Sich informieren und Inhalte lernen, mit fernen Partnern kommunizieren und in Text und Bild verschiedenes produzieren und austauschen?

Ein Fremdsprachenunterricht, der heutzutage die neuen Techniken einzusetzen nicht fähig ist, vernachlässigt damit auch die kreative Dimension der Sprache und verschenkt Möglichkeiten zu einem echten „Erlebnislernen". Letztlich sind die modernen Informationsmittel nichts anderes als sprachliche Ausdrucksmittel und damit unumgängliche Elemente unserer Umwelt.

Was die frühe Zweisprachigkeit uns über die Altersgebundenheit des Sprachenlernens hinaus zu sagen hat, ist, dass das Wesen der Sprache selbst eine Unterrichtsgestaltung in lernförderlicher Umwelt und mit lebensnahen Lernaufgaben erfordert. Sprachunterricht in der Grundschule muss als Erlebnislernen konzipiert werden und zwar mit einer Diversifizierung der angebotenen Sprachen, für einen mehrsprachigen europäischen Bürger.

Barbara Shatliff (Detmold)

10 Englischunterricht in der Grundschule als Beitrag zur interkulturellen Erziehung

„Man kann eine Sprache nur wirklich verstehen und mit ihr handeln, wenn man die „Lebensform" begreift, deren Ausdruck diese Sprache ist." Jeder, der in der Vermittlung fremder Sprachen arbeitet, kann der Auffassung, die Siegfried Baur im ersten Kapitel dieses Buches äußert, nur zustimmen. Der naive Glaube, ein gutes Wörterbuch und ein Wissen darüber, wie sich die Wörter zu einem sinnvollen Satzgefüge verbinden lassen, würde ausreichen, um sich in einer anderen Sprache erfolgreich verständigen zu können, lässt sich sehr schnell widerlegen. Denn je schwieriger das Thema, je abstrakter der Argumentationsgang des Gespräches und je idiomatischer der Sprachgebrauch (Verwendung von Redewendungen, Idiomen und *slang*) umso schwerer wird es, dem Gespräch zu folgen und sich sprachlich adäquat zu äußern.

Auch ist die Bedeutung eines fremden Wortes oft nicht gleichzusetzen mit der entsprechenden Übersetzung in die eigene Muttersprache. Nehmen wir das Beispiel „Haus". Ein Haus ist ein Platz, in dem Menschen wohnen. Diese Bedeutung hat auch das englische Wort *„house"*. Dennoch gibt es Unterschiede. Bei „Haus" denken Deutsche in der Regel an ein Haus mit Spitzdach; Engländer verbinden mit *„house"* gewöhnlich ein kleineres Gebäude mit zwei Schornsteinen und einem Kamin. US-Bürger wiederum denken oft an ein größeres Haus mit einem Flachdach, an einen Bungalow also, oder an ein Holzhaus mit Holzveranda. So kommt es zu anderen Assoziationen, die mit den vermeintlich gleichen Ausdrücken „Haus" und *„house"* verbunden werden. Man muss also als Fremdsprachenlerner das „Bild", sprich die Vorstellung, die hinter dem fremden Wort steckt, kennen, um erfolgreich mit dem Sprecher der Fremdsprache kommunizieren zu können.

Es ist sicherlich hilfreich, wenn man ein Bild vor sich hat, d. h. ein Foto von einem typisch englischen Haus oder (noch besser) sich in dem Land selbst befindet und das englische Wort auch dem authentischen Objekt zuordnen kann. Doch selbst Bilder im authentischen Kontext sehen zu können, gewährleistet nicht immer ein sicheres Verständnis. Ich denke an meine englische Nichte, die ich in Deutschland vom Flughafen abholte. Auf der langen Autobahnfahrt nach Hause, nachdem wir bereits an mehreren Ausfahrten vorbeigefahren waren, machte sie folgende Bemerkung, „Auntie, you know *Ausfahrt* must be a huge town." Sie hatte das blaue Ausfahrtsschild bei Abfahrten von der Autobahn bemerkt und folglich den Schluss gezogen, dass hier nun der Hinweis gegeben wurde, hier fährt man von der Autobahn ab, um in den Ort „Ausfahrt" zu gelangen.

Bei Redewendungen ist die Gefahr des Missverstehens noch größer. Auch die Übersetzung der einzelnen Wörter hilft einem wenig. *„It's raining cats and dogs"* hat kaum einen Bezug zu der deutschen entsprechenden Bedeutung „Es regnet Bindfäden", um nur ein Beispiel zu nennen.

Wie unterschiedlich zudem noch bestimmte Gesten und Verhaltensweisen in der sprachlichen Kommunikation mit Sprechern unterschiedlicher Sprachen sein kann, verdeutlichen folgende Beispiele. In Deutschland wie in einigen anderen europäischen Ländern nicken Menschen mit dem Kopf, um ihre Zustimmung auszudrücken, um etwas zu bejahen, und sie schütteln den Kopf, um „nein" zu sagen. In Bulgarien jedoch ist es genau andersrum. Das Kopfnicken bedeutet hier Ablehnung und das Kopfschütteln Zustimmung. Aber auch in geographisch sehr nahegelegenen Ländern gibt es Unterschiede im non-verbalen Verhalten. So schüttelt man sich in Deutschland beim Begrüßen und beim Verabschieden recht häufig die Hand. In Großbritannien dagegen hat das Handschütteln wenn überhaupt nur bei der ersten Begegnung mit einer fremden Person ihren Platz.

Anhand dieser Beispiele wird deutlich, dass das Lernen einer Fremdsprache in einem sehr komplexen Kontext stattfindet. In den „Didaktisch-methodischen Empfehlungen für das Fremdsprachenlernen in der Grundschule" des Landes Niedersachsen wird diese Komplexität bezogen auf einen im Schulleben integrierten Fremdsprachenunterricht durch eine Grafik sehr deutlich (vgl. Niedersächsisches Kultusministerium 1995, 11):

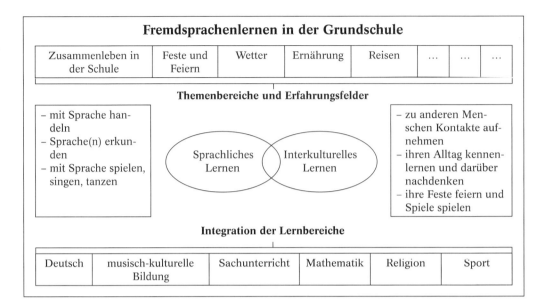

Fremdsprachenlernen in der Grundschule

| Zusammenleben in der Schule | Feste und Feiern | Wetter | Ernährung | Reisen | ... | ... | ... |

Themenbereiche und Erfahrungsfelder

– mit Sprache handeln
– Sprache(n) erkunden
– mit Sprache spielen, singen, tanzen

Sprachliches Lernen   Interkulturelles Lernen

– zu anderen Menschen Kontakte aufnehmen
– ihren Alltag kennenlernen und darüber nachdenken
– ihre Feste feiern und Spiele spielen

Integration der Lernbereiche

| Deutsch | musisch-kulturelle Bildung | Sachunterricht | Mathematik | Religion | Sport |

Abb. 1:
Fremdsprachen-
lernen als
integrativer
Bestandteil des
Unterrichts

Immer wieder geschieht es, dass man in einem fremden Land in schwierige und womöglich sehr unangenehme Situationen kommt, wenn man die landesüblichen Verhaltensweisen und die Normen der betreffenden Kultur nicht kennt. Gutes Miteinanderauskommen setzt Verstehen voraus und Verstehen kann man nur etwas, was man gut kennt. Die heutige politische, kulturelle und wirtschaftliche Entwicklung Europas im Kontext zunehmender internationaler Kooperation und Verflechtung setzt das gegenseitige Verstehen als Basis für eine erfolgreiche Kommunikation voraus. So ist der Aufbau einer kommunikativen wie aber auch einer interkulturellen Kompetenz absolut notwendig, um sich mit seinen europäischen Nachbarn erfolgreich verständigen zu können. Letztendlich hängt davon nicht nur das friedliche Miteinander der Länder ab, sondern auch die persönliche Weiterentwicklung und der berufliche Erfolg eines jeden einzelnen Bürgers in Europa.

„Interkulturelle Erziehung will im Rahmen des Erwerbs oder des Unterrichts einer Fremdsprache auf kulturelle Begegnungen vorbereiten", schreibt Siegfried Baur. Diesem Anspruch soll bereits der Fremdsprachenunterricht in der Grundschule gerecht werden, denn die Heranwachsenden von heute leben schon lange nicht mehr nur in einer Mono-Kultur. In der heutigen Welt der erhöhten Mobilität sind viele Kinder bereits in fremde Länder gereist und selbst in ihrem eigenem Lebensumfeld stoßen sie immer wieder auf Menschen aus anderen Kulturen und begegnen dem Andersartigem, sei es auch nur durch ausländische Produkte, die auf unseren Markt kommen.

142

Verfügen Sie über gute cross-cultural skills?

Abb. 2: Anregung für einen Fragebogen

Wenn Sie jemanden aus einer anderen Kultur begegnen, was sollten Sie tun?
Welche der folgenden Aussagen trifft zu?

1. Es ist sehr unhöflich in asiatischen Ländern, seinen Gesprächspartnern in die Augen zu gucken.

2. Wenn Briten nicht wissen, worüber sie sprechen sollen, sprechen sie gern über das Wetter.

3. In Saudi Arabien ist es unhöflich, eine Einladung zu einer Tasse Kaffee abzulehnen.

4. Es ist nicht gut in Deutschland seine Kollegen nicht mit dem Vornamen anzureden.

5. Deutsche reden gern über Krankheiten, wenn sie „small talk" führen.

6. In Großbritannien ist es üblich sich beim Begegnen und Verabschieden immer die Hand zu schütteln.

7. Mit dem Daumen nach oben und den anderen Fingern zur Faust signalisiere ich in Persien, das alles okay ist.

(trifft zu: 1, 2, 5; trifft nicht zu: 3, 4, 6, 7)

Die Gestaltung des fremdsprachlichen Unterrichts in der Grundschule muss demnach Hand in Hand mit dem Entdecken und Erforschen, dem Verstehen, Akzeptieren und Tolerieren von kulturellen Besonderheiten und Unterschieden gehen. Ohne eine sinnvolle kulturelle Einbettung von Wortschatz und Grammatik ist das Erlernen einer Sprache nicht wirklich erfolgreich. Um nicht missverstanden zu werden: Die Begegnung und der unmittelbare Kontakt mit Personen der zu erlernenden fremden Sprache reichen sicher allein nicht aus. Dennoch haben sie einen stark motivierenden Effekt und können helfen, der Gefahr einer Stereotypisierung von bestimmten Nationen und Kulturen entgegen zu wirken. Im Unterricht der Grundschule könnte man zum Beispiel Muttersprachler einladen, die vor Ort wohnen und von ihrem Land

143

und ihren Lebenserfahrungen erzählen. Auch sind Videos, private (Ur-laubs-)Fotos und Poster als Anschauungsmaterial in diesem Zusammenhang hilfreich. Kontakte zu Gleichaltrigen via E-Mail ist sicherlich eine weitere ansprechende Möglichkeit. Eine nützliche Internetadresse zur Anbahnung solcher Freundschaften ist: *www.penpalworld.com*.

Wie ein fremdsprachlicher Unterricht in der Grundschule, der kommunikative und interkulturelle Kompetenzen integriert aufbaut, aussehen könnte, soll im Folgenden aufgezeigt werden. So vielfältig die unterschiedlichen Kulturen, so vielfältig sind auch die Anlässe und Inhalte, die man im Unterricht behandeln kann. Meine Beispiele stammen aus der englischen Sprache und aus englischsprachigen Kulturen, da Englisch hauptsächlich in deutschen Grundschulen gelehrt wird. Sie lassen sich aber – entsprechend adaptiert – auf andere Fremdsprachen übertragen. Außerdem finden sich andernorts viele Hinweise auf entsprechende Möglichkeiten in weiteren Sprachen. So enthält z. B. das Kompendium *The Intercultural Dimension* (Doyé 1999) zahlreiche Beispiele aus sieben europäischen Sprachen und Kulturen.

Sich begrüßen

„Good morning, boys and girls"

Der Lehrkraft begrüßt die Klasse mit *„Good morning, boys and girls"*. Es ist möglich, dass hier einige Schülerinnen und Schüler bereits spontan mit *„Good morning"* antworten. In solchem Fall sollte der Lehrer diese Kinder einzeln ansprechen und begrüßen *„Good morning, Isabel, and good morning, Felix"*. Der Name eines Kindes aus der Klasse kann dann dazu benutzt werden, die Bedeutung von *„boy / girl"* verständlich zu machen: *„Felix is a boy"*. Die Lehrkraft zeigt auf den Jungen und malt ein Strichmännchen an die Tafel. *„But Isabel"*, Lehrer zeigt auf das Mädchen, *„is a girl"*. Nun malt die Lehrkraft ein Mädchen an die Tafel. Erneut wiederholt die Lehrkraft *„Good morning, boys and girls"*. Durch das mehrmalige Hören dieser Begrüßung gewöhnen sich die Kinder an die neuen Laute und Worte, die sie sehr bald selbst sprechen werden.

Jetzt stellt sich die Lehrkraft selbst vor: *„I am Mrs / Mr X"*. Wichtig ist, dass mit Gestik und Mimik die Bedeutung der neuen und fremden Wörter verständlich gemacht wird. Von nun an sollte die Lehrkraft bei dem Wort *„I"* auf sich zeigen. So verbinden die Schülerinnen und Schüler das Wort mit der Geste des Auf-sich-zeigens, was im weiteren

Unterricht als Gedankenstütze dienen kann. Durch diese Gestik, also mit einer Handbewegung allein, wird es der Lehrkraft möglich sein, die Schülerinnen und Schüler dazu zu bringen, das Wort „I" zu sagen, ohne dass die Lehrkraft verbal etwas ausdrücken oder erklären muss. Kurz, es handelt sich um das Prinzip der Verknüpfung eines englischen Wortes mit einer bestimmten Geste oder Mimik. Bei einem konsequenten Einsatz dieser „Technik" ist der Lernerfolg garantiert.

Die Lehrkraft wiederholt „*I am Mrs/Mr X*" und spricht zunächst wieder die ganze Klasse an: „*Good morning, boys and girls*", ermutigt dann alle durch eine Handbewegung „*Good morning, Mrs/Mr X*" zu sagen. Dieser Vorgang kann von der Lehrkraft wiederholt werden, um dann auf einzelne Kinder zuzugehen und diese zu begrüßen. Als nächstes könnte die Lehrkraft die Schülerinnen und Schüler auffordern, sich untereinander zu begrüßen. Die Lehrkraft fängt an, begrüßt ein Kind, z. B. Thomas mit „*Good morning, Thomas*". Thomas grüßt zurück mit „*Good morning Mrs/Mr X*". Der Rest der Klasse hört zu. Dann geht Thomas auf einen Mitschüler zu, begrüßt diesen auf Englisch, dieser grüßt zurück und geht nun auf einen anderen Mitschüler zu und begrüßt ihn usw. Im Anschluss an diese Begrüßungseröffnung können alle Schülerinnen und Schüler in der Klasse umhergehen und sich gegenseitig begrüßen. Hier sind alle Kinder gleichzeitig aktiv.

My name is …

Mit „*Okay, Stop! Sit in a circle*" stoppt die Lehrkraft die vorherige Übung und fordert die Kinder auf, sich in einen Kreis auf den Boden zu setzen, wieder begleitet durch Gesten und indem sie die Kinder an ihre Plätze führt („*Sit down here, please.*") und mit der Handfläche auf den Boden klopft.

Sobald alle im Kreis sitzen, erklärt die Lehrkraft die nächste Aktivität „*Let's play a game*". Sie hält einen Ball hoch und gibt den Ball einem Kind, schaltet Musik ein (beliebige englische Songs/Hits) und fordert die Schülerinnen und Schüler auf, den Ball im Uhrzeigersinn weiter zu reichen „*Pass the ball!*". Nach einer kurzen Weile schaltet die Lehrkraft die Musik ab und ruft „*Stop!*". Sie stellt sich hinter das Kind, das zu diesem Zeitpunkt den Ball in der Hand hält und flüstert ihm die Phrase „*My name is …*" (mit dem Namen dieses Kindes) vor. Mit einer einladenden Handbewegung versucht sie das Kind dazu zu bewegen, den Satz zu wiederholen und sich selbst vorzustellen. Es wiederholt das zuvor gesagte „*My name is …*" Die Musik wird wieder eingeschaltet bis zum nächsten Stop, so dass sich die bzw. der nächste vorstellen kann.

What's your name?

Die Lehrkraft setzt sich zu den Schülerinnen und Schülern in den Kreis, rollt den Ball einem Kind zu und fragt es *„What's your name?"*. Dann beantwortet die Lehrkraft die Frage selbst, so wie das Kind antworten sollte, z. B. *„My name is Thomas"*. Die Lehrkraft ermutigt Thomas mit der entsprechenden Gestik zur Wiederholung des Satzes und zum Weiterrollen des Balls. Thomas rollt den Ball zu einem anderen Kind und fragt *„What's your name?"* usw.

Wenn Thomas Schwierigkeiten hat, die Frage zu stellen, fordert die Lehrkraft die ganze Klasse auf im Chor die Frage zu sprechen *„All together, please"*. Auch hier unterstreicht sie die Aufforderung mit einer Armbewegung. Dieser Vorgang kann sich durchaus bei den Kindern, die anfänglich Schwierigkeiten haben, wiederholen. Das Sprechen im Chor gibt den eher zaghaften Schülerinnen und Schülern mehr Sicherheit, und sie haben dennoch die Gelegenheit die Frage auszusprechen und den Klang zu erlernen.

Speed it up

Der Fremdsprachenunterricht in der Grundschule zeichnet sich u. a. durch einen häufigen Methodenwechsel aus. Durch neue Kontexte wird vermieden, dass das Wiederholen von Wortschatz und Redewendungen langweilig wird.

Die Lehrkraft hat den Ball, legt ihn beiseite und zieht einen kleinen Teddy (oder ein anderes Stofftier) aus der Tasche. Sie fragt das Stofftier *„What's your name?"* und antwortet mit verstellter Stimme *„My name is Johnny"*. Dann läuft sie von außen um den Schülerkreis herum und fragt dabei: *„What's your name?"* Möglichst unauffällig legt sie dann Johnny hinter einem Kind ab. Das Kind, hinter dem der Teddy abgelegt wurde, sagt seinen Namen *„My name is …"*, springt auf und läuft hinter der Lehrkraft her, um sie zu fangen. Wird die Lehrkraft gefangen, muss sie auf ein Neues versuchen Johnny loszuwerden. Kann das Kind die Lehrkraft nicht einholen, bevor sie den Platz des Kindes erreicht hat, so ist das Kind nun in der Rolle, den Teddy hinter einem anderen Kind abzuwerfen. Es ist selbstredend, dass die Lehrkraft den Spielverlauf am Anfang durch Gesten zunächst klar machen muss.

Good morning and goodbye

Zur weiteren Vertiefung und Erweiterung um die Abschiedsphrase wird der Ball wieder hervorgeholt und die Lehrkraft fordert die Kinder auf, sich erneut in einen Kreis zu stellen: *„Please, stand up and form a circle."* Sie steht selber bei den Worten auf und unterstützt dies mit einer entsprechenden Geste. Die Lehrkraft geht in die Mitte des Kreises, wirft den Ball einem Kind zu und begrüßt es mit *„Good morning"*. Entsprechend antwortet das Mädchen *„Good morning"*. Die Lehrkraft setzt das Fragen fort mit *„What's your name?"*. Das Kind antwortet wiederum entsprechend mit *„My name is …"*. Anschließend dreht sich die Lehrkraft von dem Kind weg und verabschiedet sich mit *„Goodbye, …"*. Dabei wendet sie sich dem Kind „über die Schulter" nochmals zu, verlässt dann aber den Kreis und geht außen bis zum Platz des Kindes. Dieses ist mittlerweile in die Kreismitte getreten und hat dabei die Verabschiedung *„Goodbye, Mrs / Mr X"* nachgesprochen. Das Kind wiederholt jetzt (mit Unterstützung durch die Lehrkraft, wenn nötig) den Dialog mit einem anderen Kind

Good morning. Hi. Hello again. (interkulturelles Lernen)

In der nachfolgenden Unterrichtstunde wird das Begrüßungsritual wiederholt. Dieses Mal begrüßt die Lehrkraft einzelne Schülerinnen und Schüler. Sie geht auf sie zu und sagt: *„Good morning, …"*. Sie achtet darauf, dass sie den Kindern nicht die Hand zum Handschütteln reicht. Anstatt von *„Good morning"* führt sie auch die anderen mehr informelleren Begrüßungsformeln *„Hi, …"* und *„Hello, …"* ein. Im Anschluss daran fordert sie alle Kinder der Klasse auf, aufzustehen und sich zu begrüßen. Einige Schülerinnen und Schüler werden sicher dazu neigen, sich die Hand zu schütteln. Behutsam weist die Lehrkraft dann darauf hin, dass es nicht üblich ist in England, sich die Hände bei einer zweiten Begegnung zu schütteln. *„Oh, you're shaking hands. In England people just say hello to each other. They normally don't shake hands."* Ein kurzes Unterrichtsgespräch auf Deutsch könnte sich anschließen, in dem die Lehrkraft auf die andere Verhaltensweise in England bei Begrüßungen hinweist. Um nicht nur den Umgang mit Menschen einer bestimmten Kultur, hier den der englischen Kultur zu lernen, könnte die Lehrkraft die Kinder fragen, ob sie wissen, wie man sich in anderen Ländern bei Begrüßungen verhält und was man zur Begrüßung sagt. Insbesondere in multikulturellen Klassen kann dies zu interessanten Vergleichen führen und die folgenden Stundenanfänge bereichern.

Abb. 3: Auswahl
an Begrüßungs-
ritualen

Land	Sprachliche Mittel Was man sagt:	Verhaltensweisen Wie man sich in der Regel verhält:
Deutschland	Guten Morgen! Hallo! Grüß dich!	die Hand schütteln
Großbritannien	Good morning! Hi! Hello!	wenn überhaupt, nur die Hand zum Gruss erheben
Frankreich	Bonjour! Salut!	sich auf beide Wangen küssen, evt. auch drei Mal
Polen	Dzień dobry! Czesz!	die Hand geben
Rumänien	Bona dimineata!	die Hand schütteln
Spanien	¡Buenos dias! ¡Hola!	sich auf eine Wange küssen, evtl. auch auf beide

Traditionelles Weihnachtsessen

Christmas dinner (Einführung des Wortschatzes)

Anhand von *flashcards* (sie lassen sich relativ problemlos selbst herstellen) stellt die Lehrkraft die verschiedenen Speisen vor, die zu einem
traditionellen englischen Weihnachtsessen gehören. Diese können
auch in Form von Naturalien präsentiert werden: ein kalter Truthahn
und kleine Würstchen eingerollt in Schinkenspeck (am Vortag zube-
reitet), verschiedenes Gemüse, wie Blumenkohl, Karotten, Rosenkohl,
Broccoli, grüne Bohnen, Kartoffeln und ein *Christmas pudding*. Nach
dem mehrmaligen Hören, Vorsprechen und Nachsprechen der neu zu
erlernenden Begriffe können sich folgende Spiele anschließen.

What is on my plate? (Festigung des Wortschatzes)

Mit „*Look at my plate! What can you see?*" fordert die Lehrkraft die
Schülerinnen und Schüler auf, sich zu merken, welche Beilagen auf
dem Teller sind. Dann schließen die Kinder die Augen für ein paar
Minuten, „*Now, close your eyes! Keep them closed, please!*" Der Teller
wird entfernt. „*Now, open your eyes again. What can you remember?
What was on the plate?*" Die Schülerinnen und Schüler zählen auf,
was sie auf dem Teller gesehen haben.
    Die folgende Aktivität ist eine Variante. Die Lehrkraft entfernt ein
oder zwei Beilagen und die Kinder geben wieder, welche Dinge nicht
mehr auf dem Teller sind: „*What is missing on my plate?*"

Christmas dinner tips over
(weitere Vertiefung des Wortschatzes)

Um insbesondere das Hörverstehen zu schulen, eignet sich „das Weihnachtsessen schwappt über" zu spielen. Die Lehrkraft verteilt je ein Kärtchen an ein Kind, auf dem je eine Beilage abgebildet ist. Die Kinder sitzen in einem Stuhlkreis und halten ihre Bildkärtchen sichtbar hoch. Eine Schülerin bzw. ein Schüler übernimmt die Rolle des „It" (so bezeichnet man im Englischen den aktuellen Spielleiter für eine Spielrunde) und steht in der Mitte des Stuhlkreises. *It* ruft zwei Beilagen auf, wie zum Beispiel „*roast turkey*" und „*carrots*". Die Schülerinnen und Schüler, die diese Karten haben, stehen auf und müssen ihre Sitzplätze tauschen, wobei jedoch der *It* versucht, einem dieser Kinder zuvorzukommen und sich auf einen ihrer Plätze zu setzen. Die Person, die am Ende keinen Sitzplatz ergattert hat, ist der nächste *It*. Zu jedem Zeitpunkt kann *It* sagen: „*Christmas dinner tips over*", was heißt, dass alle Schülerinnen und Schüler aufstehen und untereinander die Plätze tauschen müssen.

Eine Spielvariante ist, dieselbe Spielkarte nicht nur einem Kind, sondern zwei oder drei Kindern zu geben. Dadurch wird das Plätze tauschen unter den Schülerinnen und Schülern zwar hektischer, aber auch spannender.

Christmas dinner all around the world
(interkulturelles Lernen)

Was isst man in anderen europäischen Ländern üblicherweise zu Weihnachten? Mit dieser Frage kann die Lehrkraft die Schülern und Schülerinnen auf eine Entdeckungsreise schicken. Es gibt verschiedene Möglichkeiten, dieses im Unterricht umzusetzen. Zum Beispiel könnte die Lehrkraft verschiedene Stationen im Klassenraum einrichten. An den einzelnen Stationen befinden sich entweder von der Lehrkraft oder auch von den Schülern vorbereitete bzw. mitgebrachte Materialien (Fotos, Poster, Bilder, Sachbücher, Infozettel aus dem Internet etc.) über einzelne Länder und deren traditionelles Weihnachtsessen. Mithilfe eines Fragebogens könnten die Schülern und Schülerinnen sich die gewünschten Informationen selbst erarbeiten und am Ende eine kleine Präsentation vorbereiten. Selbst auf Englisch wäre das möglich, wenn der Wortschatz zu anderen Lebensmitteln bereits eingeführt worden ist:
The country is …
As a starter/main course/desert you eat …
The … is/are the same in … and in …

Abb. 4:
Mögliche
Auflistung für
ein Weihnachts-
menü

Country	Starter	Main course	Desert	What is the same? In what country?	What is different?
Germany	soup, etc.	potatoes, red cabbage, goose	ice-cream, pudding	England: potatoes, …	England: turkey, Germany: goose
Great Britain	prawn cocktail, soup, etc	potatoes, carrots, cauliflower, broccoli, Brussel sprouts, turkey	Christmas pudding, trifle (pudding)	Germany: desert: pudding – trifle, etc.	

English speaking countries

Where do people speak English?
(Einführung der Ländernamen)

Where in the world do people speak English?
Let's look at the map …
Can you find … on the map?

Die Lehrkraft führt auf diese Weise nach und nach die Ländernamen ein, lässt die vergrößerten Wortkarten den Ländern zuordnen und an die Landkarte anheften.

Zur Festigung der Ländernamen und deren Position auf der Landkarte spielen die Schülerinnen und Schüler das folgende Spiel: Ein aufblasbarer Plastikglobus wird zunächst von der Lehrkraft einem Kind zugeworfen und die Frage wird gestellt: „Where is Canada?" Das Kind wird aufgefordert, mit seinem Finger auf das Land Kanada auf dem Globus zu zeigen. *Please, show me. – It's here.* antwortet das Kind und wirft nun einer Mitschülerin oder einem Mitschüler den Plastikglobus zu und stellt die nächste Frage. Falls ein Plastikglobus nicht zur Hand ist, kann diese Übung auch mit einer Landkarte, die an einer Wand hängt, durchgeführt werden. Die Wortkarten sollten dann jedoch noch nicht auf der Karte befestigt sein.

Flags (Flaggen den entsprechen Ländern zuordnen)

Nachdem die Ländernamen bekannt sind, werden die Flaggen mithilfe von Bildkarten (oder Originalflaggen) eingeführt. Die Flaggen können von den Kindern im Vorfeld im Rahmen des Sachunterrichts oder als vorbereitende Hausaufgabe erstellt werden.

Look, what I've got here.
These are flags.
A flag of Great Britain.

Die Lehrkraft hält die jeweilige Flagge hoch, spricht die Ländernamen vor und fordert die Schülerinnen und Schüler auf zum Nachsprechen. Als nächstes hält sie wieder eine Flagge hoch (zum Beispiel die Australiens) und stellt die Kinder vor eine Wahl, indem sie fragt, *Is this Canada's flag or Australia's flag?* und die Kinder antworten entsprechend. Diesen Zwischenschritt einzulegen, bevor man die eigentliche Frage stellt, *What flag is this?* ist sinnvoll, da unsichere Kinder die Möglichkeit haben hier durch die zusätzliche Hilfestellung sich auch zu äußern und es gibt allen eine interessante Variante die Flaggen sich einzuprägen.

What flag is it? (Farben der Flaggen benennen)

Zur Vorbereitung auf das sich anschließende Flaggenratespiel, wiederholt die Lehrkraft die Farben anhand der Flaggen:
What colours are in the flag for Canada?
What colours are in the flag for ...?

Dann nimmt die Lehrkraft eine umgedrehte Bildkarte einer Flagge oder verdeckt die Flagge, die sie in der Hand hält (die Schülerinnen und Schüler können daher nicht sehen, um welche Flagge es sich handelt) und fragt, *What flag have I got? It's blue and white. ... Well done, it's Scotland.* usw.

Beim eigentlichen Flaggenratespiel sind die Schülerinnen und Schüler gefordert, Fragen zu stellen und Kurzantworten zu geben. Die Lehrkraft halt wieder eine Flagge verdeckt und signalisiert mit der Frage, *What flag have I got?*, dass sie bereit ist. Mit folgenden Fragen, wie
Is your flag green?
Is your flag blue?
Is your flag red, blue and white?
Is it Great Britain's flag?

151

versuchen die Schülerinnen und Schüler herauszufinden, welche Flagge die Lehrkraft in den Händen hält. Die Lehrkraft reagiert auf die Fragen nur mit, *Yes, it is. / No, it isn't.* Hat ein Kind die richtige Antwort gefunden, übernimmt dieses die Rolle des Spielleiters bzw. der Spielleiterin.

Island Hopping (Game)

Ziel dieser Aktivität ist die weitere Festigung des Wortschatzes zu Ländernamen und der Kenntnis der Flaggen. Man braucht etwas Platz für dieses Spiel. Die Flaggen in A4 Größe werden mehrfach kopiert und in zwei Stapeln vorgelegt. Ebenso wird die Klasse in zwei Gruppen geteilt. Jede Gruppe hat einen Stapel Flaggen vor sich auf dem Boden liegen. Das erste Kind in jeder Gruppe hält den Stapel in der Hand, legt jeweils eine Flagge auf den Boden, stellt sich auf die Flagge und sagt, um welches Land es sich handelt bis es an der Ziellinie angekommen ist. Dann „hüpft" das nächste Kind von einer „Insel" zur anderen, benennt die jeweiligen Länder bis auch dieses an der Ziellinie angekommen ist. Ist das Land falsch, muss das Kind sich ans Ende der Schülerreihe stellen und es noch mal versuchen. Die Gruppe, deren Mitglieder als erstes vollständig am Ziel angelangt sind, haben gewonnen.
We are travelling around the world today. Watch how it's done …

Die angegebenen Beispiele zeigen nur einen ganz kleinen Ausschnitt aus der Vielzahl der Möglichkeiten, wie man ganzheitlichen schüler- und handlungsorientierten Unterricht im Dienste von interkultureller Kompetenz realisieren kann. „It's easy to travel around the world today" auf dem wie „klein gewordenen Planeten" (Baur). Schon deshalb ist es sinnvoll, bereits im Fremdsprachenunterricht der Grundschule in kleinen Schritten den Weg zur Völkerverständigung zu ebnen.

Hannelore Kraft (Braunschweig)

Exemplarischer Englischunterricht

Ja, es ist eigentlich alles gesagt zum früh beginnenden Fremdsprachenunterricht, aber wird es auch gehört und umgesetzt?

Bedenken dieser Art muss man äußern angesichts der Tatsache, dass etliche deutsche Bundesländer es noch immer nicht geschafft haben, genügend qualifizierte Lehrkräfte heranzubilden, die in der Lage wären, die vielen auf dem Tisch liegenden Vorschläge für eine sinnvolle Gestaltung des Fremdsprachenunterrichts in die Tat umzusetzen. Viele Schulen müssen noch immer Lehrerinnen und Lehrer ohne fremdsprachendidaktische Ausbildung, d.h. allein aufgrund ihrer Schulkenntnisse und ihres besonderen Interesses einsetzen. Niemand wird diesen Kolleginnen und Kollegen Engagement und Bemühen absprechen (das große Interesse an Fortbildungsveranstaltungen beweist es), aber können sie umsetzen, was sie gar nicht kennen?

Auch die kurzfristige Einführung von Zensuren für Englisch zum Halbjahreszeugnis 2004/05 in Niedersachsen hat bei vielen Lehrerinnen und Lehrern zu Verunsicherung und zur Verlagerung der Schwerpunkte im Unterricht auf den schriftlichen Sprachgebrauch geführt. Das ist in allen Erlassen und Handreichungen ausdrücklich nicht gewollt. Einige weiterführende Schulen tragen zusätzlich dazu bei, indem sie auf Informationsabenden den Eltern mitteilen, sie würden die Fähigkeiten der Kinder insbesondere im schriftlichen (!) Sprachgebrauch am Anfang der 5. Klassen testen.

Die mangelnde Kenntnis der Grundlagen des Englischunterrichts in der Grundschule veranlasst mich zusätzlich, diese in zusammengefasster Form – exemplarisch – in Erinnerung zu rufen. Danach werde ich mithilfe einiger Beispiele aus meiner Praxis versuchen, zu zeigen, wie wichtig sie für den Fremdsprachenunterricht in der Grundschule sind.

153

Grundsätzliches

Kinder im Grundschulalter sind neugierig, begeisterungsfähig, ahmen gcrnc nach und lernen mit großer Begeisterung und erfolgreich spielerisch. Das hat Konsequenzen für jeden Unterricht, aber besonders für den Fremdsprachenunterricht. In der Übersicht habe ich einige grundsätzliche Anforderungen an den Englischunterricht in der Grundschule zusammengestellt:

**Englischunterricht in der Grundschule
– Was muss anders sein als im EU der Sek I?**

Klärung Muttersprache – Fremdsprache

Er soll:
- einsprachig und
- mündlich sein
- kaum Schrift bieten
- keine Hausaufgaben
- keine Tests
- Selbsteinschätzung durch Schüler (Portfolio)
- Beobachtung durch Lehrkraft

Er soll spielerisch sein durch:
- Reime
- Lieder/Tänze
- Spiele, insbes. Ratespiele
- riddles
- Hörszenen mit *native speakers*
- TPR
- Reaktionsspiel „Feedback"
- Handpuppe
- Stories/ Kinderbücher

Umsetzen mit:
- realen Gegenständen
- Bildern/Medien/CD/Video
- Situationen nutzen
- Situationen schaffen
- Mimik/Gestik
- entstehende Zeichnungen

Er soll:
- kleinschrittig vorgehen
- viel Methodenwechsel beinhalten
- *speech acts* nutzen
- handlungsorientiert sein
- vom Hören zum Verstehen
- Nachsprechen im Chor
- Sprechen in Gruppen
- Partner-Dialoge
- Einzel„vortrag"

**Wiederholung
Sprachkompetenz der Lehrkraft
Integration in andere Fächer**

---

*Abb. 1
Anforderungen
an den Englisch-
unterricht
in der Grund-
schule*

Viele Kinder haben bei Auslandsreisen während der Ferien andere Sprachen gehört und die Erfahrung gemacht, Ausländer zu *sein* und andere Menschen nicht zu verstehen. In unseren Klassen sitzen aber auch Schülerinnen und Schüler aus anderen Kulturen, die unsere deutsche Sprache lernen müssen. So ist es wichtig, diese Erfahrungen von der ersten Unterrichtsstunde an bewusst zu machen.

Daher lasse ich die Kinder den Unterschied zwischen Mutter- und Fremdsprache herausfinden, indem ich sie zunächst auffordere, verschiedene Sprachen zu nennen. Bald fällt einigen auf, dass eine Sprache immer zu einem bestimmten Land gehört: Italienisch zu Italien, Französisch zu Frankreich, Spanisch zu Spanien usw. Danach lenke ich die Aufmerksamkeit auf die Frage, wie denn die Franzosen Französisch, die Chinesen Chinesisch und wir Deutschen Deutsch gelernt haben. Keiner von uns kann sich daran erinnern. Wir können es nur beim Spracherwerb kleiner Kinder beobachten. Die Kinder verstehen leicht, warum die erste Sprache, die ein kleiner Mensch lernt, „Muttersprache" genannt wird – auf die besondere Situation bilingual aufwachsender Kinder gehe ich auch ein.

Nun beginnt das Abenteuer, eine erste Fremdsprache zu lernen. Ich erkläre den Kindern, dass ich die Rolle der Mutter übernehmen werde und ihnen vorspreche und sie nachsprechen, dass der Unterricht einsprachig geführt werden wird und dass sie (zunächst) kaum lesen und fast gar nicht schreiben werden. An einigen Beispielen mache ich ihnen die speziellen Schwierigkeiten in der englischen Rechtschreibung deutlich, und so ist es wohl zu erklären, dass in meinen Klassen nie gefragt wird: „Wie schreibt man das?"

Auf die bange Frage: „Wenn Sie die ganze Stunde nur Englisch sprechen, dann können wir ja gar nichts verstehen!?", antworte ich mit der Beruhigung, dass es nicht schlimm ist, wenn jemand etwas nicht sofort versteht, weil alles ganz oft wiederholt wird und ich durch Zeigen von Gegenständen, Bildern usw. und durch Mimik und Gestik das Verständnis unterstütze. Entsprechend führe ich danach – exemplarisch – die Begrüßungsformel „*Good morning, boys and girls.*" und „*Stand up, please.*" / „*Sit down, please.*" mit den entsprechenden Gesten ein. Ich hole erst einen Jungen nach vorn und spreche „*boy*" und mit Blick auf die anderen Jungen „*boys*" und lasse beides nachsprechen. Ebenso verfahre ich mit „*girl*" und „*girls*", sodass dann schon kleine Hörverstehensübungen durchgeführt werden können, z. B. „*Stand up, boys, please!*" oder: „*Sit down, girls, please!*" Das Tempo wird allmählich gesteigert, die Gestik weggelassen, durch mehrmalige Aufforderung derselben Gruppe versucht, sie „hereinzulegen", und so wird diese Übung schnell zu einem Spiel, bei dem viel gelacht wird, und das später durch Ausscheiden bei falscher Reaktion und durch die Spielregeln von „*Simple Simon says*" erweitert wird.

Praktische Beispiele

Begrüßungslied

In unserer Schule beginnt der Schultag am Montagmorgen mit dem gemeinsamen Singen aller Klassen. Wir beginnen es immer mit dem Begrüßungslied „Guten Morgen, guten Morgen".

Abb. 2:
Begrüßungslied

In einem zweiten Durchgang beginnen wir wieder in deutscher Sprache, singen dann aber in Kurdisch, Polnisch und Russisch weiter, weil das die Sprachen sind, die einige Kinder unserer Schule als Muttersprache sprechen. So wird exemplarisch schon bei den Erstklässlern *language awareness* geweckt. Natürlich lässt sich dieses Lied mit entsprechenden Sprachen auch auf das Begrüßungsritual einer Klasse umdichten.

Are you sleeping?

Die Kinder meiner dritten Klasse haben den Kanon *Are you sleeping?* gelernt. Natürlich kennen sie ihn auch auf Deutsch. Es melden sich auch Kinder, die ihn schon auf Französisch gehört haben, und wir lernen auch diese Version. Einige Kinder erzählen, dass es nach dieser Melodie auch ein polnisches Lied gibt und bringen den Text mit: *Panie Janie, rano wstan*. Auch diesen Text lernen wir und singen ihn. Nun üben wir alle vier Sprachen nacheinander. Danach macht den Kindern der „europäische Sprachensalat" viel Freude, sowohl gleichzeitig als auch im Kanon nacheinander in Gruppen gesungen.

Halloween

Exemplarisch werden die Ursprünge irischer und amerikanischer Bräuche zu diesem Fest (in deutscher Sprache) erklärt. Auch auf die kommerziellen Interessen, es hier in Deutschland erfolgreich zu etablieren, wird hingewiesen. (Im Religionsunterricht lege ich großen Wert darauf, dass der 31.10. der Reformationstag ist.) Das Fest sollte bleiben, was es ist – ein Jux. Im Englischunterricht lernen wir Verse und Lieder, mit denen wir Anfang November verkleidet (mit einfachsten Mitteln, es sollte nichts gekauft werden) von Klasse zu Klasse ziehen und *„Trick or treat?"* fordern. Es ist erstaunlich, wie schnell Kinder diese Lied texte und den Vers mit Hilfe der Handpuppe lernen; manchmal in

Abb. 3:
Halloween-Party
in der Schule

nur einer Unterrichtsstunde. Die Handpuppe verkleidet sich mit Hut, Umhang und Besen als Hexe, sagt den Vers auf und fragt jedes Kind: *„Trick or treat?"*

Guy Fawkes Day

Im vierten Schuljahr werden die Reime und Lieder zu *Halloween* wiederholt, dann wird der *Guy Fawkes Day (Bonfire Night)* mit seinen Bräuchen und seinem historischen Hintergrund vorgestellt. Der Reim: *„Remember, remember, the fifth of November ..."* wird gelernt und gibt Anlass, nun auch die anderen Ordnungszahlen zu lernen.

Ähnlich werden *Christmas, Valentine's Day, Pancake Day* und *Thanksgiving* als exemplarische Beispiele für interkulturelles Lernen und Spracherwerb genutzt. Die Kinder bekommen den Auftrag, sich auch über Bräuche in anderen (nicht nur europäischen) Ländern zu informieren und im (Sach)unterricht vorzutragen. Sinn dieser Aufgabe ist es, den Schülerinnen und Schülern die Vielfalt der Kulturen bewusst zu machen und den englischen Sprachraum nicht exklusiv erscheinen zu lassen.

Spiele

Die Bedeutung der Spiele für das Fremdsprachenlernen kann gar nicht genug betont werden, denn Kinder im Grundschulalter lernen oft viel schneller, wenn sie im Spiel gar nicht merken, dass sie lernen, wiederholen oder üben. Deshalb müssen die Spiele aber gezielt eingesetzt und auf ihren Wert für den Spracherwerb geprüft werden. Zum Glück gibt es inzwischen sehr viele gute Spielanleitungen, auch die neueren Lehrwerke enthalten wertvolle Tipps. Eine besondere Rolle nehmen dabei die Ratespiele ein, denn ohne lange Erklärungen kö nnen Kinder auf natürliche Weise zum Fragen gebracht werden und wiederholen bekannte und neu gelernte Wörter eines Themenbereiches. Für sie steht dabei nicht der Erwerb von Wörtern oder Sprachstrukturen im Vordergrund, sondern der erfolgreiche Abschluss des Spiels.

Die Handpuppe

Eine Handpuppe ist im Englischunterricht der Grundschule unerlässlich. Sie ersetzt der Lehrkraft den fehlenden fremdsprachlichen Gesprächspartner und hilft so bei der Einführung kleiner Dialoge, Satzmustern und vielem mehr. Die Kinder nehmen die Puppe begeistert an und fragen nach ihr, wenn sie nicht mit in den Unterricht kommt. Spricht die Puppe, schauen sie sie an, obwohl sie natürlich wissen, dass die Lehrkraft spricht. Jede Fremdsprachenlehrkraft sollte unbedingt den Umgang mit der Handpuppe üben und seine Möglichkeiten beherrschen.

Situationen nutzen

Jedes Mal, wenn Gäste im Englischunterricht hospitieren – seien es nun ausländische Besucher, Lehrkräfte anderer Schulen, Studierende oder auch interessierte Eltern – werden diese zumindest in englischer Sprache vorgestellt und nach dem in der Klasse üblichen Ritual begrüßt, meist mit einem Lied. Je nach Fortschritt im Schuljahr interviewen entweder die Gäste die Kinder (die Fragen gebe ich vor) oder (mit Unterstützung von Symbolen) die Schülerinnen und Schüler die Gäste. Falls die Anzahl es zulässt, stellen die Interviewer ihren Gast der ganzen Klasse vor.
Folgende Fragen können u. a. gestellt werden:
My name is … What's your (German/English) name?
Hello/Good morning, …, how are you?

158

How old are you?
When is your birthday?
Have you got a pet/brother/car …?
What's your hobby?
What's your favourite colour/food/football club/book/…?
Do you like …?

Situationen schaffen

Den Reim
> *1, 2, 3, 4, come in, please,*
> *and shut the door!*
> *5, 6, 7, 8, it's time for school,*
> *but you are late.*
> *9 and 10, 9 and 10, don't be late for school again!*

führe ich ein, indem ich ein Kind bitte, mit Ranzen auf dem Rücken draußen viermal an die Tür zu klopfen. Ich zähle laut mit und spreche den Vers bis *„please"*, warte ab, bis das Kind in der Tür steht und fahre dann erst fort. Ich schaue und zeige auf die Uhr während ich die zweite und dritte Zeile sage. Bei der vierten „drohe" ich freundlich mit dem Finger. Danach darf ein anderes Kind hinausgehen und wir wiederholen den Vers. Einige Kinder sprechen bereits Teile des Verses mit, insbesondere die Zahlen. Nach kurzer Zeit sprechen alle den ganzen Vers mit. Bei großen Klassen sind die Schülerinnen und Schüler enttäuscht, wenn nicht jeder einmal „zu spät kommen" darf. Das muss in der nächsten Stunde unbedingt nachgeholt werden. Ich selbst spiele dann auch einmal die Rolle der Zuspätkommenden und füge nach Zeile 2 noch *„Sorry, girls and boys"* ein. Das tun die Kinder später auch. Wir schicken sie dann mit einem *„… please sit down quickly!"* an ihren Platz. Wenn ein Kind (oder ein Student, oder eine Lehrkraft) dann wirklich einmal zu spät kommt, wird der Vers aufgesagt.

Stories/authentische Kinderbücher

In englischer Sprache erzählte Geschichten, Phantasiereisen und vorgelesene Kinderbücher bereiten den Kindern große Freude. Besonders geeignet sind Bücher mit großen Bildern, wenig Text und sich wiederholenden Satzmustern, die von den Schülerinnen und Schülern dann gern und bald mitgesprochen werden. Besonders beliebt sind *lift-the-flap books*, weil sie zum Raten einladen und Überraschungen bereit halten. Jeder, der Fremdsprachenunterricht in der Grundschule erteilt, sollte sich einen Fundus solcher Bücher anlegen. Sehr hilfreich können dabei die von Opal Dunn zusammengestellten *Real Book News* sein. Sie erscheinen zweimal im Jahr und sind bei der Herausgeberin direkt (OpalD@realbooks.co.uk) oder als Download (www.realbooks.co.uk) erhältlich. „They include information on books to use with children learning French, German and English." (Issue 1,2)

Empfehlenswert ist auch die Sammlung *Storytime* (Westermann), die für die 1./2. Klasse bzw. 3. und 4. Jahrgangsstufe konzipiert wurde. Sie umfasst als Basis ein Arbeitsheft passend zu Geschichten und fünf authentischen Bilderbüchern (für jeweils eine Klassenstufe), einen didaktischen Kommentar mit Ideen für den Unterricht passend zu jeder einzelnen Geschichte. Eine Audio-CD, auf der alle Texte und Lieder von *native speakers* gesprochen bzw. gesungen werden, rundet das Angebot ab.

Eine große Bereicherung auf dem Gebiet der Kinderliteratur sind die Großdruckausgaben mancher Bücher, weil sie von den Schülerinnen und Schüler im Frontalunterricht besser gesehen werden können. Kleinere Ausgaben haben durchaus auch ihren Reiz, müssen allerdings von der Lehrkraft „herumgezeigt" werden. Ideal sind auch die sogenannten „Kniebücher", die die Lehrkraft auf ihre Knie stellt. Sie sind meist großformatig. Die Schülerinnen und Schüler sehen die Bilder, die Lehrkraft auf der ihr zugewandten Seite die verkleinerten Bilder und den Text der Geschichte.

Ein Wort zum Schluss

Aus vielerlei Gründen (Lehrbefähigung, Stundentafel, Gesetzeslage) wird in nächster Zeit in den meisten Grundschulen nur eine Fremdsprache vermittelt werden – vorwiegend Englisch. Das bedeutet, dass möglichst jede Gelegenheit genutzt werden muss, in den Englischunterricht auch andere Sprachen und Kulturen einzubeziehen. Dies steht aber nicht im Widerspruch zu dem Ziel, zunächst einmal, *diese* Sprache sprechen zu lernen; denn die Grundschule leistet damit einen wichtigen Beitrag zur Überwindung sprachlicher Barrieren. Mit Englisch kann man sich international mit Menschen verständigen – mit *native speakers* ebenso wie mit Menschen, die diese Sprache ebenfalls „nur" als Fremdsprache gelernt haben.

Birgit Lippelt (Braunschweig)

Integratives Fremdsprachenlernen

12

Einschätzung aus der Praxis

Der integrative Fremdsprachenunterricht, wie ihn Maria Felberbauer in Kapitel 3 aus österreichischer Sicht vorgestellt hat, ist auch in Deutschland kein Novum. Lange bevor deutsche Sekundarschulen anfingen, die Integration von Sprach- und Sachfächern zu erproben, hatten die Lehrerinnen und Lehrer der Grundschulen begonnen, das Fremdsprachenlernen mit anderen Fächern zu verbinden oder es in ein ganzheitliches unterrichtliches Gesamtkonzept einzubetten.[1]

Die in den letzten Jahren vorgestellten Ansätze und Methoden, z. B. die Begegnung mit Fremdsprachen als additives Angebot oder das systematische Fremdsprachenlernen mit grundschulgemäßen Methoden, riefen in Deutschland teilweise kontroverse Diskussionen hervor. Allerdings führte die praktische Umsetzung der unterschiedlichen theoretischen Konzepte in fast allen Fällen zu einem ähnlichen Ergebnis: Der Unterricht wird als schülerzentriert erlebt, macht Spaß und führt zum Erfolg. Diese Einschätzung wird von Schulkindern, Lehrkräften und Eltern gleichermaßen geteilt.

Bausteine für diesen Erfolg sind allgemein anerkannte Unterrichtsprinzipien wie:
• Orientierung an der Lebenswelt der Kinder,
• Betonung spielerischer, handlungsorientierter, kreativer Arbeitsformen,
• keine Versetzungsrelevanz,
• Vorrang des Hörverstehens und Sprechens,
• Bearbeitung der Themen in konzentrischen Kreisen (Spiralcurriculum),
• Lernen mit facherübergreifenden, integrativen Bezügen.

Besonders die Versuche mit dem Fremdsprachenlernen im 1. Schuljahr oder schon in Kindertagesstätten beginnen zu zeigen, dass eine enge Verzahnung von Erleben, Handeln und Erfahren mit fremdsprachlichem Input notwendig ist.

Integratives Arbeiten – ein Spektrum

Die niedersächsische Konzeption des Fremdsprachenlernens in der Grundschule sieht einen integrativen Ansatz vor (siehe auch die Grafik auf S. 142):

> Die didaktische Konzeption des Fremdsprachenlernens in der Grundschule ist bestimmt durch die Integration in Fächer, Lernbereiche und in das Schulleben. Die Impulse und die Inhalte für fremdsprachliches Lernen kommen aus dem schulischen und außerschulischen Lerngeschehen im weitesten Sinne und auch aus der fremden Sprache selbst; sprachsystematische Erwägungen bleiben – wie auch im muttersprachlichen Unterricht – im Hintergrund. Ausgehend von den Inhalten und Methoden des Grundschulunterrichts ist das Fremdsprachenlernen integrativer Bestandteil des Unterrichts. (Niedersächsisches Kultusministerium 2000)

Unterrichtet die Klassenlehrkraft auch die Fremdsprache ist ein hohes Maß an ganzheitlicher, integrativer Arbeit möglich. So können die fremdsprachlichen Anteile im Stundenplan flexibler eingesetzt werden oder Bestandteile des Wochenplans sein.

Wird der Unterricht von einer Lehrkraft erteilt, die an 45-minütige Einheiten gebunden ist, kann sich integrative Arbeit z. B. eher auf fächerverbindende Aspekte oder themenzentriertes Arbeiten beziehen.

Die Verknüpfung von Themen z. B. des Sachunterrichts mit Themenbereichen fremdsprachlichen Lernens oder die Einbindung in den Schulalltag erfordert nicht nur gründliche Planung durch die einzelne Lehrkraft. Es ist auch Aufgabe der entsprechenden Fach- bzw. Jahrgangskonferenz, die Verbindungen des Fremdsprachenunterrichts zu anderen Bereichen des Unterrichts herzustellen.

Die Erarbeitung eines integrativen fremdsprachlichen Konzepts muss die Frage nach den Unterrichtsmaterialien berücksichtigen. Hier liegt häufig eine große Schwierigkeit. Ist ein bestimmtes Lehrwerk eingeführt, ergeben sich nicht unbedingt ausreichende Verbindungen zum integrativen Schulkonzept. Es ist eine breite Vielfalt von Materialien nötig, was bei knappen Haushaltsmitteln häufig Probleme mit sich bringt.

Ein weiterer schwieriger Punkt ist die Frage nach der Progression des Unterrichts und nach dem Feststellen des Lernfortschritts.

Folgt man in erster Linie einem Lehrwerk und ergänzt die Themenbereiche des Lehrbuchs mit Zusatzaktivitäten, kann man der Klassen-

162

elternschaft und den Lehrkräften der folgenden Klassenstufen gegenüber leicht vertreten: „Der Stoff des 3. Schuljahres wurde bearbeitet." Dies ist vielleicht beruhigend, die Vernetzung zum ganzheitlich orientierten Gesamtkonzept darf dabei aber nicht verloren gehen.

Bei der Arbeit mit einem fächerübergreifenden schuleigenem Konzept kann die Vermittlung, Übung und Beherrschung ausgewählter Strukturen und eines angemessenen Wortschatzes nicht „zufällig" sein. Die Orientierung an bestimmten Standards muss eine Grundlage für ein fremdsprachliches Schulkonzept bilden. Hier ist der *Gemeinsame europäische Referenzrahmen für Sprachen: lernen, lehren, beurteilen* (Europarat 2001) eine fundierte Grundlage. Weiterhin sollte im Schulplan ein Minimalkonsens an Strukturen und Wortschatz, entsprechend den jeweiligen Vorgaben durch Richtlinien, Empfehlungen oder Standards, festgelegt sein.

Das Spektrum für integratives Arbeiten ist sehr breit und Grundschulen werden zukünftig ihr Konzept des Fremdsprachenlernens im Rahmen ihres Schulprogramms darstellen.

Unterrichtsbeispiele

Die beiden folgenden Unterrichtsbeispiele lassen sich auch von Lehrkräften, die nicht als Klassenlehrkraft unterrichten, unter integrativen Aspekten unterrichten. In beiden Beispielen wird das Schriftbild von den Schülerinnen und Schülern benutzt. Dies geschieht differenziert, so dass keine Überforderung zu erwarten ist.

Ein Wintergedicht im Rahmen der Unterrichtseinheit „Wetter"

Im Rahmen der Unterrichtseinheit „Wetter" im Sach- und Englischunterricht beschäftigte sich eine 4. Klasse intensiv mit Wettererscheinungen, Wetterbeobachtung und -vorhersagen. Das Thema bietet sehr viele Möglichkeiten der integrierten Arbeit, besonders auch im Rahmen von Eigentätigkeit und Projektorientierung. Viele Lehrwerke und andere Materialien bieten Anregungen, dieses Thema integriert bzw. fächerübergreifend zu bearbeiten. Daher beschränke ich mich hier auf die Darstellung und den Umgang mit einem Gedicht.

Das Gedicht *White December* regt dazu an, mit einem relativ umfangreichen lyrischen Text mündlich und schriftlich umzugehen.

Jahreslauf
Winter

Englisch: Seasons/Weather

White December

- Hörverstehen und Sprechen
- Wortschatzerweiterung
- Strukturübung
- Präsentieren eines Gedichts
  (Betonung, Pantomime)
- Angeleitetes Lesen und
  Schreiben
- Gestalten eines Gedichts

Sachunterricht:
Wetter

Schulleben
Präsentation
(Schulfeier)

Wochenplan

Musisch-kulturelle Bildung

White December

What colour is December?
White do you say?
Looking from your window
On a frosty day.

What colour is December?
White do you say?
Jumping into snowdrifts
Wind has piled your way.

What colour is December?
Think before you say.
It's sparkling as the tinsel,
Red as berries bright,
Glossy green as Christmas trees
And starry as the night.

Anne English

Zunächst zeigte ich der Klasse ein Bild, auf dem Kinder durch ein Fenster aus einem verschneiten Haus schauen. Dazu sprach ich die erste Strophe des Gedichts; das Wort „December" ersetzte ich durch „winter".

164

> *What colour is winter?*
> *White do you say?*
> *Looking from your window*
> *On a frosty day.*

Da die Schlüsselwörter (*colour, winter, white, looking, window, frosty, day*) bekannt waren, gab es bei der Bedeutungserschließung keine Probleme. Die Kinder lernten die Zeilen schnell auswendig und wollten ein Bild dazu malen. Je nach Klassensituation besteht auch die Möglichkeit mit den Kindern zu überlegen, welche anderen Farben der Winter haben könnte. Nach ein paar Tagen kam die Nachfrage, ob das Gedicht nicht „weiterginge". Die zweite Strophe erschien mir zu schwierig und so dichtete ich spontan:

> What c*olour is winter?*
> *White do you say?*
> *Watching all the snowflakes*
> *White and never grey.*

Die Idee war geboren, ein eigenes, dem Leistungsvermögen der Klasse angepasstes Gedicht zu verfassen und in den Mittelpunkt des Unterrichts zu rücken.

> *What colour is winter?*   *What colour is winter?*
> *White do you say?*   *White do you say?*
> *Throwing many snowballs*   *Making a big snowman*
> *Near and far away.*   *Nicely on your way.*

Vier große Tonkartonbogen wurden nebeneinander aufgehängt. Auf dem ersten Bogen präsentierte ich das Bild aus der Einstiegsstunde und den Text der ersten Strophe. Auf den drei weiteren Bögen erschienen vorerst nur die zwei Anfangszeilen und darunter nach und nach einige Symbole zur Unterstützung des Gedächtnisses:

2. Strophe: Schneeflocken, weißer und grauer Punkt
3. Strophe: Schneebälle
4. Strophe: Schneemann

Viele Kinder lernten alle vier Strophen auswendig, einige eine Strophe ihrer Wahl.

Der Inhalt wurde pantomimisch verdeutlicht. Dies unterstützt im Sinne vielkanaligen Lernens das Behalten und fördert beim Vortragen vor den anderen das Verstehen.

Beim Vortragen gibt es viele Möglichkeiten, das Gedicht aufzuteilen, so dass alle das Gefühl haben, einen Beitrag leisten zu können

(z. B. schwächere Schüler sprechen nur die erste Zeile, evtl. auch gemeinsam mit anderen Kindern).

Nachdem der Text relativ sicher gesprochen wurde, fügte ich das Schriftbild ein, die Symbole blieben zur Unterstützung erhalten. Das Lesen bereitete jetzt kaum Schwierigkeiten, für viele ist das Schriftbild nach Absicherung der Aussprache eine Hilfe. Da die Kinder den Text gern notieren wollten, gestaltete jedes Kind ein Leporello zum Gedicht. Auch das Abschreiben oder das Notieren bekannter, häufig geübter Wörter ist kein Widerspruch zum vorwiegend mündlichen Umgang mit der Fremdsprache in der Grundschule. Wichtig ist allerdings, das unterschiedliche Leistungsvermögen der Kinder zu berücksichtigen und differenziert mit der Schriftsprache umzugehen. Vorbereitend schrieben die Kinder den Text auf ein Arbeitsblatt:

White winter

_____

_____ do you say?

Looking from _____

On a frosty _____

_____

_____ do you say?

Watching all the _____

_____ and never _____ .

_____

_____ do you say?

Throwing many _____

Near and far away.

_____

_____ do you say?

Making a big _____

Nicely on your way.

Abb. 1: Arbeitsblatt zum Gedicht „White winter"

Nachdem das Leporello gefaltet und die jeweilige Seite für Text und Illustration eingeteilt war, wurde jede Strophe liebevoll illustriert.

Beim Notieren des Textes gab es mehrere Varianten, je nach Wunsch der Kinder:

- Der gesamte Text wurde abgeschrieben, die *key words* zeichnerisch verdeutlicht.
- Der gesamte Text wurde aufgeklebt, die *key words* zeichnerisch verdeutlicht
- Die ersten beiden Zeilen wurden abgeschrieben, die jeweils 3. und 4. Zeile aufgeklebt
- Mischform aus abgeschriebenem, aufgeklebtem und gezeichnetem Text.

Kinder, die schnell fertig waren, gestalteten für die großen Tonpapierseiten passende Bilder. Aus den sehr unterschiedlichen, kreativen Leporellos und den großen Seiten war eine kleine Ausstellung für die Pausenhalle entstanden. Die Kinder lasen ihren Mitschülerinnen und Mitschülern aus den anderen Klassen immer wieder geduldig ihr Gedicht vor.

Fitness – Health – Ilness

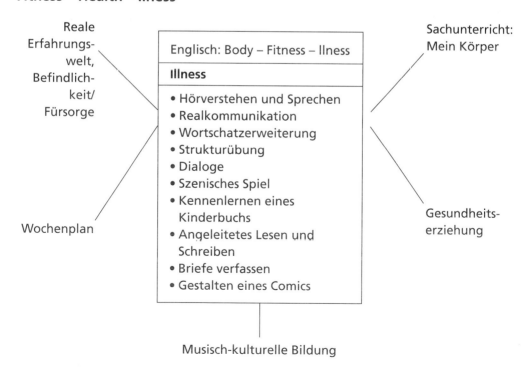

167

Das Thema „*Fitness – Health – Ilness*" stellt einen wichtigen Erlebnis-
bereich der Kinder dar und bildet deshalb einen zentralen Unterrichts-
gegenstand der Grundschule. In Zeiten mit häufigen Erkältungsinfekten
oder bei einem besonderen Krankheitsfall oder Unfall einer Mitschülerin oder eines Mitschülers bietet es sich an, diesen Themenbereich mit
in die themenzentrierte Fremdsprachenarbeit aufzunehmen.

Viele Lehrwerke und Unterrichtsmaterialien geben Anregungen.
Nennen möchte ich an dieser Stelle ein *Big Story Book* mit dem Titel
Big B. (Klippel/Preedy 20)

Der Einsatz dieses Buches bietet viele Möglichkeiten kindgerecht,
sprachlich differenziert und handlungsorientiert mit dem Thema „Kinder im Krankenhaus" umzugehen.

Den Einstieg in das Thema Krankheit kann ein Gespräch zwischen
Lehrkraft und Kind über dessen aktuelle Befindlichkeit darstellen. Für
die Übung der mündlichen Kommunikation bieten sich kleine Dialoge,
szenische Umsetzungen oder Rollenspiele an, z. B. Gespräche oder Te-
lefongespräche zwischen dem kranken Kind und den Eltern, dem Arzt
oder Freunden. Gut geeignet ist hier auch der Einsatz einer Handpuppe, die erkrankt oder verletzt ist, da sie den Kindern Freiräume bietet
und die eigene Befindlichkeit in den Hintergrund treten lässt. Mithilfe der Handpuppe hat die Lehrkraft die Möglichkeit Strukturen und
Wortschatz darzubieten und zum Üben anzuregen. Auch eine nachge-
stellte Szene in einem Wartezimmer mit Gesprächen über die Krankheit der Personen oder auch über kranke Haustiere erlaubt Dialoge auf
unterschiedlichem sprachlichen Niveau.

Um den erforderlichen Wortschatz zu erarbeiten und zu üben, eignen
sich auch Bilder mit eindeutigen Darstellungen. Die Bilder können als
flashcard im Klassenraum hängen und bieten als kleine Bilder für die
Hand der Kinder Übungsmöglichkeiten z. B. in Form von Bingo-, Me-
mory- oder Kartenspielen. Um Fragestrukturen und Wortschatz aktiv
zu üben, erhalten alle Kinder verschiedene Bildkarten, eine stellt z. B.
ein Kind mit Kopfschmerzen dar. Die Kinder gehen im Klassenraum
herum und befragen sich, bis sie sich zu Gruppen mit derselben Krankheit zusammengefunden haben.

Für die Überprüfung des Hörverstehens werden die Bilder auf einem
Arbeitsblatt abgebildet, die Lehrkraft nennt die bekannten und geüb-
ten Sätze und die Kinder nummerieren die Bilder entsprechend der
Nennung.

Zum Üben und auch Überprüfen der Sprechfertigkeit und des Wortschatzes kann die Lehrkraft die Kinder beauftragen, mit einem Partner

oder in einer Kleingruppen Szenen einzuüben, die dann vorgespielt werden.

Auch das Schreiben und Gestalten von Genesungswünschen für Mitschüler oder Lehrkräfte lässt Raum für individuelle kreative Gestaltung und den vorsichtigen Einsatz des angeleiteten Schreibens.

Beispiele für Wortschatz und Strukturen

Die folgende Zusammenstellung des Wortschatzes und der Strukturen ist als eine Information für Unterrichtende gedacht, kann aber auch Schülerinnen und Schülern, die schon mit der englischen Schrift vertraut sind, als Lernhilfe angeboten werden.

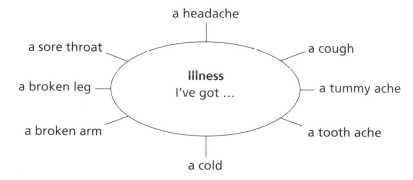

Die Formulierung „I've got ..." bietet sich an, da so Fragen ohne Umschreibung mit „to do" möglich sind. Benutzt man das Verb „to hurt" (z. B. „My knee hurts.") können Fragen und Antworten von den Schülern kaum selbstständig gebildet werden.

Beispiele für einfache Frage-Antwortsätze:

How are you?   *I'm fine, thank you.*
                           I'm not so well.
                           I'm ill.
What's the matter with you? *I feel sick.*

Gestaltung eines Comics

Nachdem die Schülerinnen und Schüler den Wortschatz im Bereich des Sprechens sicher beherrschten, stellte ich ihnen Sprechblasen, die dem mündlich geübten Wortschatz entsprachen, zur Verfügung. Daraus entstanden kleine Comics.

Die Sprechblasen konnten ausgeschnitten und in die Zeichnungen ein-
geklebt werden oder die Schülerinnen und Schüler benutzten sie als
Vorlage zum Ab- bzw. Umschreiben.

Die Umschreibung des Verbs „to like" mit „to do" gehört zu den
durch Imitation geübten Strukturen, so dass hier kein Problem zu erwarten ist.

Abb. 2:
Schülerarbeit
zum Thema
„I'm ill"

Anmerkung

[1] In Deutschland hat sich als Bezeichnung für die Integration von Sprach- und Sachfächern der Sekundarstufe (leider) der wenig treffende Terminus „Bilingualer Unterricht" durchgesetzt. Die vom Europarat verwendete Bezeichnung „Content and Language Integrated Learning (CLIL)" trifft den Sachverhalt wesentlich besser (Vgl. Wildhage & Otten 2003) und macht auch die Parallele zum integrativen Fremdsprachenunterricht der Grundschule deutlich.

Barbara Hardt (Köln)

Englischunterricht in der Grundschule auf der Grundlage der Vorerfahrungen der Kinder

13

Der Erwerb von Sprache(n) erfordert folgende Aktivitäten: das Entdecken, Herauslösen, Speichern, Abrufen von Einheiten und Regeln sowie ihre Verknüpfung mit spezifischen Funktionen.

Spracherwerb bedeutet aber nicht nur das Erlernen von Regeln, sondern auch den Erwerb der Fähigkeit damit kreativ und bewusst umzugehen.

Peltzer-Karpf 2001, 31 und 61

Welche Vorerfahrungen und Kenntnisse der englischen Sprache bringen Kinder im 3. Schuljahr bereits mit?

Wenn Kinder im Alter von 9 Jahren im 3. Schuljahr mit dem Englischunterricht in der Grundschule beginnen, sind ihnen bereits zahlreiche englische Begriffe aus ihrer Lebensumwelt bekannt. Laut Piepho erkennen Sieben- bis Achtjährige ca. 570 Wörter und sprechen davon sogar 120 Wörter annähernd richtig aus, ohne sich vom Schriftbild verwirren zu lassen. In den letzten Jahren ist die Zahl der Anglizismen in der deutschen Sprache stark angestiegen und viele englische Wörter gehören ganz selbstverständlich zum deutschen Sprachgebrauch. Großes Interesse der Kinder besteht an den Bereichen Neue Medien, Spiele, Freizeit, Sport und Musik. Wörter wie Computer, Basketball, Ketchup oder T-Shirt werden ganz selbstverständlich genutzt und nicht immer ist der Sprecherin bzw. dem Sprecher bewusst, dass es sich dabei um englische Wörter handelt.

Wo und wie haben sie dieses Wissen erworben?

Viele Kinder bringen schon beim Eintritt in die Grundschule Kenntnisse der englischen Sprache aus ihrer Kindergartenzeit mit. Sie singen selbstverständlich *„Happy birthday to you"* an Geburtstagen, kennen *„Old Mac Donald has a farm"* und können einige Farben, Zahlen und Tiere recht sicher auf Englisch benennen.

Alles weitere fremdsprachliche Wissen, das nicht durch Begegnung im Kindergarten gewachsen ist, haben sich die Kinder selbstständig aus Interesse eingeprägt. Aus der Psycholinguistik (Peltzer-Karpf 2001) weiß man, dass das Gehirn sehr selektiv auswählt, was gespeichert werden soll. Die Regeln hierzu werden individuell aufgebaut und festgelegt. Dieser sehr speziell zusammengestellte Wortschatz verrät einiges über das Interesse und die Lebenswelt des Kindes und ist auch immer gut für Überraschungen.

„Ladies first", sagte Ismail, 9 Jahre, sehr höflich und hielt der Lehrerin die Tür auf. Auf die erstaunte Frage, woher er diese Redewendung denn kenne, antwortete er, aus dem Fernsehen und von seinem Onkel.

Kinder begegnen der englischen Sprache immer wieder auch in ihrem Alltag. Vielleicht hat ein Kind einen Werbeslogan auf einem Plakat wieder und wieder auf dem Weg zum Sportplatz gesehen oder es hat sich Sprüche aus der Werbung in den Medien eingeprägt, weil die dargestellte Situation ansprechend und der Klang der Wörter angenehm war oder der Lieblingsfußballer damit assoziiert wurde. Das Futter für den Hund wird vielleicht bei *Mr Pet* gekauft, manchmal fährt man mit zum Autowaschen zu *Mr Wash*. Das Essen und die Speisekarte im *Fastfood*-Restaurant bieten eine Fülle an Sprachmaterial. Der Bereich Sport und Musik beinhaltet viel Englisch und ist für Kinder in diesen Alter besonders interessant und bedeutsam. Hier erwerben sie neugierig und eigenständig ihre Sprachkenntnisse. Oft werden sie durch ältere Geschwister oder Freunde inspiriert.

Vorkenntnisse sinnvoll nutzen und weiterentwickeln

Motivation

Da die englische Sprache den Grundschulkindern alltäglich in ihrer Lebensumwelt begegnet, ist die Motivation, sich auf Englisch zu verständigen, enorm hoch. Endlich zum Kreis derer gehören, die Englisch verstehen, sprechen, lesen und auch schreiben können. Dies war bisher ein Privileg der älteren Geschwister auf den weiterführenden Schulen. Jimmy, 10 Jahre, wurde gebeten am Ende des Sportunterrichts auf einen Mitschüler zu warten, der noch nicht fertig umgezogen war. *„Sure, I wait for him.“* Seinen ungewöhnlichen Ausspruch erklärte er damit, dass er nachmittags mit seinen (älteren) Freunden Englisch spräche. Englisch sei cool. Englisch zu sprechen ist in.

Auch wenn der Beginn des Fremdsprachenunterrichts für alle Kinder in Nordrhein-Westfalen im dritten Schuljahr gemeinsam anfängt, so bringen die Kinder trotz einer scheinbar ähnlichen Lebensumwelt sehr unterschiedliche Vorerfahrungen und Kenntnisse mit (wie in anderen Unterrichtsfächern übrigens auch). Die persönlichen Vorlieben bestimmen entscheidend die Motivation und Bereitschaft zur Mitarbeit. Kinder prägen sich aus dem gemeinsam erarbeiteten Wortschatz unterschiedlich gut neue Wörter ein und erweitern diesen je nach Interesse. Ein Kind ist beim Thema *Animals* emotional stark angesprochen, hält sich jedoch beim Thema *Vehicles* sehr zurück.

Generell ist die Motivation für das Fremdsprachenlernen zunächst groß. Daher gilt es, sie aufrecht zu erhalten und weiter zu entwickeln, indem erfolgreiches Lernen allen Schülerinnen und Schülern im Rahmen ihrer individuellen Neigungen und Fähigkeiten ermöglicht wird. Hier bietet sich der Grundschule die Chance, den Kindern die Möglichkeit der Kommunikation in einer fremden Sprache als bedeutsam zu vermitteln und somit den Grundstein für ein positives Fremdsprachenlernen zu legen.

Kompetenz in der Muttersprache – Kompetenz in der Fremdsprache

Bei Kindern im Alter von 8, 9 oder 10 Jahren hat der Spracherwerb ihrer Muttersprache ohne viel bewusstes Verweisen und Erklären von Regeln implizit stattgefunden. Bei Migrantenkindern gilt dies häufig

173

auch für den Erwerb der ersten Fremdsprache. Ein recht komplexes Sprachsystem wird in der Regel auf hohem Niveau erfasst. Beim Erlernen von weiteren Sprachen wird immer unbewusst und manchmal auch bewusst mit dem zuerst gelernten Sprachsystem verglichen. Die bis zum jeweiligen Start des frühen Fremdsprachenlernens erworbenen kognitiven und sprachlichen Fähigkeiten bilden die Basis für den Erwerb eines neuen Systems. Die jeweils verfügbare und kognitive Basis bestimmt und erweitert die weitere Auswahl und Verarbeitung von Information (Peltzer-Karpf 2001). Je höher die erreichte Sprachkompetenz in der Muttersprache ist, desto größer sind die Chancen, die fremde, noch zu erlernende Sprache auch auf hohem Niveau zu begreifen. Migrantenkindern, die gute Kenntnisse der Muttersprache und der deutschen Sprache erworben haben und dann im 3. Schuljahr Englisch bereits als zweite Fremdsprache erlernen, kommt häufig entgehen, dass das Deutsche und das Englische viele Ähnlichkeiten in Schrift, Laut und Satzstrukturen aufweisen. Migrantenkinder können auf bekannte Sprachsysteme zurückgreifen und bereits erworbene Sprachlernstrategien anwenden, z. B. sich Unbekanntes mit Hilfe von Schlüsselwörtern aus dem Kontext erschließen.

Problematisch wird der Erwerb der englischen Sprache, wenn Kinder weder in ihrer Muttersprache noch im Deutschen als erster Fremdsprache sichere Kenntnisse haben.

Sensibilisierung für die englische Sprache

Wie bereits erwähnt, ist manchmal den Kindern gar nicht bewusst, dass es sich bei ihrer Wortwahl um Wörter aus der englischen Sprache handelt, zumal wenn diese zum selbstverständlichen alltäglichen Sprachgebrauch gehören. Die meisten Kinder wachsen mit Cornflakes und Toast, T-Shirt und Jeans, Inline-Skates, Mountainbike und Kickboard auf. So verwundert es nicht, dass im Rahmen einer Unterrichtsreihe zu den verschiedenen Fortbewegungsmitteln Vanessa, 9 Jahre, fragte, was denn Skateboard auf Englisch heiße.

Erst einmal sensibilisiert, gehen Kinder gerne wie die Detektive (Groß 2002) auf die Suche nach Anglizismen. Auf T-Shirts, Mäppchen, Schulranzen und in den Medienecken gibt es viele Wörter in unterschiedlichen Sprachen zu entdecken.

In einem 3. Schuljahr hatten einige Kinder sehr viel Spaß daran, an den Tagen, an denen sie Englischunterricht hatten, Kleidung anzuziehen, die mit englischen Wörtern bedruckt war. Im Kreis wurden dann gemeinsam die Beschriftungen entschlüsselt und viel gelacht. Hier finden erste interessante Sprachbetrachtungen im Bereich der *language awareness* statt. Unterschiede und Ähnlichkeiten werden wahrgenommen und angesprochen. Auf dem Weg zur Schule, zu Hause und beim Einkaufen werden diese Sprachuntersuchungen fortgesetzt. Die Kinder schreiben englische Beschriftung ab und bringen ihre Notizen zur nächsten Englischstunde mit. Ergebnisse werden gemeinsam übersetzt und Erfahrungen ausgetauscht. Auch hier zeigen sich die unterschiedlichen Interessen deutlich. Viele Kinder untersuchen zu Hause Computerspiele und Stereoanlagen. Andere forschen nicht nur in ihrem Kinderzimmer, sondern oder auch in Küche oder Badezimmer. Manche schreiben nur wenige Wörter auf, andere legen Listen mit 50–80 Wörtern an. Andere schreiben mit viel Freude die Sicherheitsbestimmungen von einer Verpackung ab, ohne ein Wort zu verstehen. Aber dass es dort auf Englisch geschrieben steht, das wissen sie ganz sicher.

Leo, 9 Jahre

Cola Light
Chicken
Toast
Blue jeans, red jeans

Do not use if the
printed seal
around the cap
is broken or missing.

Sophie, 9 Jahre

Play	CD-Player	
Handy	Clock	Volume
Sony	Walkman	
Timer	Loop	Box
Book	Radio	
Class	door	Water
Lamp	Camera	

Ali, 9 Jahre

OPEN
CLOSE
Stop
NEXT
Play
Pause
start

Aysegül, 9 Jahre

Deutsch	Englisch	Deutsch	Englisch
Programm	programme	Apfel	apple
Computer	computer	Raum	room
Radio	radio	Badezimmer	bathroom
Bett	Bed	Küche	kitchen
Buch	book	Fisch	fish
Licht	lights	Telefon	telephone
Kosmetik	cosmetics		

Language awareness

Die erworbene Kompetenz in der Muttersprache bzw. im Deutschen als erster Fremdsprache bildet die Grundlage für Sprachbetrachtungen im Englischen.

Kinder im Alter von ca. 9 Jahren sind durchaus in der Lage, Sprache und Sprachstrukturen kritisch zu betrachten und zu reflektieren, Regelhaftigkeiten zu erkennen und anzuwenden, sowie Hypothesen und Sprachbetrachtungen in unterschiedlichster Art und Weise anzustellen. Unterschiede, Ähnlichkeiten und Gemeinsamkeiten werden entdeckt, z. B. ähnliche Schriftbilder aber andere Aussprache, Groß- und Kleinschreibung oder Pluralbildungen.

Fehler sind dabei als „Irrtümer" anzusehen, als *windows into the mind*, die Aufschluss über den individuellen Stand der Systementwicklung bezogen auf die Fremdsprache geben (Peltzer-Karpf/Zangl 1998; Bleyhl 2000). Folgende Beispiele aus der Unterrichtspraxis machen dies sehr anschaulich deutlich.

Bei einem Mitmachspiel, bei dem der Wortschatz zum Thema *Body parts* gefestigt wird, legt ein Kind seine Hände auf ein Körperteil und alle Mitschüler benennen es entsprechend gemeinsam. Anna legt ihre Hände an ihren Hals. Das englische Wort für Hals war zu dem Zeitpunkt aber noch nicht bekannt. Vorsichtig äußert sich George, 9: „Häls?" (ungefähr wie *health* ausgesprochen).

Er begründet seine Vermutung damit, das doch im Englischen die Vokale ein bißchen anders ausgesprochen werden – so wie bei Arm – *arm* und Hand – *hand* auch. Sein Vorschlag ist gut überlegt und basiert auf seinen Vorkenntnissen. Seine Antwort ist zwar nicht richtig, aber für seine gut überlegte Vermutung wird er gelobt.

Beim Thema *Animals* sollen die von den Kindern gemalten Tierbilder auf einem Plakat verschiedenen Lebensräumen zugeordnet werden. Es gibt bereits die Rubriken *farm animals, wild animals here* und *wild animals far away*. Es fehlt noch das englische Wort für Haustiere. Wieder ist es George, der eine interessante Idee hat: „*House animals?*" Leider auch hier nicht richtig – aber in Anlehnung an das deutsche Wort logisch gedacht.

Es ist sehr wichtig, Kindern immer wieder Gelegenheiten zu bieten, in denen sie Vermutungen anstellen und äußern können. Für ihre Überlegungen sollten die Kinder – unabhängig von Ergebnis – immer ein positives Feedback bekommen.

Primat des Mündlichen

Das Primat des Mündlichen, die bedeutsame und herausragende Stellung der Bereiche Hörverstehen und Sprechen weit vor den Bereichen Schreiben und Lesen, ist von grundlegender Bedeutung und wird in den verschiedenen Lehr- und Bildungsplänen für Englisch in der Grundschule entsprechend betont. Den Kindern soll entsprechend das Schriftbild erst begegnen, wenn Wörter, Äußerungen, Lieder und Reime wiederholt und auf vielfältige Art und Weise mündlich eingeübt worden sind und das Lautbild vertraut ist.

Aber auch wenn das Primat des Mündlichen im frühen Fremdsprachenunterricht unbestritten ist, ist der sinnvoll geplante Umgang mit Schrift wertvoll. Wenn den Kindern auch im Englischunterricht eigenständiges und kreatives Arbeiten ermöglicht werden soll, dann lässt es sich nicht vermeiden, dass Kindern auch unbekannte oder noch nicht genügend gefestigte Schriftbilder begegnen.

Lesen und Schreiben

Die Kinder, die im 3. Schuljahr mit Englisch als erster oder auch schon zweiter Fremdsprache anfangen, haben mindestens zwei Grundschuljahre hinter sich. Mit dem Ende des 2. Schuljahres ist der Leselern- und Schreiblehrgang weitgehend abgeschlossen. Manche Kinder lesen begeistert, manche mehr oder weniger gut oder gerne. Lesen bildet für selbstständiges Arbeiten eine entscheidende Basis. Für viele Kinder gehört die Schrift einfach dazu, sie fragen auch im Englischunterricht recht schnell nach dem Schriftbild. Diese Kinder haben meist keine Probleme ein noch nicht gefestigtes Klangbild beizubehalten, wenn sie sofort das Schriftbild angeboten bekommen (Piepho 2003). Für manche Kinder bietet das Schriftbild eine wichtige Stütze. Andere finden es einfach interessant, stellen neugierig Sprachbetrachtungen an. Manche Kinder sind stolz und mit sich zufrieden, wenn sie Bildern das passende Wortkärtchen zuordnen können. Andere schreiben lieber selbst die Wörter in ihr Heft. Wieder andere schreiben begeistert freiwillig kleine Texte und Lieder in der fremden Sprache ab.

Die Kinder wissen bereits oder begreifen sehr schnell, dass die englische Sprache keine lautgetreue Sprache wie die deutsche ist. Wenn Kinder nicht wissen, wie das Wort ausgesprochen wird, fragen sie nach. Vielleicht erproben sie auch eine mögliche Aussprache, aber in der Regel wollen sie dann eine Bestätigung für ihre Vermutung bekommen.

177

English corner

Es ist sehr zu empfehlen, eine kleine „Englische Ecke" einzurichten. Hier können die Kinder einerseits auf fremdsprachliche Entdeckungs-reise gehen und andererseits selbst „englische" Sachen bzw. englisch beschriftete Dinge von zu Hause mitbringen: Postkarten aus einem englischsprachigen Land, eine Tüte englischer Chips, Teebeutel, Verpackungsmaterial, Münzen, Bücher etc. Wörter, die bei der Detektivarbeit gefunden wurden (s. o.), können hier präsentiert sowie Plakate mit den bisher gefundenen fremdsprachlichen Besonderheiten aufgehängt werden. Es ist sinnvoll, authentische englische Kinderbücher anzubieten und auch Bildwörterbücher zur freien Verfügung für Sprachbetrachtungen auszulegen. Zu bestimmten Zeiten können die Schülerinnen und Schüler in der *English corner* in Ruhe allein oder gemeinsam mit anderen stöbern und das angebotene Material für selbstständiges und kreatives Arbeiten nutzen.

Grundschulgemäßes, handlungsorientiertes und eigenständiges Arbeiten auch im Englischunterricht

Nach zwei Grundschuljahren sind die Kinder in der Regel an eigen-ständiges und mitverantwortliches Arbeiten gewöhnt. Das entdecken-de Lernen, das selbstständige Denken, das verantwortungsbewusste Planen, Erarbeiten und Präsentieren von Arbeitsergebnissen in Einzel-, Partner- oder Gruppenarbeit gehört ganz selbstverständlich zum Grundschulalltag. Im Rahmen des Fremdsprachenunterrichts bieten sich trotz geringer Sprachkompetenz der Kinder immer wieder Gelegenheiten zum selbstständigen Arbeiten. Auch im Englischunterricht müssen die Kinder aktiv in Planung, Gestaltung und Durchführung einbezogen werden.

Es ist die Aufgabe der Lehrkräfte, die Englisch unterrichten, einen anregenden „Raum" zu schaffen, in dem sich alle Kinder im Rahmen ihrer individuellen Möglichen entfalten können und erfolgreiches Lernen der Fremdsprache erfahren (vgl. S. 67 ff.), u. a. auch dadurch, dass sie von und miteinander lernen. Der Englischunterricht sollte *meaningful, authentic, comprehensible and challenging* (Piepho 2003) sein.

Die Kinder entwickeln im Laufe ihrer Grundschulzeit Strategien, sich Inhalte selbstständig aus dem Kontext mit Hilfe der angebotenen Visualisierungshilfen zu erschließen. Darüber erfahren sie, dass ihnen der Lernstoff in verständlicher Art und Weise ihrem Alter, ihren Fähigkeiten und Fertigkeiten entsprechend, präsentiert wird. Um den unterschiedlichen Lernertypen (Piepho 2004a) gerecht zu werden, müssen den Kindern verschiedenen Möglichkeiten zur Erarbeitung eines Themas angeboten werden. Gerade offene Aufgabenstellungen, die selbstständiges und kreatives Arbeiten ermöglichen, bringen beeindruckende Ergebnisse zu Tage. Hier kann jedes Kind sein Vorwissen einbringen und erweitern, unterschiedliches Interesse und Vorlieben werden berücksichtigt.

Beobachtungen aus der Unterrichtspraxis

Im folgenden Teil wird anhand von Beobachtungen aus dem Englischunterricht und Schülerarbeiten aus dem dritten und vierten Schuljahr aufgezeigt, wie unterschiedlich Kinder arbeiten, wie sehr sie sich in ihrer Verschiedenheit ergänzen und bereichernd voneinander und miteinander lernen. In Unterrichtsphasen, in denen die Kinder eigenständig arbeiten, hat man Zeit für aufmerksame Beobachtungen, kann sich gezielt einzelnen Kindern widmen und steht für Gespräche zur Verfügung (Piepho, 2004a).

Bei einem Gespräch über verschiedene öffentliche Verkehrsmittel in London fragt Jörn, 9: „Zug heißt auf Englisch *train*, heißt dann U-Bahn vielleicht *U-train*?"

Bei der Besprechung von Uhrzeiten und Tagesabläufen wurde auf den Unterschied von Wanduhr und Armbanduhr hingewiesen.
    Lehrerin: *„This is a clock,"* und zeigt auf die Uhr an der Wand *„and this is a watch"*. Da springt Achmed-Can auf und ruft begeistert: „Ach deshalb SWATCH! *Watch* für die Armbanduhr und das S steht für die Schweiz."

Eine Gruppe von Kindern versucht sich gemeinsam an Freiarbeitsmaterial für den Englischunterricht. Ähnlich geschriebene deutsche und englische Wörter stehen farbig gekennzeichnet auf dreieckigen Kärtchen. Diese werden entsprechend aneinander gelegt und ergeben bei vollständiger Lösung eine Pyramide. Solche Arbeitsmaterialien sind den Kindern vertraut. Beim Sortieren und Zuordnen unterhalten die Kinder sich, stellen interessante Sprachbetrachtungen an und korrigieren sich gegenseitig. Einfache Zuordnungen wie Sand – *sand*, Gras – *grass*, Haus – *house* und Maus – *mouse* sind schnell gefunden. Schwierigere Paare, wie Vater – *father* und Mutter – *mother*, Licht – *light* werden erst aussortiert. Anschließend wird gemeinsam überlegt, wie die Wörter ausgesprochen werden. Mikail, 10: „Man muss alles, was

179

auf Englisch ist, einfach ein bisschen weicher, runder und irgendwie länger aussprechen."

Die Aussprache wird geprobt und am Ende wird der Lehrerin die Pyramide gezeigt und vorgelesen. Bei solchen Aktivitäten beteiligen sich Kinder unterschiedlich. Einige sind ungehemmt immer dabei, andere hören eher vorsichtig zu oder arbeiten lieber nur mit einem Partner.

Auch grammatische Aspekte werden von den Kindern wahrgenommen und angesprochen.

Ekrem: Wenn es nur ein Hund ist, dann sage ich auf Englisch: *There **is** a dog*. Was sage ich denn, wenn es mehrere Hunde sind?
Lehrerin: There **are** dogs.
Ekrem: Bei anderen Tieren geht das dann genau so, oder?
    Also: *There is a cat und there are cats.*

Im Kapitel *Keep fit* (Bausteine Magic 4, S. 9) tauchen verschiedene Verbformen auf. Zunächst heißt es bei dem Rap:

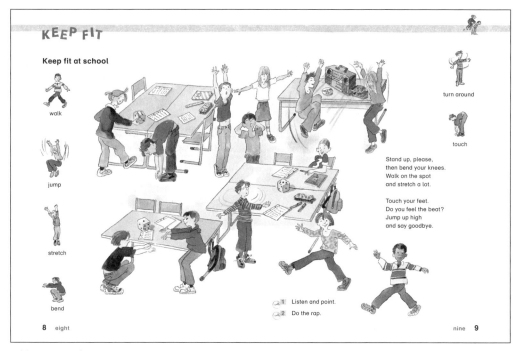

Abb. 1: Keep fit-Rap

Im *Activity book* sind auf der zugehörigen Seite Bilder abgebildet, auf denen die Handpuppe Merlin verschiedene Bewegungen ausführt. Unter den Bildern stehen verschiedene Sätze zur Auswahl. Hier wird das Leseverständnis der Kinder überprüft, die den entsprechenden Satz ankreuzen.

Auf das angehängte „s" in der 3. Person Singular wird kurz hingewiesen. Für einige Kinder ist das ausreichend, andere fragen nach.

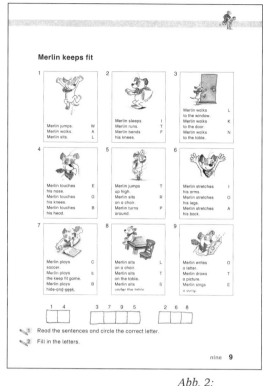

Yahya, 10 Jahre: Wenn ich jetzt noch etwas anderes schreiben will, was Merlin macht, kommt da immer ein „s" dran?

Lehrerin: Ja, bei allen Verben in der Gegenwart wird bei der 3. Person Singular ein „s" angehängt.

Yahya: Das ist immer so, auch wenn ich jetzt über Daniel etwas sage oder schreibe? Also auch: *Daniel likes soccer.*

Abb. 2:
Merlin keeps fit

Tina und Charline, beide 10 Jahre, wollen wissen, warum bei *Merlin touches his knees* und *Merlin stretches his arms* auch noch ein „e" vor dem „s" steht. Die Erklärung, dass das Wort ohne das eingeschobene „e" nur schwer ausgesprochen werden kann, leuchtet ihnen ein. Parallelen zur Pluralbildung bei den bekannten Wörtern „*bus – buses*" und „*fox – foxes*" werden von ihnen benannt.

Im folgenden Beispiel wird deutlich, dass die Kinder trotz geringer Sprachkompetenz verständlich und auch höflich miteinander kommunizieren können und wollen. Mimik und Gestik werden unterstützend eingesetzt. Nachdem das Kapitel *Jumble sale* (aus dem Lehrwerk Bausteine Magic 3) bearbeitet wurde, griffen die Schülerinnen und Schüler die dort dargestellte Situation in einem Rollenspiel auf. Kleine Dialoge wurden auf Englisch erarbeitet, gespielt und aufgenommen. Die Kinder bauten Requisiten auf (Flohmarktteppiche, Gegenstände), beschrifteten die Gegenstände auf Englisch und versahen sie teilweise mit Preisen.

181

Abb. 3: At the jumble sale; Anregung für ein Rollenspiel

Abb. 4: The Miller family pets – Textvorlage

Engin: *Hello.*
Jonas: *Good morning, how are you today?*
Engin: *Fine, thank you.*
     How much is the game?
Jonas: *20 Euros.*
Engin: *Oh, no! 10 Euros?*
Jonas: *No, no. 15 Euros.*
Engin: *15 Euros? Okay.*
Jonas: *Here …*
Engin: *Thank you. Goodbye.*
Jonas: *Goodbye*

Im Rahmen der Unterrichtseinheit *Animals* mit dem Schwerpunkt *Pets* wurde sehr ausführlich über Haustiere, ihr Futter und ihre Gehäuse bzw. Schlafgewohnheiten gesprochen. Mit Hilfe des Textes *The Miller family pets* wurde ein bewegungsintensives und lustiges Spiel gespielt. Gemeinsam wurde anschließend eine zu der Geschichte passende Hausaufgabe überlegt. Der Vorschlag von Jana, sich für ein Tier zu entscheiden und alles, was zu diesem Tier passt aus dem Text herauszuschreiben, wurde begeistert aufgenommen.

Es handelt sich hier natürlich nicht um frei formulierte Texte. Wie vereinbart, versuchten die Kinder, die Wörter und Sätze, die sie schreiben wollten, abzuschreiben. Manche Kinder möchten sich darüber hinaus aber gerne ihrem Alter und ihren muttersprachlichen Kenntnissen entsprechend ausdrücken. Einige Kinder sind nicht damit zufrieden einzelne Wörter Bildern zuzuordnen oder Wörter „nur" abzuschreiben. Sie möchten auch im Englischunterricht kleine Texte verfassen. Dazu müssen wir ihnen entsprechende Strategien vermitteln. Lehrkräfte vermitteln nicht nur

 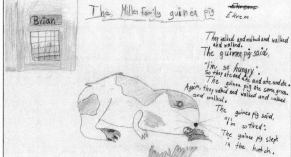

Fachwissen, sondern geben Hilfen beim eigenverantwortlichen lernen (Weskamp 2003).

Abb. 5: Schüler-arbeiten zu „The Miller family pets"

Fazit

Kinder können ihre individuellen Fähigkeiten gewinnbringend in den Unterricht einbringen, wenn man ihnen die Freiheit lässt, Arbeitsaufträge kreativ zu erweitern oder abzuwandeln. Dies gilt auch für den Englischunterricht in der Grundschule.

Damit Kinder voneinander und miteinander lernen können, muss man ihnen ausreichend Gelegenheiten anbieten, sich auszutauschen und zusammenzuarbeiten. Lernen erfolgt am besten in der Auseinandersetzung mit Mitschülerinnen und Mitschülern und Lehrkräften, als kollaboratives Lernen (Weskamp 2003). Arbeitsergebnisse werden selbstverständlich in Gruppen oder vor der Klasse präsentiert, aber auch während der Arbeitsphasen sollten Kinder sich jederzeit die Arbeiten von Mitschülerinnen und Mitschülern anschauen und sich mit ihnen beraten können. Weil Kinder sehr gut voneinander lernen, sollte auf besonders interessante, gelungene Ideen hingewiesen werden.

Nadine Tings (Aachen)

14

Authentische Kinderliteratur im Englischunterricht der Grundschule

Die Bedeutung des interkulturellen Lernens für den Fremdsprachenunterricht ist bereits wiederholt angesprochen worden. Will man eine Fremdsprache erfolgreich erlernen, so darf sie nicht von der Kultur getrennt werden, in die sie eingebettet ist. Daher ist die Begegnung mit authentischen Texten für ein erfolgreiches Sprachenlernen unerlässlich: Zum einen tragen sie dazu bei, die Motivation für die Fremdsprache aufrecht zu erhalten bzw. zu wecken, zum anderen gewähren sie scheinbar nebensächlich landes- und kulturspezifische Einblicke, die sich meist unmittelbar auf die Lebenswirklichkeit der Schülerinnen und Schüler beziehen (Gaffal u. a. 2003, 4). Ausgehend von ihren eigenen Erfahrungen erhalten sie Einblicke in fremde Lebensweisen und Kulturen und erkennen dabei Gemeinsamkeiten und Unterschiede. Auch im Lehrplan des Landes Nordrhein-Westfalens (2003, 6 und 9) wird Authentizität daher als eines der grundlegenden Prinzipien im Englischunterricht der Primarstufe betrachtet.

Kinderliteratur aus dem englischsprachigen Raum präsentiert sich uns in vielfältigen Gattungen und Formen – Bilderbücher, Märchen und Sagen, Kinderlyrik, phantastische Erzählungen, Tierbücher, Abenteuererzählungen, Comics etc. – die auf unterschiedliche Art und Weise den Englischunterricht der Primarstufe bereichern können. Diese große Bandbreite an Texten sollte nach Möglichkeit im Unterricht ausgeschöpft werden – zum einen, um den Interessen, dem Lernstand und den Bedürfnissen der Kinder gerecht zu werden, zum anderen, um einen Querschnitt der englischsprachigen Literatur und Kultur anzubieten (Rüschoff 2003).

Im Folgenden werden in Anlehnung an Pavlina Stefanova (vgl. S. 80 ff.) ausgewählte Textsorten auf ihre Eignung für den Englischunterricht in der Primarstufe geprüft. Anhand von praktischen Beispielen werden darüber hinaus Umsetzungsmöglichkeiten aufgezeigt.

Bilderbücher

Bilderbücher zeichnen sich durch einen hohen Bild- und einen geringen Textanteil aus. Meist sind sie so liebevoll gestaltet, dass sie junge Leserinnen und Leser schnell in ihren Bann ziehen. Über die Bilder ergeben sich darüber hinaus leicht Anlässe, mit Kindern ins Gespräch zu kommen, was sie zu einem dankbaren Medium für den frühen Fremdsprachenunterricht macht. Im Folgenden werden einige grundlegende didaktisch-methodische Überlegungen zum Einsatz des Bilderbuchs in der Grundschule angeführt.

Bilderbücher im Englischunterricht der Grundschule

Illustrationen

Gut geeignet sind Bücher, bei denen sich die Bebilderung eng an der *storyline* orientiert, wie etwa die Bücher von Julia Donaldson (*The Snail and the Whale, The Gruffalo* u. a.) oder Eric Hill (*Where is Spot?, Spot Goes to School* u. a.). Dies ermöglicht einen Einsatz nahezu vom ersten Lerntag an; sie unterstützen das Verständnis und helfen den Kindern, sich in der Fremdsprache sicher zu fühlen.

Besonders faszinierend für Kinder sind Illustrationsstile, die in der deutschen Bilderbuchkultur unüblich sind und daher für unsere Augen fremd wirken. Dies ist z. B. bei den skurril wirkenden, feinen Strichzeichnungen der Reihe *Winnie the Witch* (Paul/Thomas 2001) der Fall oder auch bei der großflächigen Collage-Technik von Eric Carle (*Polar Bear, Polar Bear, What do you Hear?* u. a.). Für den Einsatz im Klassenzimmer sollte jedoch darauf geachtet werden, dass die Zeichnungen nicht zu klein und/oder zu detailverliebt sind (vgl. Schmidt-Schönbein 2005).

Format

Auch das Format des Bilderbuches sollte für einen Einsatz im Klassenverband nicht zu klein gewählt werden, die Illustrationen können sonst auch in einem Stuhlkreis oder Sitzkino nicht genau gesehen werden. Viele britische und amerikanische Verlage bieten für genau diesen Zweck so genannte *Big Books* an. Dank ihnen können alle Kinder gleichermaßen an der Geschichte teilhaben, außerdem ist es leicht möglich nachzufragen und einzelne Kinder etwas zeigen zu lassen. Jedoch sind diese Bücher aufgrund ihrer Größe nicht einfach zu handhaben. Sie können entweder während des Vorlesens auf die Knie gestellt werden – wobei das Umblättern der großen Seiten allerdings Schwierigkeiten bereiten kann – oder auf einem Stuhl bzw. Tisch oder auf der Ablagefläche unter der Wandtafel platziert werden.

Schwierigkeitsgrad

Der Schwierigkeitsgrad eines Bilderbuches wird unter anderem bestimmt durch das Verhältnis von Bild zu Text und wie gut sich anhand der Illustrationen der Handlungsverlauf der Geschichte nachvollziehen lässt.

Authentische Bilderbücher, die für den frühen Englischunterricht hierzulande geeignet sind, werden in Großbritannien überwiegend für Kinder im Vorschulalter geschrieben. Die Satzkonstruktionen sind daher simpel und der Wortschatz ist auf bestimmte Themen begrenzt – allerdings entsprechen unsere Lernerinnen und Lerner nicht der eigentlichen Zielgruppe des Buches. Die Erfahrung hat jedoch gezeigt, dass diese Bücher trotzdem angemessen und attraktiv sind, da die Herausforderung für die Lernenden vor allem in der Entschlüsselung der Fremdsprache liegt. Ein Buch, das in der Muttersprache langweilig und nicht mehr altersgerecht wäre, kann auf Englisch also trotzdem motivierend sein.

Praxisbeispiel: „The Smartest Giant in Town"

Storyline

Abb. 1:
The Smartest
Giant in Town

Das Buch *The Smartest Giant in Town* von Julia Donaldson und Axel Scheffler[1] erzählt die Geschichte des Riesenjungen George, der mit seinen alten Sandalen und seinem geflickten Kittel wohl der schäbigste Riese der ganzen Stadt ist. Eines Tages entdeckt er einen Herrenausstatter für Riesen und kleidet sich dort völlig neu ein. Als *the smartest giant in town* begibt er sich voller Stolz auf den Weg nach Hause. Doch unterwegs begegnet er zahlreichen Tieren in Not, die seiner Hilfe bedürfen – und auch seiner Kleidungsstücke! Eine Giraffe mit Halsschmerzen wickelt sich die neue Krawatte als Schal um ihren langen Hals, eine Mäusefamilie, deren Haus in Brand geraten ist, benötigt Georges linken Schuh als Wohnraum … So wird er ein Kleidungsstück nach dem anderen wieder los, bis ihm am Ende nichts mehr bleibt als der geflickte Kittel und die alten Sandalen. Doch George ist trotzdem glücklich, da er so vielen Tieren helfen konnte.

Vorbereitende Übungen

Im Mittelpunkt stehen die Themen *clothes* und *animals*. Bei Bedarf können vorbereitende Übungen zur Einführung oder zur Wiederholung dieser Wortfelder erfolgen. Vorsicht ist jedoch geboten, da zu viel Vorentlastung auch einen Teil der Spannung beim eigentlichen Vorlesen des Buches nehmen kann.

Zur spielerischen Wiederholung der Kleidungsstücke bietet sich das auch hierzulande bekannte Spiel *I'm packing my suitcase* (Ich packe meinen Koffer) an: Mit Hilfe des Satzmusters *I'm packing ... in my suitcase* zählen die Kinder auf, was in ihren Koffer hinein soll. Dabei werden jeweils die von den vorangegangenen Kindern bereits genannten Kleidungsstücke wiederholt. Da das Spiel eine hohe Konzentration erfordert, kann es sinnvoll sein, nach etwa fünf bis zehn Kindern eine neue Spielrunde zu beginnen, außerdem lässt sich so die Wartezeit der übrigen Kinder verkürzen. Bei einer einfacheren Variante des Spiels dienen Bildkarten der Kleidungsstücke als visuelle Unterstützung: Sie werden entweder verdeckt oder sichtbar vor dem jeweiligen Spieler oder der jeweiligen Spielerin abgelegt.

Zur Wiederholung der Tiernamen bietet sich das beliebte *animal miming* an: Ein Kind stellt ein Tier pantomimisch dar. Das Kind, welches das Tier errät, ist als Nächstes an der Reihe. Fehlversuche beim Raten sind bei diesem Spiel erwünscht, denn auch sie dienen der Wiederholung und Bewusstmachung des Wortfeldes. Alternativ können auch die entsprechenden Tierlaute vorgemacht und erraten werden. Hierbei ist jedoch darauf zu achten, dass die englischen Tierlaute den deutschen nicht immer entsprechen. Beispiel: *dog – woof; mouse – squeak*.

Präsentation der Geschichte

Damit eine geeignete Erzählatmosphäre entsteht und alle Kinder die Illustrationen gut erkennen können, ist es ratsam, dass die Präsentation des Buches im Sitzkreis oder im Kinositz stattfindet. Dem genauen Wortlaut des Originaltextes können wahrscheinlich nur fortgeschrittenere Lernerinnen und Lerner folgen: Es ist daher zu überlegen, die Geschichte frei zu erzählen oder aber den Text an den Lernstand der Klasse anzupassen, indem man ihn vereinfacht oder kürzt. Darüber hinaus können weitere Maßnahmen ergriffen werden, die das Verständnis erleichtern, z. B. auf die entsprechenden Bildstellen deuten, gezielt Mimik und Gestik einsetzen, ein langsames Sprechtempo wählen, auf eine deutliche Artikulation achten und die Stimme dem jeweiligen Tier entsprechend verstellen.

So können sicherlich alle Kinder mitfiebern, wenn George ein Kleidungsstück nach dem anderen an Not leidende Tiere abgibt. Die Schülerinnen und Schüler können in die Erzählung einbezogen werden, sobald sie sich in die Geschichte hineingefunden haben und ihren Ablauf durchschaut haben, z. B. indem sie vor dem Umblättern Vermutungen darüber anstellen, wie es wohl weitergehen könnte:

L.: *"What do you think – can George help the giraffe (fox/ mouse/...)?"*
S.: *"Yes!"*
L.: *"And how?"*
S.: *"(With) the shoes (socks/tie/...)!"*

Zuletzt verliert der Riese seinen Gürtel an einen Hund, damit dieser darauf trockenen Fußes einen Sumpf überqueren kann. George trägt nun lediglich ein Unterhemd, eine Hose, seinen linken Strumpf und seinen linken Schuh. An dieser Stelle bietet es sich an, die Präsentation zu unterbrechen und die Schülerinnen und Schüler die folgende Buchseite antizipieren zu lassen. Ihre Vermutungen können sie aufmalen und je nach Vermögen auf Englisch beschriften und der Klasse vorstellen, z. B. in Analogie zum Buch in der Form „*My (shirt/shoe/...) is a (house/bed/...) for a (cat/...)*.". Auf diese Weise kann das Buch um individuelle Klassenkapitel erweitert werden und ein kreativer Umgang mit der Sprache wird gefördert. Da der Originaltext recht lang ist, ist die Antizipationsübung eine geeignete Möglichkeit, um die Präsentation zu unterbrechen und in der darauf folgenden Englischstunde fortzusetzen.

Je häufiger die Kinder mit der Geschichte konfrontiert werden, desto intensiver sollten sie in die Erzählung einbezogen werden. Dies kann durch gezielte Rückfragen geschehen, aber auch durch einzelne Wörter und kurze Textstellen, die mitgesprochen oder vervollständigt werden. George, der Riesenjunge, zählt nach jedem abgegebenen Kleidungsstück all die Dinge auf, die er bereits abgegeben hat:

> *My tie is a scarf for a cold giraffe,*
> *My shirt's on a boat as a sail for a goat,*
> *My shoe is a house for a little white mouse,*
> *One of my socks is a bed for a fox,*
> *But look me up and down,*
> *I'm the smartest giant in town.*
> (Donaldson/Scheffler 2002, 21)

Durch die ständige Wiederholung und die Reimform werden die Kinder schnell in der Lage sein, diese Textstellen mitzusprechen oder sie zu vervollständigen.

Weiterführende Arbeit

Eine szenische Umsetzung der Geschichte bietet sich an. Ein großer Teil der Klasse kann involviert werden, wenn einzelne Kinder die Rollen der Not leidenden Giraffe, des Fuchses, der Mäusefamilie (etwa 3-5 Kinder) und der übrigen Tiere übernehmen. Wird die Geschichte zusätzlich um die in der Antizipationsübung (siehe Präsentation der Geschichte) entstandenen individuellen Klassenstrophen ergänzt, so kommen alle Kinder zum Einsatz. Mutigere Kinder können die Rolle des Riesen George übernehmen. Als Requisiten werden ein Hemd, eine Stoffhose, ein Gürtel, eine Krawatte, Strümpfe und Schuhe oder alternativ die entsprechenden Bildkarten benötigt. Zunächst übernimmt die Lehrerin oder der Lehrer die Rolle des *storyteller*, während die Kinder pantomimisch dazu spielen. Der mittlere Teil des Buches, in dem George die Not leidenden Tiere trifft, kann anschließend von sprechfreudigen Kindern in vereinfachter Form selbst übernommen werden. Dialoge zwischen George und den Tieren könnten wie folgt aufgebaut sein:

Giraffe: *"Hello, George. Can you help me? My neck is cold!"*
George: *"You can have my tie."*
         (George gibt der Giraffe seine Krawatte.)
Giraffe: *"Thank you, George!"*

Mouse: *"Hello George. Can you help me and my family?*
         We need a new house!"
George: *"Yes, you can have my shoe!"*
         (George gibt der Maus seinen linken Schuh)
Mouse: *"Thank you, George!"*

Als weiterführende Übungen bietet sich auch die Erarbeitung der Redemittel *I put on... / I take off...* an. Hierfür können die Requisiten aus dem szenischen Spiel verwendet werden. Es können aber auch pantomimisch Kleidungsstücke an- und ausgezogen werden: Ein Kind übernimmt die Rolle von George, die übrigen Schülerinnen und Schüler geben ihm währenddessen Anweisungen, was er an- oder ablegen soll.

Kinderlyrik

Lyrik für Kinder präsentiert sich im englischsprachigen Raum ebenso wie in anderen Kulturen in vielfältigen Formen. Man findet den typischen *nursery rhyme*, traditionelle Abzählreime, den Limerick oder das

Haiku, aber auch das Lied und der Rap sind im weiteren Sinne Teil der (Kinder-)lyrik.[2]

Wichtige Formelemente sind Klang, Reim und Rhythmus, darüber hinaus hat Kinderlyrik häufig eine Spielfunktion. Thema, Stil, Form und Intention berücksichtigen kindliche Leserinnen bzw. den Leser. Der entscheidende Unterschied zur Erwachsenenlyrik liegt insbesondere im niedrigeren Abstraktionsgrad (Motté 1983, 50).

Kinderlyrik im Englischunterricht der Grundschule

Klang, Reimform und Rhythmus machen jungen Lernerinnen und Lernern Lyrik gut zugänglich, denn sie erleichtern die Texterschließung ebenso wie das Nachsprechen, Behalten und die weiterführende Bearbeitung. Darüber hinaus motivieren sie zum Mitklatschen, Spielen, Verklanglichen u. ä. Lyrische Texte lassen sich demnach gut mit den Aufgaben des Englischunterrichtes der Grundschule in Einklang bringen: Die Kinder entwickeln Freude und Interesse am Sprachenlernen sowie auch an fremdsprachlichen Lebenswelten; sie erwerben, erproben und festigen elementare sprachliche Mittel (vgl. Lehrplan NRW 2003, 4).

Rhythmische Elemente allein garantieren jedoch noch kein Verstehen. Sollen Texterschließung und Sinnerfassung sichergestellt werden, so muss für den Englischunterricht in der Grundschule geeignete Kinderlyrik weitere Anforderungen erfüllen:

So sollten nach Stefanova (s. S. 80 ff.) die Texte nach Möglichkeit „kurz, überschaubar und klar gegliedert" sein, um die Lernerinnen und Lerner nicht zu überfordern. Der Abstraktionsgrad sollte sehr niedrig gewählt werden, denn bereits in der Muttersprache fällt es Kindern schwer, Metaphern zu deuten oder „zwischen den Zeilen zu lesen". In der Fremdsprache werden sie daher kaum in der Lage sein, abstrakte Aussagen zu verstehen. Auch Wiederholungen sind ein wichtiges Kriterium. Sie erleichtern zum einen das Verstehen, zum anderen prägen sich die Kinder Wörter und Satzmuster klanglich, inhaltlich und auch grammatisch auf spielerische Art und Weise ein. Der Begriff Wiederholung impliziert hier jedoch nicht nur die exakte Wiedergabe von Wörtern oder Sätzen, sondern auch die inhaltliche Wiederholung, also das Umformulieren eines Gedankens, wie es im folgenden Auszug aus dem Kinderreim *Old King Cole* verwendet wird:

Old King Cole
Was a merry old soul,
And a merry old soul was he. (...)

Sicherlich ist die inhaltliche Wiederholung der zweiten Zeile in erster Linie ein stilistisches Element, Fremdsprachenlernerinnen und -lernern erleichtert sie durchaus das Verständnis.

Praxisbeispiel: Nursery Rhymes

Die so genannten *nursery rhymes* erfüllen die oben formulierten Anforderungen. Dabei handelt es sich um Kinderreime, die ursprünglich in der *nursery*, also dem Kinderzimmer, erzählt oder auch vorgesungen worden sind. Zu vielen *nursery rhymes* gibt es passende, eingängige Melodien. Sie sind typisch für den anglo-amerikanischen Sprachraum und tragen daher zum interkulturellen Lernen bei. In der Regel sind sie kurz und in Reimform geschrieben, das Versmaß ist regelmäßig. Häufige Wiederholungen in Form und Inhalt sind typisch. Die meisten *nursery rhymes* stammen aus dem 17. Jahrhundert. Sie wurden, ähnlich wie Märchen und Sagen, von Generation zu Generation weitergegeben. Heute versteht man unter dem Begriff *nursery rhyme* überlieferte genauso wie zeitgenössische Kinderreime.[3] Im Folgenden werden am Beispiel von *Itsy bitsy spider* und *I'm a little teapot* Anregungen für den Umgang im Unterricht gegeben.

Itsy bitsy spider

Itsy bitsy spider, auch bekannt unter dem Namen *Incy wincy spider*, zählt zu den traditionellen *nursery rhymes*.
Zur Einführung kann die Lehrkraft Vers für Vers mehrmals deutlich und langsam vorsprechen und dabei die entsprechenden Handlungen imitierend durchführen (siehe unten). Um das Verstehen zu erleichtern, kann eine Plastikspinne oder das Bild einer Spinne bereit gehalten werden; auch eine einfache Tafelzeichnung von einem Regenabflussrohr und einer Spinne, die daran empor klettert, kann bei der Erarbeitung hilfreich sein.

	Mögliche Bewegungen
• *The itsy bitsy spider climbed up the water spout*	pantomimisch „klettern"
• *Down came the rain, and washed the spider out*	Hände vor den Körper halten und die Finger bewegen
• *Out came the sun, and dried up all the rain*	Hände über den Kopf halten und einen Kreis beschreiben
• *So the itsy bitsy spider climbed up the spout again.*	pantomimisch „klettern"

191

Durch den eingängigen Rhythmus und die Kürze des Gedichtes sind die Kinder schnell in der Lage, mitzusprechen. Insbesondere Wortspiele wie *itsy bitsy spider* können sie sich in der Regel schnell aneignen. Der Reim kann nun gruppenweise vorgetragen werden, wobei die Einteilung der Gruppen in spielerischer Form erfolgen kann: *Now all the girls/boys, all the children with brown hair, all the children wearing jeans, ... Nursery rhymes* leben erst durch das Sprechen, sie sollten daher immer wieder wiederholt werden, damit sie sich den Kindern als literarisches Gut einprägen (Niemann 2002, 13).

Auch das Singen des passenden Liedes zum *nursery rhyme* erleichtert das Erlernen und Behalten. Die eingängige, kurze Melodie kann im Internet u. a. auf der Seite *http://www.kididdles. com/index.html4* heruntergeladen werden.

Im Reim kommen mehrfach die Präpositionen *up* und *down* in Kombination mit Verben vor. Durch den eingängigen Rhythmus und die entsprechenden Bewegungen werden die Kinder auf die Präpositionen aufmerksam und können sie dadurch leichter erwerben. Dies ist die Grundvoraussetzung dafür, dass neue Strukturen in das sprachliche System aufgenommen werden (Weskamp 2003, 7). Der hier vorgestellte *nursery rhyme* eignet sich also gut zur Einführung, Wiederholung oder Vertiefung der Präpositionen.

Abb. 2:
Incy wincy spider

Thematisch lässt sich *Itsy bitsy spider* gut in eine Unterrichtsreihe zum Thema *Halloween* einbinden. Aus einem Eierkarton, Wasserfarbe und schwarzen Pfeifenreinigern lassen sich leicht gruselige Spinnen für das *Halloween*-Fest herstellen. Hierzu wird aus dem Eierkarton ein einzelner Hut herausgeschnitten und schwarz gefärbt. Die Spinnenbeine bestehen aus Pfeifenreinigern, die seitlich in den Eierkarton gesteckt und

zu Spinnenbeinen gebogen werden. Nach Belieben können Wackel-
augen aufgeklebt werden.

I'm a little teapot

In vielen englischsprachigen Ländern, insbesondere aber in Großbritannien, spielt das Teetrinken eine wichtige Rolle. Beim typisch englischen Frühstück darf der Tee ebenso wenig fehlen wie beim traditionellen *five o'clock tea*, der auch heute noch in vielen britischen
Haushalten zusammen mit *cookies* regelmäßig eingenommen wird.
Auch die Funktionsweise eines Teekessels sollte mit den Kindern in
diesem Zusammenhang besprochen werden, da es solche in den meisten Haushalten heute nicht mehr gibt. Ohne diese Information kann
der dritte Vers jedoch nicht verstanden werden.

I'm a little teapot spiegelt also in besonderem Maße die englische
Kultur wieder und eignet sich daher hervorragend, um sich auf spielerische Art und Weise mit dem Thema *food and drink* zu beschäftigen
und entsprechende landeskundliche Informationen zu vermitteln. Der
nursery rhyme kann auch zum Anlass genommen werden, ein typisch
englisches Frühstück im Klassenraum zu veranstalten. Neben schwar-
zem Tee können hierfür z. B. Toast, (Orangen)Marmelade und gesalze-
ne Butter mitgebracht werden.

Die Einführung sollte möglichst handlungsorientiert erfolgen. Sinnvoll
ist es, das Gedicht zunächst mit Hilfe eines realen Teekessels zu spielen
und langsam dazu zu sprechen. So erhalten die Kinder einen ersten
Höreindruck und können Bedeutungen mit dem Gehörten verknüpfen. Wichtig ist, dass der Reim von der Lehrkraft im richtigen Rhythmus gesprochen wird.

Später kann das Vortragen des Reims durch entsprechende Körper-
bewegungen unterstützt werden. Hierbei wird der eigene Körper zum
Teekessel, die Arme bilden den Henkel und den Schnabel:

	Mögliche Bewegungen:
• *I'm a little teapot,* *short and stout,*	*I'm:* Auf sich selbst zeigen *short:* Hand knapp über den Boden halten *stout:* Einen dicken Bauch andeuten
• *here is my handle,*	Linke Hand in die Hüfte stemmen
• *here is my spout.*	Rechten Arm zur Seite ausstrecken
• *When I get all steamed up,* *hear me shout.*	Wangen mit Luft füllen und laut ausatmen
• *Just tip me over and* *pour me out!*	In Richtung des Schnabels beugen

Werden die Gedichte *Itsy bitsy spider* und *I'm a little teapot* beide mit der Klasse erarbeitet, so kann auch die unterschiedliche Verwendung des Wortes *spout* – einmal im Sinne von „Abflussrohr" und zum anderen im Sinne von „Schnabel, Tülle" – thematisiert werden. Vielleicht kennen die Kinder auch schon andere „Teekesselchen", auf die in diesem Zusammenhang aufmerksam gemacht werden kann, wie etwa *paper* im Sinne von Papier und Zeitung, *mars* als Planet und als Schokoriegel oder *bat* als Fledermaus und als Schläger.

Märchen

Märchen sind kurze Prosaerzählungen, die von phantastischen Zuständen und Vorgängen wie selbstverständlich berichten, ohne dies zu betonen, wie es etwa bei einer Sage oder Legende der Fall ist. Man unterscheidet Volks- und Kunstmärchen. Während Volksmärchen sehr alte, mündlich überlieferte Geschichten sind, die erst zu einem späteren Zeitpunkt schriftlich festgehalten wurden, sind Kunstmärchen meist neueren Datums. Sie beschreiben die individuelle Erfahrung eines konkreten, namentlich bekannten Autors. Zu den bekanntesten Sammlern von Volksmärchen zählen die Brüder Grimm, Ludwig Bechstein und Hans Christian Andersen. Bekannte Autoren von Kunstmärchen sind u. a. Johann Wolfgang von Goethe und im englischen Sprachraum Charles Dickens und Oscar Wilde.

Märchen im Englischunterricht der Grundschule

Kunstmärchen sind in ihrer Sprache und Komposition in der Regel komplex und daher kaum für die Grundschule geeignet.

Volksmärchen dagegen sind leichter verständlich, sie sind geprägt durch einfache Strukturen und einen bildhaft anschaulichen Stil. Dadurch sind sie auch der kindlichen Vorstellung zugänglich. Die Ausgangslage ist typischerweise gekennzeichnet durch eine Notlage, ein Bedürfnis oder eine Aufgabe – einen verwandelten Menschen erlösen, einen Schatz finden o. ä. Um diese Aufgabe zu bewältigen, muss der Held oft sein Leben aufs Spiel setzten. Typische Gestalten in einem Märchen sind neben dem Helden der Gegner, der Helfer, der Ratgeber, der Neider und der Gerettete bzw. der zu Rettende. Das Ende ist bei einem Volksmärchen immer gut – das Böse wird bestraft und das Gute belohnt (Paukner 1992, 46 ff.).

Kinder sind mit diesem typischen Märchenschema bereits aus der Muttersprache – wenn auch nicht immer bewusst – vertraut. Diese Vorkenntnisse kommen ihnen bei der Texterschließung im Englischunterricht zugute, etwa beim Entschlüsseln/Verstehen von Bedeutungen aus dem größeren Zusammenhang heraus oder beim Antizipieren des Handlungsverlaufs.

Schwierigkeiten können sich jedoch dadurch ergeben, dass Märchen im Vergleich zur Kinderlyrik um einiges länger sind und ihre Sprache häufig veraltet ist. Darüber hinaus können die Kinder beim Zuhören zunächst auf keinerlei visuelle Verständnishilfen zurückgreifen, wie etwa beim Bilderbuch. Die Lehrkraft ist daher in besonderem Maße gefordert, um sicherzustellen, dass alle Kinder dem größeren Zusammenhang der Erzählung folgen können. Hilfreich sind hier die Prinzipien des *storytelling*, zum Beispiel nach Piepho (2002, 20 f.). Im folgenden Praxisbeispiel *The big turnip* wird entsprechend auf *storytelling*-Elemente zurückgegriffen.

Praxisbeispiel: The big turnip

Storyline
The big turnip ist ursprünglich ein russisches Volksmärchen von Aleksei Tolstoy[5]. Es wurde jedoch in verschiedene Sprachen übersetzt und gehört heute in vielen europäischen Ländern zum Kulturgut, so auch

Abb. 3
The big turnip

195

in Großbritannien. Die Geschichte handelt von einem Mann, der in seinem Garten Rüben sät. Eine der Rüben wird so groß, dass er es alleine nicht schafft, sie zu ernten. Er ruft daher nach und nach Frau, Tochter, Sohn und das Baby der Familie zur Hilfe. Erst als alle gemeinsam anfassen, schaffen sie es, die Rübe aus dem Boden zu ziehen. Das Märchen zeigt auf unterhaltsame Art und Weise, dass man manche Dinge nur gemeinsam schaffen kann.

Setting the stage

Die Phase des so genannten *Setting the stage* dient dazu, Spannung aufzubauen und Vorerwartungen zu wecken, um so ein intensives, zielgerichtetes Zuhören zu erreichen. Darüber hinaus werden durch Mimik und Gestik, bereits vorhandenes Sprachmaterial und das Einbeziehen der Schülerinnen und Schüler für das Verständnis relevante Personen, Gegenstände und Situationen erarbeitet.

Die Lehrkraft bringt zu diesem Zweck einen geschlossenen Korb mit verschiedenen Obst- und Gemüsesorten mit, die man in englischen Gärten finden kann (alternativ auch Bildkarten). Nachdem die Kinder zunächst geraten haben, was sich wohl im Korb befinden könnte, werden die Früchte und das Gemüse der Reihe nach herausgeholt und nach Möglichkeit durch die Kinder benannt. Schließlich fragt die Lehrkraft nach der Rübe, die den meisten Kindern wahrscheinlich unbekannt sein wird: *„Do you know which one is the turnip?"* Nach dieser Einstimmung kann zum eigentlichen Märchen übergeleitet werden.

Telling the story

Da Volksmärchen alte, überlieferte Texte sind, ist auch die verwendete Sprache häufig veraltet und den Kindern dadurch schwer zugänglich. *The big turnip* sollte daher den individuellen Voraussetzungen der jeweiligen Klasse angepasst werden, etwa indem veraltete Begriffe durch neue ersetzt, Sätze vereinfacht oder Textpassagen weggelassen beziehungsweise ergänzt werden.[6] Das Märchen sollte möglichst frei erzählt werden, denn so kann besser auf Äußerungen und Fragen der Kinder eingegangen werden, außerdem entsteht so eine angenehmere Erzählatmosphäre. Variationen in Tonfall, Lautstärke, Tempo, Mimik und Gestik oder auch die Fokussierung der Aufmerksamkeit auf eine reale *turnip* helfen den Kindern, die Geschichte zu decodieren.

Post-story activities

In dieser Phase setzen sich die Schülerinnen und Schüler affektiv, inhaltlich und/oder sprachlich noch einmal mit der Geschichte auseinander. Auf diese Weise können sowohl der Wortschatz als auch die sprachlichen Mittel der Geschichte wiederholt und vertieft werden.[7]

Hat man viel Platz zur Verfügung, z. B. im Sportunterricht oder auf dem Schulhof, so bietet sich eine etwas andere Art der szenischen Umsetzung zu *The big turnip* an. Als Requisite wird hierfür lediglich ein langes Seil benötigt. Die Geschichte wird ein zweites Mal erzählt. An einem Ende des Seils zieht die Lehrkraft oder eine andere erwachsene Person, die die Rolle der *turnip* übernimmt. Am anderen Ende ziehen in der entsprechenden Reihenfolge nach und nach alle Familienmitglieder und Haustiere, gespielt von den Schülerinnen und Schülern. Erst beim letzten Familienmitglied lässt die „*turnip*" das Seilende los. Soll der Aspekt des sozialen Lernens betont werden, so kann sich (eventuell auch auf Deutsch) die Frage „*Who was it that pulled up the turnip – the man/girl/boy...?*" anschließen. Gemeinsam kann erarbeitet werden, dass man einige Dinge nur im Team schaffen kann. Bei einer erneuten Umsetzung der Geschichte können die Kinder beginnen, kleine, sich wiederholende Sätze der Geschichte selbst zu sprechen:[8]

Man: *"Mum, can you help me pull?"*   Mum: *"Yes, I'm coming!"*
Mum: *"Susan, can you help us pull?"*   Susan: *"Yes, I'm coming!*
Susan: *"Brother, can you help us pull?"*   Brother: *"Yes, I'm coming!"*
etc.

Authentische Kinderliteratur als Bestandteil eines modernen Fremdsprachenunterrichtes

Von authentischer Literatur geht eine ganz besondere Faszination aus, sowohl für Kinder als auch für Lehrerinnen und Lehrer. Die obigen Praxisbeispiele haben gezeigt, dass diese Faszination genutzt werden kann, um Schülerinnen und Schülern einen Zugang zu Sprache und Kultur zu ermöglichen. Auch wenn fremdsprachliche Texte oft anspruchsvoll wirken und die Grenzen des im Englischunterricht der Grundschule Möglichen zu überschreiten scheinen, so lassen sie sich doch immer mit einfachen Mitteln und ein wenig fremdsprachlichem Gespür an das jeweilige Klassenniveau anpassen. Mimik, Gestik und Stimmvarianz tragen ihren Teil zur Texterschließung bei und lassen darüber hinaus eine entsprechende Erzählatmosphäre entstehen.

Geschichten, Lieder und Gedichte aus dem englischen Sprachraum bereichern den Unterricht ungemein: Alle Kinder können an ihnen teilhaben – egal, auf welchem sprachlichen Niveau sie sich befinden – denn sie ermöglichen Binnendifferenzierung als Unterrichtsprinzip in heterogenen Lerngruppen. Auch der Forderung nach einem Spiralcurriculum wird entsprochen, da authentische Texte zu verschiedenen

Zeitpunkten unter unterschiedlichen Gesichtspunkten im Unterricht zu betrachten sind. Außerdem bieten sie die Möglichkeit, Neues mit dem bereits vorhandenen Wissen kreativ zu verknüpfen (Hartwig-Mühl 2003, 43 f.).

Werden authentische Texte wie in den oben beschriebenen Praxisbei-spielen als Anlass für weiterführende Aktivitäten verstanden, so lassen sich im Sinne eines ganzheitlichen Lernens die vier elementaren Fer-tigkeiten Hörverstehen, Sprechen, Lesen und Schreiben gemäß ihrer Gewichtung im Englischunterricht der Grundschule fördern. Bei den ersten Begegnungen mit dem fremdsprachlichen Text steht zunächst die Förderung des Hörverstehens im Vordergrund. Die Kinder wenden Erschließungsstrategien an und erweitern dadurch ihre Kompetenzen in diesem Bereich. Erst bei der weiterführenden Beschäftigung mit dem Text gewinnen die drei übrigen Fertigkeiten an Bedeutung. Die sprach-liche Aktivität wird auf spielerische Art und Weise gefördert, vor al-lem in reproduzierender Form, etwa durch Mit- und Nachsprechen oder Vervollständigen des Gehörten, später eventuell auch in Form einer kreativen sprachlichen Auseinandersetzung mit dem Text, etwa bei szenischen Umsetzungen. Nun kann sich eine Förderung des ver-stehenden Lesens und des (Ab-)Schreibens anschließen, etwa durch Bild-Wort-Zuordnungen, Bildbeschriftungen o. ä.

Es lässt sich also festhalten, dass der Einsatz authentischer Texte den didaktisch-methodischen Grundsätzen eines modernen, handlungso-rientierten und integrativen Englischunterrichtes entspricht, vorausge-setzt, die fremdsprachlichen Geschichten, Lieder und Reime werden als Anlass für weitere Aktivitäten und somit für weiteres Lernen ver-standen.

Anmerkungen

[1] Beide haben u. a. auch das erfolgreiche Buch *The Gruffalo*, London 1999, geschrieben.

[2] „Poetry for Children" im Internet: http://falcon.jmu.edu/~ramseyil/poechild.htm

[3] vgl. Wikipedia – The Free Encyclopedia im Inter-net: http://en.wikipedia.org/wiki/Nursery_rhyme

[4] KIDiddles im Internet: Auf dieser Seite findet man zu vielen Nursery Rhymes die passen-de Melodie sowie weitere Anregungen zum Umgang.

[5] Tolstoy, Aleksai: *The Gigantic Turnip*, Cambridge 2000.

[6] Das Lehrwerk *Discovery 3* enthält im Lehrerma-terial eine adaptierte, für den Englischunterricht in Klasse 3 geeignete Version des Märchens (Behrendt, Melanie u. a. 2004, 68/69).

[7] Vergleiche die Phasen des *Storytelling* nach Piepho 2002, 20 f.

[8] Für weitere Anregungen zu *The big turnip* siehe *Teacher's Guide – Discovery 3*, 68/69.

Christiane Groß (Bonn)

Leistungsbeobachtung und Leistungsbewertung

15

Leistung zeigen wollen und können – ein Spannungsfeld

Der Fremdsprachenunterricht ist im Fächerkanon der Grundschule in allen deutschen Bundesländern als reguläres Fach etabliert. Gleichzeitig sind als Konsequenz eines ergebnisorientierten Unterrichts Aufgaben und Ziele in Anlehnung an die Kompetenzstufenbeschreibungen des europäischen Referenzrahmens (Europarat 2001) formuliert, die am Ende der Grundschulzeit erreicht werden sollen und somit eine Grundlage auch für den Übergang zur weiterführenden Schule darstellen. Neben der Förderung sprachlicher Kompetenzen sollen auch Haltungen angebahnt werden.

Als erstes und daher wesentliches Ziel ist z. B. in den Richtlinien von Nordrhein-Westfalen (Ministerium für Schule, Jugend und Kinder des Landes NRW 2003) formuliert:

> Die Aufgaben des Englischunterrichts in der Grundschule beziehen sich auf die Entwicklung von Interesse und Freude am Sprachenlernen und an fremden Lebenswelten.

Der Fremdsprachenunterricht in der Grundschule soll die Grundlage nicht nur für das Erlernen der ersten Fremdsprache, sondern für lebenslanges Sprachenlernen legen.[1] Dies stellt einen hohen Anspruch dar und bedeutet für die Lehrenden eine große Verantwortung. Im Rahmen eines spielerischen, handlungsorientierten und lernzielorientierten Unterrichts gilt es, die Motivation und Lernfreude zu erhalten und elementare fremdsprachliche Kompetenzen zu entwickeln. Die Schaffung eines positiven Lern-Leistungsklimas ist die Voraussetzung dafür, dass Kinder Freude daran haben Leistung zu zeigen und Vertrauen zur eigenen Leistungsfähigkeit zu entwickeln (*confidence building*).

Das Spannungsfeld zwischen Leistungsfeststellung einerseits und Motivation für lebenslanges Sprachenlernen andererseits ist damit beschrieben. Nun gibt es das Dilemma, auch negative Rückmeldung geben zu müssen und trotzdem motivieren zu wollen ebenso in anderen

Fächern. Dennoch stellt die Leistungsfeststellung im Fremdsprachenunterricht der Grundschule eine besondere Herausforderung für die Lehrerinnen und Lehrer dar, da sie fast ausschließlich auf der Beobachtung mündlicher Leistungen im Unterricht beruht und in der Regel nicht mehr als zwei Unterrichtsstunden wöchentlich beträgt.

Dennoch ist die Notwendigkeit einer kontinuierlichen Leistungsfeststellung in einem lernzielorientierten Fremdsprachenunterricht unumstritten und auch in diesem Band hinlänglich begründet worden. Da „ein schülerorientierter Unterricht vor allem dadurch gekennzeichnet ist, dass dem Lernprozess mindestens so viel Aufmerksamkeit gewidmet wird, wie dem Lernprodukt" (Macht 2001, 76), stellen regelmäßige Beobachtungen die Grundlage für die Leistungsfeststellung dar.

Das beschriebene Spannungsfeld lässt sich nicht vollständig aufheben, allerdings können verschiedene Faktoren dazu beitragen, den scheinbaren Widerspruch aufzuheben, indem die Lehrkraft
* ein positives Lern-Leistungsklima schafft (s. u.: positives Lern-Leistungsklima),
* Unterricht plant, der möglichst viele Kinder in die Lage versetzt, erfolgreich zu arbeiten (vgl. Bausteine für erfolgreiches Lernen),
* die Leistungen der Kinder regelmäßig beobachtet und evaluiert und ein ausführliches Feedback gibt (vgl. Leistungen beobachten und bewerten),
* Lern- und Leistungskriterien transparent macht und die Kinder mit in die Beurteilung des Lern- und Leistungsprozesses einbezieht (vgl. Fremdeinschätzung – Selbsteinschätzung).

Leistung ermöglichen

Positives Lern-Leistungsklima

Die Lehrkraft, die selbst Freude an der englischen Sprache hat, *fluent* im Umgang mit derselben ist und Freude hat englische Bilderbücher und englische Lebenswirklichkeit mit den Kindern zu teilen, wird einen Teil dieser Freude auf die Klasse übertragen können.

Die Kinder begegnen dem Fremdsprachenunterricht mit großer Neugier und Motivation. Sie möchten etwas leisten und eine Rückmeldung für ihre Leistung bekommen. Es ist daher zu begrüßen, wenn die Lehrerin bzw. der Lehrer sich mit Ausdrücken wie *„You did a very good job"*, *„excellent work"*, *„I'm very impressed"* der authentischen Situation in einem englischen Klassenzimmer nähert. Allerdings kann dieses Feedback nur die Funktion einer Bestätigung erfüllen und gibt keine Hinweise auf den Lernprozess. Eine kriterienbezogene Lern-Leistungsfeststellung, die auf kindgemäße Art und Weise transparent gemacht wird, ist daher erforderlich.

Kinder haben keine Angst vor Fehlern, da das Prinzip *fluency before correctness* gilt. Fehler gehören zum Lernprozess dazu und werden als Hinweise für die Weiterarbeit genutzt. Auch in Leistungsmessungssituationen wird das Kriterium der sprachlichen Korrektheit zurückhaltend gehandhabt (Landesinstitut für Schule 2004, 21).

Die Schülerinnen und Schüler kennen verschiedene Möglichkeiten sich mündlich verständlich zu machen, wie z. B. das Nutzen von Mimik und Gestik, aber auch das Verfallen in eine Interimssprache bzw. das Vermischen von muttersprachlichen und zielsprachlichen Wörtern (Ellis 1997, 33). Sie können mit der Kooperation ihrer Mitschülerinnen und Mitschüler rechnen. Richtiges Nachsprechen, Ergänzen von Satzfragmenten, wiederholendes Nachsprechen, vorsichtige Aussprachekorrektur sind gewünschte und alltägliche Hilfestellungen, die sowohl zwischen Lehrkraft und Schülerinnen und Schülern als auch unter den Kindern unmittelbar stattfinden.

Bausteine für erfolgreiches Lernen

Die Kinder bringen auch zu Beginn des Fremdsprachenunterrichts bereits unterschiedliche Voraussetzungen und Vorkenntnisse mit und werden die vorgegebenen Ziele auf unterschiedlichen Niveaustufen erreichen. Um die unterschiedlichen Lernvoraussetzungen und Vorlieben angemessen zu berücksichtigen und allen Kindern somit einen Lernzuwachs zu ermöglichen, sind bestimmte Grundsätze zu beachten. Diese bilden auch die Basis der allgemeinen Grundschulmethodik und sind daher nicht neu, erfahren hier aber für den Fremdsprachenunterricht eine Konkretisierung.

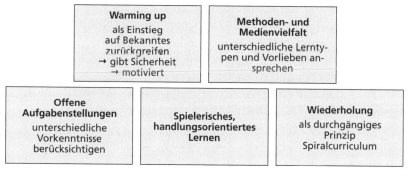

Das **Warming up** zu Beginn der Stunde markiert den Anfang des Unterrichts in der Fremdsprache und ermöglicht den Kindern ein Einstellen auf die Zielsprache. Um alle Kinder in dieser Phase einzubeziehen und ihnen einen Erfolg zu bescheren und für den Englischunterricht zu motivieren, sollte das *warming up* als sprachliche Wiederholung geplant werden und spielerischen bzw. darstellenden Charakter haben. Einfache Hörverstehensübungen, Lieder und Spiele, die Zuhören, non-verbale Reaktionen oder das Sprechen im Chor erfordern, bieten sich an. Das *warming up* schafft im Sinne des *confidence building* ein positives Gefühl, mit dem die Kinder die Englischstunde beginnen.

Die **Methodenvielfalt** beinhaltet zum einen das Lernen mit allen Sinnen, um allen Lerntypen gerecht zu werden und so die Wahrnehmungs- und Merkfähigkeit der Kinder zu unterstützen. Auch im Hinblick auf die Leistungsfeststellung sollten methodisch unterschiedliche Hilfen angeboten werden und die Beobachtung sollte in unterschiedlichen Lernsituationen erfolgen. Ein hilfreicher Katalog von „Aktivitäten zur Erhebung von individuellen Sprachlernständen" ist von Kötter zusammengestellt worden (Kötter 2004).

Bei der Wahl der Medien sollten auf Altersgemäßheit geachtet werden und die teils unterschiedlichen Interessen und Vorlieben von Mädchen und Jungen Berücksichtigung finden – dies gilt insbesondere bei der Wahl der Lieder und Bilderbücher.

Offene Aufgabenstellungen sind auch im Englischunterricht möglich und sollten sowohl inhaltliche als auch sprachliche Möglichkeiten der Differenzierung beinhalten. Ein einfaches Beispiel stellt eine Tabelle zu *likes and dislikes* dar, in der die Kinder links ihre Vorlieben und rechts ihre Abneigungen notieren. Dabei haben sie die Möglichkeit, Dinge, die sie auf Englisch benennen können, zu malen, zu schreiben (abzuschreiben) oder auch in einen Satz einzubinden und zu schreiben: *Chocolate is great. I like chocolate.*

Mündlich können sie sowohl das gemalte Bild als auch das einzelne Wort auf unterschiedliche Weise kommentieren: *chocolate / I like chocolate / chocolate is great.*

Die Übung beinhaltet eine inhaltliche, quantitative und qualitative Differenzierung und gibt allen Kindern die Möglichkeit ihren Vorkenntnissen gemäß erfolgreich zu arbeiten und der Lehrkraft gleichzeitig einen Anhaltspunkt über den Lernstand des einzelnen.

Um Themen und Wortfelder nicht nur zu „behandeln", sondern für die Kinder verfügbar zu machen, ist die permanente **Wiederholung** unerlässlich. Neue Wortfelder sollten dabei immer wieder mit bereits bekannten Strukturen verknüpft werden. Der Englischunterricht ist oft sehr „Nomen lastig", da zahlreiche Übungen darauf ausgelegt sind, einzelne Wörter isoliert zu üben.

Hier gilt das Prinzip weniger ist mehr: Lieber weniger Wortfelder behandeln und dafür die bekannten in neuen Zusammenhängen und mit unterschiedlichen Strukturen präsentieren.

Spielerisches, handlungsorientiertes Lernen hat eine besondere Stellung im Englischunterricht der Grundschule. Da Spiele in der Regel einen Moment des Zufalls oder der Auswahl beinhalten, sind sie in besonderer Weise auch für leistungsschwächere Schülerinnen und Schüler geeignet: sie sind motiviert und können Erfolg haben. Aber spielerisches Lernen ist auch lernzielorientiertes Lernen. Durch die Auswahl geeigneter Spiele stellt die Lehrkraft sicher, dass die Spiele ein sprachliches Ziel verfolgen und nur mit Hilfe von Sprache zu lösen sind (vgl. Haunss 2003). Gelegentlich ist eine Abwandlung bekannter Spiele durch zusätzliche Regeln notwendig.

Leistung beobachten und bewerten

Die Lernleistungen der Schülerinnen und Schüler werden in der Grundschule überwiegend auf der Grundlage kontinuierlicher, gezielter Beobachtung in alltäglichen Unterrichtssituationen ermittelt. Beobachtet und bewertet werden in erster Linie Leistungen in den *four skills*, wobei das Hauptaugenmerk auf Hörverstehen und Sprechen liegt; Leseverstehen und Schreiben spielen eine untergeordnete Rolle. Auch die Förderung und Beurteilung von *language awareness* (Sprachbewusstheit) und *language learning awareness* (Sprachlernbewusstheit) gewinnen zunehmend an Bedeutung und werden im Rahmen der Portfolioarbeit besonders gefördert.

Die konkreten Anforderungen für diese Bereiche sind in den Richtlinien, Lehrplänen oder Erlassen der einzelnen Bundesländer festgelegt. Darüber hinaus schlägt Piepho als Synopse diverser Richtlinien Stufenprofile vor, die Fertigkeiten der Schülerinnen und Schüler in den *four skills* als verbindliche Etappen erfolgreichen fremdsprachlichen Wachstums festzulegen (Piepho 2000).

Als Hilfe für die Lehrkräfte können auch Checklisten[2] zur differenzierten und kriterienorientierten Beobachtung zum Einsatz kommen. Darüber hinaus werden interkulturelle Kenntnisse, Haltungen und Einstellungen im Unterricht beobachtet. Die Anstrengungsbereitschaft

203

des einzelnen kann Minderleistungen ausgleichen und individuelle Lernfortschritte können berücksichtigt werden. Zum Ende der Grundschulzeit treten anforderungsbezogene Kriterien in den Vordergrund. Die Fähigkeiten und Fertigkeiten, die ein Kind am Ende des 4. Schuljahres besitzen sollte, werden bei der Planung zielführend mitbedacht.

Da das Unterrichten vielfältige Anforderungen an die Lehrperson stellt und das Beobachten und Bewerten nur eine von vielen Lehrerfunktionen darstellt, ist es wichtig bereits bei der Planung der einzelnen Unterrichtseinheiten die Leistungsbeobachtung und -bewertung mit einzubeziehen.

- Welche Leistung kann beobachtet werden?
- Welche Kriterien werden angelegt?
- Welcher Gruppe von Schülerinnen und Schülern wird besondere Aufmerksamkeit gelten?
- Welche Phasen des Unterrichts eignen sich zur Beobachtung?

Individuelle Lernstandsfeststellung

Hörverstehen

Hörverstehen kann sich auf unterschiedliche Verstehensleistungen beziehen und kann in unterschiedlichen Unterrichtssituationen und Arbeitsformen gezeigt werden. Erst die Beobachtung in den verschiedenen Bereichen schafft ein komplexes Bild der Verstehensleistung. Bei der gezielten Beobachtung im Unterricht ist es notwendig, die Leistung in Zusammenhang mit dem Sprecher, der Hörverstehensaktivität, der semantischen Ebene und der Sozialform zu setzen und dies bei der Bewertung zu berücksichtigen.

Sprecher	Hörverstehensaktivität	Sprachlicher Input	Sozialform
Lehrperson	• Hören und Zuordnen	Wort	Einzelarbeit
Schüler	• Hören und Lösen von	Chunk	Partnerarbeit
Native Speaker	Aufgaben	Satz	Gruppenarbeit
CD/Kassette	• Hören und Reagieren	Komplexer Text	Frontal
Video	• Hören und Verstehen von Geschichten		

Dabei haben die Hörverstehensaufgaben eines gemeinsam: Sie werden in einem entsprechenden Kontext präsentiert bzw. es werden geeignete Verständnishilfen geboten. Dies gilt insbesondere für das Verstehen und Umsetzen von Arbeitsaufträgen und das Verstehen von Geschichten. Folglich beobachtet die Lehrkraft, unter welchen Bedingungen eine Hörverstehensleistung erbracht wird.

Wird eine Aufgabe der ganzen Klasse oder einer Gruppe gestellt, wie z. B. Bastelanweisungen und Übungen, die der *total physical response*-Methodik entsprechen, stellt die Gruppe eine Hilfe dar, da sich der einzelne an anderen orientieren kann. Diese Übungsformen bieten die Möglichkeit, eine erste Einschätzung vorzunehmen. Sie sollten aber ergänzt werden durch Übungsformen, die in Einzel- oder Partnerarbeit ausgeführt werden. Das Hörverstehen kann z. B. mit Aufgabentypen wie *listen and point, listen and choose, listen and draw, listen and colour, listen and match, listen and number, listen and act …* überprüft werden. Dabei kann sich die Hörübung sowohl auf das Verstehen isolierter Wörter, zusammengesetzter *chunks* als auch komplexer Sätze beziehen:

Listen and number: *Number the school things.*
                     Number one is the pencil case. (Wortebene)
Listen and colour: *Colour two shirts green and six socks blue.*
                     (chunk)
Listen and draw: *Draw a snowman with two arms*
                     and a broom in his left hand. (Satz)

Beispiel: Bildbetrachtung

Wie kann die Hörverstehenskompetenz bei einer Bildbetrachtung schrittweise angebahnt und überprüft werden?

Die Hörverstehenskompetenz zeigt sich z. B. in der Fähigkeit sich Kontexte mit Hilfe von Schlüsselwörtern zu erschließen. Geht man vom Einfachen zum Komplexen, z. B. vom einzelnen Wort zum ganzen Satz, kann die Kompetenz der Kinder schrittweise aufgebaut und gleichzeitig von der Lehrkraft beobachtet werden.

    Hierzu bieten sich detailreiche Bilder an, die häufig zu Beginn eines Themas in den Lehrwerken zu finden sind. Um die Wortkenntnis, aber auch die Fähigkeit zum Segmentieren, z. B. das Heraushören von Schlüsselwörtern, zu überprüfen, betrachten die Kinder die Bildvorlage *Fun in winter* mit der Vorgabe *listen and point*.

Zunächst wird die Kenntnis der Nomen, die in der Einheit eingeführt sind, an mehreren Beispielen überprüft und wiederholt. Im zweiten Schritt wird das Wort durch ein Farbadjektiv oder einen *chunk* ergänzt. Alle vorher genannten Nomen werden in dieser Kombination wiederholt. Schließlich wird der Satz durch eine Nebensatzkonstrukti-

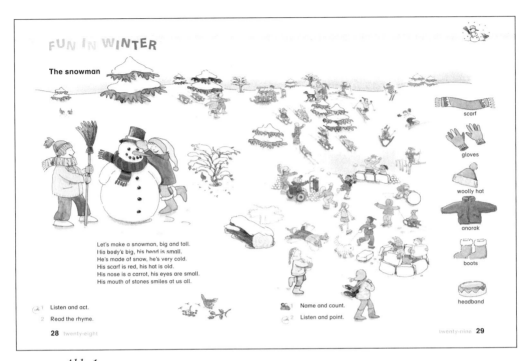

Abb. 1:

The snowman,
aus: Bausteine
Magic 3

on ergänzt, wobei wiederum die vorher genannten *chunks* aufgegriffen und sprachlich erweitert werden:

(Point to) a scarf. (Point to) a woolly hat. (Wort)
Point to (a boy with) a blue scarf. (chunk)
Point to a boy who is skiing and wears a blue scarf. (komplexer Satz)

Während die Lehrkraft erst Dinge, dann Situationen benennt, geht sie in der Klasse umher und schaut einigen Kindern aufmerksam über die Schulter, um die Fähigkeiten im Bereich der Wortkenntnis und/oder ihre Fähigkeitsätze zu segmentieren zu beurteilen.

Beispiel: Storytelling

Wie, in welcher Phase und mit welchem Ziel kann das Verstehen einer Geschichte überprüft werden? Das Erzählen und Vorlesen von Geschichten spielt im Fremdsprachenunterricht der Grundschule eine wichtige Rolle (vgl. S. 80 ff. und S. 184 ff.).

Bei Bilderbuchgeschichten liegt der Schwerpunkt in der Regel auf dem Globalverstehen, d. h. die Kinder sollen den Handlungsfaden der Geschichte verstehen. Ergänzt wird dies durch das Verstehen von einigen wenigen, ausgewählten Details, die den Kindern sprachlich bereits bekannt sind und daher von ihnen wiedererkannt und benannt werden können.

Während des Erzählvortrags ist die gesamte Aufmerksamkeit der Lehrkraft gefordert, um die Geschichte mit Mimik und Gestik und entsprechender Intonation vorzutragen oder vorzulesen. Auch wenn es ihr gelingt, die Kinder mit *while reading activities* (Wright 1995, 33) aktiv mit in den Erzählvortrag einzubinden, so gewinnt sie in dieser Phase nur einen ersten Eindruck bezüglich der Verstehensleistung. Oft fallen insbesondere die leistungsstärkeren und leistungsschwächeren Kinder auf – die einen, weil sie sich sofort einbringen und die anderen, da sie z. B. keine mimischen Reaktionen auf den Inhalt der Geschichte zeigen oder ggf. durch Unaufmerksamkeit demonstrieren, dass sie dem Vortrag nur schwer folgen können. Um aber eine differenziertere Beurteilung vornehmen zu wollen, ist es notwendig, das Textverständnis anschließend zu überprüfen und dabei die angebotenen Hilfen und das Anspruchsniveau zu berücksichtigen sowie im Vorfeld geeignete Kriterien für die Beurteilung festzulegen.

→ geeignete Phase: *post reading activity* (vgl. Wright 1995, 40)

→ geeignete Aufgaben: – Aufgaben zur Überprüfung des Detailverständnisses
  – Aufgaben zur Überprüfung des Globalverständnisses
  – weiterführende Fragen, z. B. zur Moral oder zum Witz der Geschichte

→ geeignete Kriterien: – versteht beim ersten Erzählvortrag
  – versteht bei Wiederholung
  – versteht nur, wenn Mimik und Gestik eingesetzt werden
  – versteht, wenn zusätzlich Bilder gezeigt werden

→ geeignete Arbeitsform: Einzel-, Partnerarbeit

Sprechen

Die Kompetenz im Bereich Sprechen kann in Gesprächen mit einem Partner oder in einer Kleingruppe am besten erfasst werden, also in Situationen, wo die Lehrkraft als Sprecher nicht involviert ist.

Es werden drei Sprachbeherrschungsstufen unterschieden: Imitation, Reproduktion und Produktion (Behr/Kierepka 2002). Imitation meint die unveränderte Wiedergabe vorgegebener Sprachmuster. Reproduktives Sprechen findet statt, wenn die Schülerin bzw. der Schüler Gehörtes und Geübtes in geringfügig veränderter Form wiedergibt, indem sie oder er es z. B. auf andere Personen bzw. Situationen überträgt. Beim produktiven Sprechen verwendet der Lerner geübte und eingeprägte Satzmuster selbstständig. Bei der Bewertung des Sprachstands sind die Äußerungen im Hinblick auf folgende Kriterien zu bewerten:

• Wortkenntnis / Strukturkenntnisse
• Verständlichkeit der Aussage
• Aussprache
• Komplexität der Beiträge / Satzmuster
• Selbstständigkeit
• Situationsangemessenheit

Beispiel: Things in the house (Information gap activity)

Information gap activities stellen eine sinnvolle Sprechsituation dar, da sich die Notwendigkeit zu kommunizieren dadurch ergibt, dass zwei Partner unterschiedliche Informationen haben und fehlende Informationen durch Fragen ergänzen müssen. Zwei Kinder bekommen die Abbildung eines Hauses mit vier Zimmern und dazu kleine Bildchen mit Alltagsgegenständen. Ein Partner beginnt und verteilt die Gegenstände in seinem Haus, ohne diesen Vorgang dem anderen zu zeigen. Dieser muss die Anordnung der Gegenstände erraten und zur Kontrolle in seinem Bild die gleiche Zuordnung vornehmen. Anschließend werden die Bilder nebeneinander gelegt und verglichen. Dann werden die Rollen getauscht und das Ratespiel beginnt von Neuem. Im Vorfeld sind die Räume des Hauses, einzelne Einrichtungsgegenstände, die Namen der Alltagsgegenstände, die Strukturen *Where is the …? It is in … / Where are the …? They*

Abb. 2: Information gap activity

are in … und eventuell die Präpositionen *in, on, under* wiederholt oder eingeführt worden. Es wird zu Beginn noch einmal darauf aufmerksam gemacht, dass nur Englisch gesprochen wird und die Strukturen, die an der Tafel stehen, möglichst immer benutzt werden.

Die meisten Kinder erledigen die Aufgabe erfolgreich, indem sie alle Gegenstände erraten, aber sprachlich bewältigen sie die Aufgabe auf unterschiedlichen Niveaus. Folgende Dialoge zwischen je zwei Schülern sind möglich:

A) *Schoolbag? – Kitchen.*
B) *Where is schoolbag? – In kitchen*
C) *Where is the schoolbag? – (It's) in the kitchen.*
D) *Where are the flowers? – In the kitchen, too?*
E) *Is the book in the bedroom? – Yes.*
F) *Where is the skateboard? – In the boy's room.*

Die Lehrkraft beobachtet neben Wortkenntnis und Aussprache, inwiefern die sprachlichen Aussagen verständlich sind (A und B), inwiefern sie sprachlich korrekt sind (C, D, E und F) und inwiefern Kinder eigenständig Erweiterungen vornehmen, indem sie auf Bekanntes zurückgreifen (Antwort C, Frage E, Antwort F).

Gruppenbezogene Lernstandsfeststellung

Als Ergänzung zur regelmäßigen Beobachtung im Unterricht können auch vereinzelt Übungen einbezogen werden, die es ermöglichen den Sprachstand der gesamten Klasse gleichzeitig abzufragen. Dies bietet sich insbesondere für den Bereich Hörverstehen an. Bleyhl (2000, 135) schlägt die gemeinsame Überprüfung der Ergebnisse z. B. mit Hilfe eines Lösungsblattes am Overhead-Projektor vor.

Beispiel: Maldiktat (Hörverstehen)

Im Vorfeld eines Maldiktats sollten den Kindern Hinweise für die Durchführung gegeben werden, um deutlich zu machen, dass der Schwerpunkt nicht auf dem „Schön-Malen" liegt:
• Es werden nur Umrisse gemalt. Zum Ausmalen ist anschließend Gelegenheit.
• Die Anweisungen für das Maldiktat werden zweimal gegeben. Wenn man etwas nicht weiß, arbeitet man zunächst weiter und setzt die folgenden Anweisungen um. Bei der Wiederholung besteht die Mög-

lichkeit Auslassungen zu ergänzen bzw. das Gezeichnete zu überprüfen.

Beim Zusammenstellen des Textes sollte darauf geachtet werden, dass die Anweisungen sich auf einzelne Nomen, Nomen + Farbadjektiv, Nomen + Zahladjektiv, Verben, ggf. Präpositionen beziehen und sowohl einfache wie auch komplexe Anweisungen gegeben werden, z. B.:

Draw a tree. Draw the sun. Draw a pond.
Draw two clouds. Draw a yellow flower. Draw a small bush.
Draw a nest in the tree. Draw three eggs in the nest.
A bird is flying. A butterfly sits on the bush. A duck swims in the pond.

Fremdeinschätzung – Selbsteinschätzung

Bei der Beurteilung von Schülerleistungen durch die Lehrkraft (Fremdeinschätzung) ist es wichtig, dass die Kinder als kompetente Lerner ernst genommen werden und Transparenz im Hinblick auf die Beurteilung hergestellt wird:
- Die Kriterien für die Beurteilung werden gemeinsam aufgestellt und besprochen.
- Die Kinder bekommen eine Rückmeldung zu ihrer Leistung. Hinweise zur Weiterarbeit und Übungsmöglichkeiten werden gemeinsam besprochen.
- Die Kinder werden bei der Leistungsbeurteilung miteinbezogen, indem sie sich selbst einschätzen und z. B. anhand eines Sprachenportfolios ihre Leistungen dokumentieren.

Ein besonderes Gewicht kommt der Selbsteinschätzung durch die Schülerinnen und Schüler als Ergänzung zur Fremdeinschätzung zu (Bleyhl 2000, 41. ff.). Die Selbsteinschätzung, wie sie im europäischen Portfolio der Sprachen (vgl. Landesinstitut für Schule 2004) vorgesehen ist, stellt eine gute Möglichkeit dar, um mit Kindern über ihre Lernstrategien, -lernwege und -inhalte ins Gespräch zu kommen. Ziel ist es eine realistische Selbsteinschätzung anzubahnen und das Selbstbewusstsein als Sprachenlerner zu stärken: „Das habe ich schon gelernt. – Das muss ich noch üben."
     Die Kinder müssen dabei schrittweise an die Selbsteinschätzung herangeführt werden. Auf diese Weise kann auch die Arbeit mit einem Sprachenportfolio vorbereitet werden.

Wege zur Selbsteinschätzung

Um eine „Kultur der Selbsteinschätzung" entstehen zu lassen, müssen die Kinder die Gelegenheit erhalten, in kleinen Schritten das bewusste Reflektieren von Lernwegen und Arbeitsweisen zu üben, z. B. durch:

- Gespräche im Klassenverband über thematische Vorlieben, Probleme und Lösungsideen, Planung der weiteren Arbeit.
- Reflektionsgespräche im Klassenverband über das Kennen lernen und Merken von neuen Wörtern: Welche Wörter kann ich mir gut merken, welche nicht? Warum kann ich sie mir gut merken? Was sind meine Lieblingswörter?
- Gespräche über bevorzugte (einfache, effektive) Arbeitstechniken und Medien: z. B. verschiedene Möglichkeiten den Wortschatz in der Schule / zu Hause mit Hilfe von Spielen, mit Bild- und Wortkarten zu üben.
- Bewusstmachung von Verstehensstrategien: Verschiedene Verstehensstrategien, die die Kinder z. B. beim *storytelling* unbewusst anwenden, thematisieren und auf ihren Nutzen überprüfen.

Am Ende einer Unterrichtsreihe schätzen die Kinder ihre Fähigkeiten bezogen auf den Wortschatz und konkrete Sprachhandlungen mit Hilfe eines Selbsteinschätzungsbogens ein. Zu vielen Lehrwerken liegen dazu Verlagsangebote vor, die komplett bzw. in Teilen übernommen werden oder als Anregung für selbst erstellte Bogen dienen können (vgl. Abb. 3).

Der Schwerpunkt liegt auf den Fertigkeiten Hörverstehen und Sprechen sowie den Lernstrategien. Später werden auch Leseverstehen und Schreiben einbezogen, wobei sich das Leseverstehen immer auf bekannte Texte bezieht

Food and drinks   Name_____

Das kann ich schon!!!

Ich kann sofort verstehen,
○   wenn ich auf etwas zeigen soll.
○   wenn ich etwas malen soll.
○   wenn ich etwas schreiben soll.
○   wenn ich etwas zählen soll.
○   wenn meine Lehrerin die *lunchboxes* beschreibt.

Ich kann
○   den *fruit rap* mitsprechen.
○   den *tongue-twister „Ice cream"* auswendig sagen.
○   sagen, was ich in meiner *lunchbox* habe.
○   sagen, was ich zum Frühstück esse.
○   sagen, was ich nicht mag.
○   fragen, was mein Klassenkamerad gerne mag.

Ich kann
○   Namen für Obst lesen.
○   Namen für Essen und Trinken richtig abschreiben.
○   den *fruit rap* lesen.

○   Ich habe mein *super- sandwich* gemalt und kann sagen, was darauf ist.

Wörter, die für Obst kenne:

Wörter, die ich für Essen und Trinken kenne:

So merke ich mir die Wörter für Essen und Trinken:
_____

Abb. 3: Selbsteinschätzung „Food and drinks"

und Schreiben meist das Abschreiben von einer Vorlage bedeutet. Die Selbsteinschätzung sollte sowohl einfache als auch komplexe Aufgaben beinhalten und isoliertes Wortverständnis, aber auch das Bewältigen von einfachen Kommunikationssituationen abfragen. Während der Unterrichtszeit von zwei Jahren findet eine Progression innerhalb des Selbsteinschätzungsbogens bezüglich des Umfangs und der Inhalte statt.

Bereits während der Unterrichtsreihe ist es sinnvoll, mit Kindern ihr Lernen und ihre Lernstrategien zu thematisieren, zu reflektieren und ihnen die Bedeutung der Selbsteinschätzung für den eigenen Lernprozess zu verdeutlichen.
- Wer von euch glaubt, dass sie / er das Gedicht schon allein sprechen kann?
- Wer hat die Geschichte verstanden, als ich sie erzählt habe / als ich euch die Bilder anschließend gezeigt habe / als ihr den Text mitlesen konntet?
- Wie hast du dir das Wort am besten merken können? Hast du dazu gemalt? Hast du das Wort abgeschrieben? Hast du an das Lied gedacht, in dem es vorkommt?

Wenn die Kinder am Ende der Reihe den Selbsteinschätzungsbogen ausfüllen, ist es hilfreich, bei jedem Impuls an die jeweilige Aktivität, die entsprechende Seite im Buch oder das entsprechende Material zu erinnern und es eventuell noch einmal zu zeigen.

Die Selbsteinschätzung stellt keinen Test dar, dennoch sind eine Rückmeldung und eine gemeinsame Reflexion notwendig. Auch wenn die Rückmeldung in erster Linie von der Lehrkraft gegeben wird, können einzelne Teile als Selbstkontrolle oder in Partnerarbeit überprüft werden. Werden Kenntnisse zu einem Wortfeld (z. B. *food and drinks*) eingeschätzt, kann ein Kind seine Einschätzung mit Hilfe einer Kassettenaufnahme oder mit Hilfe eines Partners überprüfen.

Partnerkontrolle
Ein Kind benennt Lebensmittel anhand einer Bildvorlage. Der Partner kontrolliert mit Hilfe einer Wort-Bildvorlage.

Selbstkontrolle
Ein Kind benennt Bilder auf einer Bildvorlage und hört sich dann von Kassette die Lösung an.

Rückmeldung durch die Lehrkraft
Die Lehrperson kommentiert kurz schriftlich, inwiefern das Kind in der Lage ist, sich realistisch einzuschätzen. Darüber hinaus wird mit den Kindern, deren Selbsteinschätzung stark von der Fremdeinschätzung

der Lehrkraft abweicht, individuell ein Gespräch geführt. Dabei werden zunächst die Kriterien noch einmal besprochen, die der Einschätzung zu Grunde liegen: „Ich kann sagen, was mein Haustier frisst", heißt, du kannst ein paar Dinge nennen. Es genügt, wenn du die Dinge nennst, die wir im Unterricht gelernt haben. „Ich kann das Lied mitsingen" heißt, ich kann die Strophen und nicht nur den Refrain mitsingen. Anschließend wird die konkrete Übung gemeinsam noch einmal durchgeführt und noch einmal auf der Grundlage der besprochenen Kriterien beurteilt. Ein Kind, das sich häufig zu schlecht einschätzt, stellt meistens zu hohe Erwartungen an die eigene Leistung, umgekehrt verhält es sich genauso bei Kindern, die sich zu gut einschätzen.

Enthält die Selbsteinschätzung auch Fragen zu Lernstrategien, so ist es sinnvoll die Antworten mit der gesamten Klasse zu sammeln, um ein gemeinsames Profitieren zu ermöglichen. Der Impuls „So merke ich mir Namen für Tiere" wurde mit zahlreichen Hinweisen zu Medien und Arbeitsformen beantwortet, die während der Unterrichtsreihe eine Rolle gespielt hatten:
„Ich denke an die Bildkarten";
„Ich denke an das Knickbuch";
„Ich habe sie oft aufgeschrieben";
„Ich merke mir den Vorderbuchstaben".

Der Selbsteinschätzungsbogen sollte als Instrument eines Lernprozesses angesehen werden und nicht als abschließende Dokumentation des Kenntnisstandes, also zu der Frage hinführen: „Was muss ich noch üben?"

Die Lehrkraft bekommt Hinweise zum Lernstand der Klasse und zum individuellen Lernstand, auf dessen Grundlage die weitere Unterrichtsgestaltung und individuelle Förderung geplant werden können.

Arbeit mit einem Sprachenportfolio

Von der themengebundenen Einschätzung im Anschluss an eine Unterrichtsreihe können die Kinder nach mehrmaligem Üben zu einer themenunabhängigen Einschätzung, wie sie im Portfolio der Sprachen vorgesehen ist, geführt werden. Die Selbsteinschätzung deckt dabei nur einen Teil des Sprachenportfolios ab, nämlich die Sprachenbiografie (Legutke 2002). Das Heranführen an die Selbsteinschätzung ist nur ein möglicher Einstieg in die Arbeit mit dem Sprachenportfolio.

Die Dossierarbeit bietet ebenfalls gute Möglichkeiten, die eigenen Fähigkeiten, Vorlieben und Interessen zu dokumentieren und bietet sich auch als Einstieg in die Arbeit mit dem Sprachenportfolio an.

Das Dossier wird den Kindern z. B. als Schatztruhe (*treasure box*) vorgestellt und stellt für sie von Anfang an einen besonderen Wertgegenstand dar, da die angefertigten Arbeiten persönliche Inhalte und Vorlieben zeigen. Den Kindern ist bewusst, dass der Inhalt dieser Sammlung als Erinnerung, zur Dokumentation der Lernfortschritte und zum Zweck der Präsentation dient. Während die ersten Arbeiten frei von den Schülerinnen und Schülern ausgewählt werden, ist es sinnvoll, im Laufe der Zeit gemeinsam mit ihnen Kriterien für die Auswahl zu erarbeiten (s. u.). Die Kinder lernen von Anfang an, ihre Arbeiten auf einfache Weise zu präsentieren. Ebenso kann die Dossierarbeit auch Grundlage für ein Lehrer-Schüler-Gespräch sein.

Kriterien für die Auswahl von Dossierarbeiten

- Gestaltung und Kreativität
- Sorgfalt und Ordnung
- Individualität
- Fähigkeit, Arbeiten mündlich zu präsentieren / zu kommentieren
- Schriftanteil (für fortgeschrittene Lerner)

Abb. 4: Beispiel einer Dossierarbeit

Weiterführung

Ein Unterricht, der den Kindern Möglichkeiten gewährt, in offenen Lernsituationen erfolgreich zu lernen, individuelle Lernwege zu beschreiten, die eigene Leistung selbst einzuschätzen und Kriterien zur Leistungsbewertung zu hinterfragen, legt die Grundlage für die pädagogische Leistungserziehung. Leistung wird positiv erlebt und die Schülerinnen und Schüler werden zu selbstbewussten Lernern erzogen, die ihre Stärken und Schwächen kennen.

Beim Übergang in die weiterführende Schule gilt die Fortsetzung des Prinzips des *confidence building* als ein Schlüssel für erfolgreiches Lernen.

Die Kenntnis der in den jeweiligen Bundesländern in Richtlinien und Erlassen festgelegten Kompetenzstufen am Ende der Klasse 4 einerseits und der fortgesetzte Dialog mit den Schülerinnen und Schülern andererseits erleichtern es den Lehrkräften der weiterführenden Schulen, die Fähigkeiten und Fertigkeiten ihrer Schülerinnen und Schüler besser einzuschätzen. In diesem Zusammenhang kommt auch dem Sprachenportfolio eine besondere Bedeutung als Dokument zu. Für einen gelungenen Übergang ist es notwendig, Fremdsprachenunterricht als Kontinuum zu betrachten, indem sowohl inhaltlich als auch methodisch an das Vorwissen der Kinder angeknüpft wird – dies gilt auch für den Bereich der Leistungsbeobachtung und -bewertung.

Anmerkungen

[1] Die Empfehlung R(98)6 des Europarats erklärt *plurilingualism* zum Ziel schulischen Sprachunterrichts.

[2] Making the Grade with Ginger, Cornelsen 2004 Playway Rainbow Edition, Show what you know, 26-28, Klett 2003

Bausteine Magic, Leistung beobachten und bewerten 3/4, Diesterweg, 2004

[3] Verschiedene Sprachenportfolios liegen für den Grundschulbereich z. T. auch in akreditierter Form vor, z. B. Mein Sprachenportfolio, Diesterweg/Schroedel 2001.

Birgit Schumacher (Berlin)

16 Modell einer bilingualen Begegnungsschule: Die Staatliche Europa-Schule Berlin (SESB)

Die Staatliche Europa-Schule Berlin wurde 1992 mit dem Ziel gegründet, Kinder von Schulbeginn an in zwei Sprachen zu unterrichten. Es kann zwischen neun verschiedenen Sprachkombinationen gewählt werden: Deutsch in Verbindung mit Englisch oder Französisch, Griechisch, Italienisch, Polnisch, Portugiesisch, Russisch, Spanisch, Türkisch.

Die Wahl der ersten drei Sprachenkombinationen, Deutsch-Englisch, Deutsch-Französisch und Deutsch-Russisch, hing noch mit der Anwesenheit der Alliierten zusammen, doch sehr rasch wurden weitere Sprachen aufgenommen und man verband so das allgemein wachsende Interesse an mehrsprachiger Schulbildung mit der besonderen Situation Berlins:

- Kinder mit zwei verschiedenen Sprachen lernen gemeinsam,
- Kinder außerhalb ihres Mutterlandes erhalten auch qualifizierten Unterricht in ihrer starken Erstsprache,
- Kinder aus bilingualen Familien entwickeln sich in beiden Sprachen (Bausch 2003, 186–190).

Die SESB beginnt mit der Schulanfangsphase und führt zu allen in Deutschland staatlich anerkannten Schulabschlüssen, d.h. nach der 10. Klasse zum Mittleren Bildungsabschluss, im 12. bzw. 13. Jahrgang zum Abitur. Die Anerkennung der bilingualen Abschlüsse durch die Partnerländer wird angestrebt bzw. liegt bereits vor.

Es gilt der Berliner Rahmenplan, aber mit folgenden Besonderheiten: In jeder Sprachkombination wird in den beiden Partnersprachen sowie der nichtdeutschen Muttersprache nach gesonderten Unterrichtsplänen gearbeitet; in den Fächern Geografie, Geschichte, Politische Bildung, Naturwissenschaften, Biologie, Sozialkunde werden die Curricula der Partnerländer besonders berücksichtigt.

Die SESB begann als Schulversuch mit den drei erstgenannten Sprachkombinationen, alle weiteren sind je nach Einrichtungszeitpunkt unterschiedlich weit gewachsen.

Stand Schuljahr 2004/05:	12. Jg.	10. Jg.	9. Jg.	7. Jg.	6. Jg.
Deutsch-Englisch	x				
Deutsch-Französisch	x				
Deutsch-Russisch	x				
Deutsch-Italienisch		x			
Deutsch-Spanisch		x			
Deutsch-Griechisch			x		
Deutsch-Türkisch			x		
Deutsch-Portugiesisch				x	
Deutsch-Polnisch					x

Abb. 1: Sprachkombination an der SESB

Das zweisprachige Prinzip bestimmt alle Bereiche und überall herrscht Zweisprachigkeit:
• Die Lerngruppen setzen sich aus Schülerinnen und Schülern deutscher und nichtdeutscher Sprache zusammen.
• Der Unterricht findet etwa zur Hälfte in deutscher und nichtdeutscher Sprache statt; beide Sprachen werden als Mutter- und Partnersprache unterrichtet.
• Den Unterricht erteilen muttersprachliche Lehrkräfte.

Die Grundschule

In der 1. Klasse erlernen die Kinder das Lesen und Schreiben in ihrer Muttersprache; im Laufe der zweiten Klasse kommt der Schriftspracherwerb in der Partnersprache hinzu.

Der Sachunterricht wird in der nichtdeutschen Sprache erteilt; ebenso die aus diesem Fach erwachsenden Fächer Geografie, Geschichte, Politische Bildung und Naturwissenschaften ab der 5. Klasse.

Mathematik wird immer auf Deutsch unterrichtet.

Die Fächer Musik, Kunst und Sport werden unter Berücksichtigung des Gleichgewichts beider Sprachen nach Entscheidung jeder Schule in der einen oder anderen Sprache unterrichtet.

Ab Klasse 5 kommt an den deutsch-englischen Standorten Französisch als Fremdsprache hinzu, an allen anderen Englisch.

Im Schuljahr 2004/2005 gibt es 18 Grundschulstandorte, die je nach Einrichtungszeitpunkt unterschiedlich weit in den Klassen hochgewachsen sind.

	Kl. 0–6	Kl. 1–6	Kl. 0–2	Kl. 0
Deutsch-Englisch	x x			
Deutsch-Französisch	x x			x x
Deutsch-Griechisch	x x			
Deutsch-Italienisch	x		x	
Deutsch-Polnisch	x			
Deutsch-Portugiesisch	x			
Deutsch-Russisch	x	x		
Deutsch-Spanisch	x x			
Deutsch-Türkisch	x			

X = 1 Standort
Klasse 0 = Vorklasse
Ein deutsch-russischer Standort läuft aus, dafür wird ein neuer aufgebaut.
Etwa 4500 Schüler besuchen in diesem Schuljahr die SESB-Grundschulen und rund 1000 die SESB-Oberschulen.

Unterrichtergänzendes Angebot

Am Nachmittag wird der Vormittagsunterricht durch ein kostenfreies Angebot ergänzt, das dem Leben und Erleben der Zweisprachigkeit und Kultur gewidmet ist.

Dieses Angebot wird von deutschen Erzieherinnen und Erziehern gestaltet und je nach Bedarf von nichtdeutschen Muttersprachlern verstärkt, die in der Regel vom Förderverein der Grundschule finanziert werden.

Die inhaltliche Arbeit umfasst einerseits die selbstgestaltete Freizeit der Kinder unter Einbeziehung pädagogischer Maßnahmen. Dabei spielen nicht nur sprachliche Inhalte eine Rolle, sondern auch die Gewohnheiten aus der jeweiligen Partnerkultur, z. B. Tischsitten in Frankreich. Kulturelle Aspekte drücken sich ebenso in der Gestaltung der Räume aus oder durch eine zweisprachige Beschriftung von markanten Gegenständen im Schulgebäude. Dadurch wird der Vormittagsunterricht fortgesetzt, verstärkt und ergänzt. Für eine gelungene Verknüpfung der Arbeit von Erzieherinnen und Lehrkräften bedarf es einer ständigen Kooperation.

Übergang von der Grundschule in die Oberschule

Nach der 6. Klasse gehen die Kinder in die SESB-Oberschulen über, die die jeweilige Sprachkombination weiter betreuen. Dies sind Gymnasien, Realschulen oder Gesamtschulen mit gymnasialer Oberstufe, die als besonderes Schulprofil auch einen SESB-Zweig anbieten.

Weitere Informationen, auch zu allen Schulstandorten, sind erhältlich bei der Senatsverwaltung für Bildung, Jugend und Sport[1] sowie beim Landesinstitut für Schule und Medien (LISUM)[2].

Was unterscheidet die Staatliche Europa-Schule Berlin von anderen sprachbetonten Schulen oder vom frühen Fremdsprachenunterricht?

Einsatz mit Schulbeginn

Mit Eintritt in die Schule beginnt der bilinguale Unterricht und dessen Fortführung im unterrichtsergänzenden Angebot. Bis zum Schuljahr 2004/2005 einschließlich gehörte zu diesem Konzept die Vorbereitung der Kinder verschiedener Muttersprachen in der Vorklasse auf den bilingual organisierten Unterricht (Senatsverwaltung für Schule, Jugend und Sport Berlin 2000). Mit der Abschaffung der Vorklasse wird diese Vorbereitungsphase zukünftig an bereits existierende oder neu zu gründende bilinguale Kindertagesstätten übertragen.

Problematisch erscheint aus heutiger Sicht, dass ein erfolgreiches System aufgegeben und frühes Sprachenlernen zunächst in nicht-staatliche Hände gelegt wird. Doch durch die Senkung des Schuleintrittsalters auf 5 $1/2$ Jahre wird die Bedeutung eines allgemeinen früher organisierten Lernens betont. Durch die Verlagerung des Sprachenlernens in die Kindertagesstätten ergibt sich eine günstige Konstellation für eine frühe Zweisprachigkeit im Sinne der von Gilbert Dalgalian (vgl. S. 128 ff.) referierten Untersuchungen.

Die Zusammensetzung der Schülerschaft

Die Klassen sind zu etwa 50 % aus Kindern deutscher Muttersprache und zu 50 % aus Kindern der anderen Erstsprache zusammengesetzt. Jedes Kind kann sich in seiner Erstsprache aufgehoben, anerkannt fühlen und zurechtfinden. Gleichzeitig werden alle Sinne in Richtung der Partnersprache sensibilisiert.

219

Die nichtdeutschen muttersprachlichen Lehrkräfte

Sie unterrichten 50 % des Unterrichts in der nichtdeutschen Sprache, aber eben nicht nur den Sprachunterricht, sondern auch den Sachunterricht. Sie bringen sowohl eine andere kulturelle Prägung als auch eine andere Unterrichtskultur und ein eigenes Verständnis der Lehrerrolle mit. Dadurch entstehen viele interkulturelle Berührungspunkte zwischen deutschen und nichtdeutschen Pädagogen, was sich selbstverständlich auch auf den Unterricht und damit die Kinder auswirkt.

Das Konzept des Muttersprachen- und Partnersprachenunterrichts

Dieses beinhaltet einerseits das Prinzip „eine Person, eine Sprache", andererseits die Gleichzeitigkeit der Vermittlung beider Sprachen.

Sprach- und Sachfachunterricht werden zu gleichen Teilen in Muttersprache und Partnersprache unterrichtet. Beide Sprachen sind glcichwertig. Alle Beteiligten – Schülerinnen und Schüler, Pädagogen, Eltern – haben die wichtige Aufgabe, das Gegenüber als Partner in der Sprachvermittlung zu sehen und ihn einzubinden in interkulturelle Erlebnisse und Erfahrungen. Ziel ist ein ausgeglichenes und aktives Partnerverhältnis.

Nach der sechsjährigen Grundschulzeit und zwei weiteren Jahren des getrennten Sprachunterrichts nach Mutter- und Partnersprache werden beide Fächer in der 9. Klasse zusammengeführt. Die Schülerinnen und Schüler erhalten einen gemeinsamen Unterricht auf Muttersprachenniveau in beiden Sprachen.

Sowohl in der Muttersprache als auch in der Partnersprache müssen bis einschließlich 8. Klasse spezifische Probleme mitbedacht und Lösungswege gefunden werden.

Neun nichtdeutsche Muttersprachen werden in Berlin unterrichtet, wobei Deutsch die Umgebungssprache ist. Folglich müssen die nichtdeutschen Muttersprachler einige Anstrengungen unternehmen, um ein annähernd vergleichbares Niveau zu erreichen wie Kinder im jeweils nichtdeutschen Partnerland.

Die deutschen Kinder, die die Partnersprache erst mit Eintritt in die SESB lernen, sollen im Lauf von acht Schuljahren muttersprachliches Niveau erreichen. Hier bedarf es aktiver außerschulischer Unterstützung, z. B.: Bücher lesen, Filme sehen, Auslandsfahrten machen, Brieffreundschaften pflegen usw.

Die Gleichwertigkeit beider Sprachen

Die Gleichwertigkeit ist curricular (gleichartige Unterrichtspläne), organisatorisch (gleiche Lernzeiten und Stundentafeln) und schulrechtlich (angepasste Zeugnisformulare) gegeben. Dieses Prinzip trägt auch dazu bei, die Identität und das Selbstwertgefühl bei Kindern, Eltern und Pädagogen zu stärken.

Sprach- und Sachfächer in beiden Sprachen

Das Ziel des Schulversuchs ist das Lernen in zwei Sprachen und die Ausbildung von Kompetenzen in allen Bereichen. Auf kognitiver und emotionaler Ebene wird sprachliches und damit verbunden interkulturelles Handeln gelernt.

Gesonderte Unterrichtspläne für die Partner- und nichtdeutschen Muttersprachen

Das Prinzip der Partnersprache ist in dieser Form völlig neu und einmalig in Deutschland. Für die Inhalte dieses Unterrichts bedurfte es neuer, erst zu entwickelnder Pläne. Ein deutsches, monolinguales Kind hat als Partnersprache die nichtdeutsche Sprache. Ein (z. B.) französisches, monolinguales Kind hat als Partnersprache Deutsch. Bei einem bilingualen Kind führt die aufnehmende Schule eine Sprachstandsfeststellung durch, um so die stärkere Sprache des Kindes zu bestimmen, in der es zunächst alphabetisiert wird. Die schwächere Sprache ist seine Partnersprache.

Ebenso ist einzigartig, dass Schülerinnen und Schüler in einer staatlichen Schule durchgängig Unterricht in ihrer nicht-deutschen Muttersprache erhalten. Auch hierfür mussten besondere Pläne geschrieben werden.

Die Unterrichtspläne in Partnersprache und nichtdeutscher Muttersprache ermöglichen ein strukturiertes Vorgehen und schreiben die Gleichwertigkeit beider Sprachen fest.

Einbeziehung nationaler (nichtdeutscher) Curricula und Unterrichtsmaterialien

Die Europäische Dimension bekommt hierdurch starkes Gewicht, und ein Perspektivenwechsel ist beständiger Teil des Unterrichts. Die „nichtdeutschen" Unterrichtsmaterialien unterstützen die Reflexionen zu Themen der europäischen Dimension, stellen jedoch die Lehrkräfte vor die Schwierigkeit, sie dem Berliner Rahmenlehrplan anpassen zu müssen. Umgekehrt gibt es in einigen Ländern zu bestimmten Berliner Themen gar kein Material.

Besondere Zeugnisformulare

In der Grundschule haben die Schüler der SESB spezielle Zeugnisformulare, auf denen die Erst- und Partnersprache besonders ausgewiesen und auch alle Fächer gekennzeichnet sind, die in der nichtdeutschen

Sprache unterrichtet werden. Für den Mittleren Bildungsabschluss und das Abitur wird momentan beraten, in welcher Form diese Zeugnisse formuliert werden.

Kooperation der SESB-Grundschulen gleicher oder unterschiedlicher Sprachenkombinationen

Begegnungen von Kindern verschiedener SESB-Schulen finden unter unterschiedlichsten Aspekten statt, teils als „lockere" Besuche, um an einem besonderen Ereignis in einer Schule teilzunehmen, z. B. Einladung deutsch-französischer Schülerinnen und Schüler in die deutsch-italienische Schule, um an einer Lesung des Senators für Bildung, Jugend und Sport teilzuhaben.

Teils waren bzw. sind es auch feste Kontakte über mindestens ein oder zwei Schuljahre mit regelmäßigen gegenseitigen Besuchen und Unternehmungen.

Beispiele

Einige der oben genannten Aspekte werden im folgenden mit aktuellen Beispielen der letzten sieben Jahre konkreter beschrieben, da sie mittlerweile auch zum festen Bestandteil von SESB gehören. Weitere Schilderungen aus den Anfängen der SESB stellte Michael Göhlich zusammen (1998; vgl. auch Doyé 1997).

Eine ausführlichere Darstellung des Schulversuchs SESB gibt es im Text „Bilinguales Lernen" von Inge Sukopp (2005).

Vorlesewettbewerbe

Seit 1999 gibt es einen Wettbewerb in Deutsch als Partnersprache, der nach den Kriterien des Börsenvereins des Deutschen Buchhandels e.V. durchgeführt wird.

Es nehmen alle SESB-Grundschulen daran teil, die eine 6. Klasse haben (2005: 14 GS). Die Inhalte sind: Eine Lesekultur entwickeln, Lesestrategien entwickeln, Lesekonferenzen durchführen, Beurteilungskriterien für den Vorlesewettbewerb zusammenstellen, konkrete Organisation und Durchführung des jeweiligen Wettbewerbs.

Seit drei Jahren sponsort der VBKI (Verein Berliner Kaufleute und Industrieller) den Vorlesewettbewerb und ermöglicht sowohl kleine Preise für die Kinderjury als auch Buchpreise für alle Vorleser und jeweils einen besonderen Preis für die Gewinner des 1. und 2. Platzes.

Neben dem Vorlesewettbewerb in Deutsch finden auch Wettbewerbe in anderen Sprachen statt, z. B. in Englisch oder Französisch. Dabei treffen sich die Schülerinnen und Schüler aus den Standorten mit gleicher Sprachenkombination und ermitteln die besten Leser in der nichtdeutschen Mutter- und Partnersprache.

Gedichtwettbewerb Russisch

2005 fand zum ersten Mal ein Gedichtlesewettbewerb zwischen allen Schulen mit der Sprachkombination Deutsch-Russisch statt. Es nahmen daran die beiden SESB-Grundschulen, die SESB-Oberschule sowie die Botschaftsschule teil.

Schreibwettbewerb in der Partnersprache

2003 wurde ein Schreibwettbewerb für die 6. Klassen der Grundschule und die 8. Klassen der Oberschule ins Leben gerufen, ebenfalls gesponsort vom VBKI. Alle Teilnehmer schreiben in ihrer Partnersprache nach festgesetzten Kriterien (Wortanzahl, Thema) und stellen so am Ende der Grundschulzeit und der Phase des getrennten Sprachunterrichts in der Oberschule ihre Lernfortschritte in der Partnersprache unter Beweis.

Eine Jury (Lehrkräfte und Freunde der SESB) ermitteln die Sieger. In einem Festakt zeichnet der VBKI unter Beteiligung des Senators für Bildung, Jugend und Sport und von Vertretern der Botschaften die Preisträger aus. Die ausgewählten Sprachkombinationen waren:

2003   Deutsch-Französisch, -Polnisch und -Spanisch,
2004   Deutsch-Griechisch, -Russisch und -Türkisch,
2005   Deutsch-Englisch, -Italienisch und -Portugiesisch.

Der Schreibwettbewerb ist die erste gemeinsame Veranstaltung zwischen Grundschule und Sekundarstufe I und zeigt so eine Verknüpfungsmöglichkeit für den Übergang von der einen in die andere Stufe.

Projekt „Redewendungen in 10 Sprachen"

Dieses Thema wurde im Schuljahr 2003/2004 als gemeinsames Projekt von 14 SESB-Grundschulen in den Klassen 5 und 6 durchgeführt unter dem Titel: Andere Länder – andere Sitten? Andere Sprachen, andere Sprüche! Oder: „Jeder Vogel singt, wie ihm der Schnabel gewachsen ist."

Ausgehend von einer deutschen Redewendung, in der ein Tier vorkommt, wurde die Entsprechung in einer der neun anderen Sprachen gesucht. Beide Redewendungen wurden bildnerisch dargestellt und als Bildunterschrift festgehalten. Die Schülerarbeiten wurden zwischen Mai 2004 und Februar 2005 an verschiedenen Orten in Berlin ausgestellt. Die Durchführung in den einzelnen Klassen basierte auf einer Verknüpfung der Fächer Muttersprache, Partnersprache und Kunst und einer daraus resultierenden Zusammenarbeit der entsprechenden Kolleginnen und Kollegen.

Mit ausgewählten Bildern wurde der SESB-Jahreskalender 2005 gestaltet.

Abb. 3: Redewendung deutsch-französisch

Jahreskalender

Dieser Kalender wird seit 2003 veröffentlicht. Er geht auf eine Initiative der Kolleginnen und Kollegen des unterrichtsergänzenden Angebotes zurück und entwickelt sich allmählich zu einer Darstellung von Ergebnissen sprachlicher, interkultureller Projektarbeit.

Im Schuljahr 2004/2005 war das gemeinsame Thema „Spiele in anderen Ländern", wieder mit der Intention mit Schülerarbeiten den SESB-Jahreskalender 2006 zu gestalten.

Das Thema für den SESB-Kalender 2007 lautet „Märchen in zwei Sprachen".

Alle schulübergreifenden Projekte werden durch SESB Moderatorinnen und Moderatoren im LISUM durch Fortbildungen, Organisation und Auswertung betreut.

Die europäische Dimension

Die Staatliche Europa-Schule Berlin trägt Europa nicht nur im Titel. Die Europäische Dimension steht nicht nur auf dem Papier (Beschlüsse der KMK, Inhalte der Rahmenlehrpläne), sondern sie gehört in diesem Schulversuch zum Alltag in und außerhalb der Schule, sie wird gelebt und geht sogar über den europäischen Rahmen hinaus, je nach Sprachenkombination, da Kinder, Eltern und auch Pädagogen aus allen Teilen der Welt kommen.

Diese Vielfalt wird als Bereicherung verstanden und in verschiedenen Bereichen schulübergreifend und in gemeinsamen Veranstaltungen umgesetzt. Alle diese beschriebenen Aktivitäten bewirken bei Erwachsenen und Kindern die Entwicklung und Stärkung eines Wir-Gefühls. Bei jeder Veranstaltung sind Aktive wie Zuschauer gespannt auf die Beiträge aus den einzelnen Sprachstandorten.

Fußball-Meisterschaft der SESB

Seit 1998 findet dieses sportliche Ereignis jährlich gegen Ende des Schuljahres statt. Während anfänglich 18 Mannschaften um den begehrten Pokal kämpften, waren es 2004 bereits 34 in drei verschiedenen Alterskategorien. Bei diesem Turnier hallen Anfeuerungsrufe der Trainer, Eltern, Erzieher, Lehrkräfte und zuschauenden Klassenkameraden in zehn Sprachen über die Sportplätze. Die ehrenamtlichen Schiedsrichter bewerten nicht nur die spielerischen Leistungen, sondern vergeben ebenfalls einen durch die Kinder selbst initiierten Fairnesspokal.

Brennballturnier

Als sportliches Gegengewicht für die Mädchen, die beim Fußball unterrepräsentiert sind, finden in unregelmäßigen Abständen kleinere Turniere zwischen mehreren Schulen statt. Dabei gibt es zwar weniger Teilnehmer, aber mehr persönliche Kontakte zwischen den Mannschaften.

Grand Prix de la petite chanson

Dieses Fest aller SESB-Grundschulen, von der Vorklasse bis zur 6. Klasse, wird seit sechs Jahren während der Europawoche im Mai gefeiert. Im Jahre 2005 beteiligten sich 18 Schulen daran.

Während dieses kulturellen Höhepunktes im Schuljahr werden die verschiedenen Sprachen und Kulturen für die Kinder und Erwachsenen konkret sichtbar und hörbar. Jede Schule präsentiert musikalisch-szenische Beiträge aus dem kulturellen Hintergrund der jeweiligen Sprachenkombination.

Abb. 4:
Beitrag beim
Grand Prix
de la petite
chanson

226

Olympische Spiele

Die ersten „Olympischen Spiele" feierten 12 SESB-Grundschulen im Mai 2004 anlässlich der Sommerspiele in Athen.

Dazu hatten die beiden deutsch-griechischen Grundschulen eingeladen. Die Veranstaltung begann mit dem Einmarsch der Athleten, einem ergreifenden Erlebnis sowohl für die Sportlerinnen und Sportler als auch für die Zuschauer. Mit ihnen zog auch der olympische Geist ein, der alle Aktivitäten des Tages prägte: Wie bei den „Großen" wurde in Gegenwart eines Vertreters der griechischen Botschaft das olympische Feuer entzündet, der Eid auf Griechisch gesprochen, es gab einen sportlichen Dreikampf, eine abschließende Staffel und eine Siegerehrung, bei der die Athleten einen Olivenkranz als Auszeichnung erhielten.

Kontakte zwischen SESB-Grundschulen

Eine deutsch-französische und deutsch-italienische 5. Klasse lernten sich bei Aktivitäten rund um die Pizza kennen. Daraus entwickelte sich ein Austausch, dessen Höhepunkt eine gemeinsame Klassenfahrt nach Amrum bildete.

Durch Initiativen der Lehrerinnen einer deutsch-französischen und einer deutsch-türkischen 5. Klasse kam es zu ersten Kontakten zwischen den Schülerinnen und Schülern, die sich so positiv entwickelten, dass am Ende des 6. Schuljahres eine gemeinsame Klassenfahrt organisiert wurde. Zuvor arbeiteten beide Klassen fünf Tage zusammen in einer außerschulischen kulturellen Einrichtung in Kreuzberg zum Thema „Die Nacht". Die in dieser Projektwoche gemachten gemeinsamen Erfahrungen wirkten sich positiv während der Klassenfahrt aus.

Aktivitäten in den einzelnen Sprachenstandorten

Jede SESB-Grundschule zeichnet sich zusätzlich zu den oben beschriebenen Aktivitäten durch solche aus, die dem besonderen kulturellen Zusammenhang mit dem nichtdeutschen Land entspringen.

Wichtige nichtdeutsche und deutsche sowohl religiöse als auch weltliche Feiertage werden mit Bräuchen und besonderen kulinarischen Angeboten in allen SESB zelebriert. Weiterhin spielen eine herausragende Rolle

- in den deutsch-englischen Standorten:
  - die jährlich stattfindende *book week*: Im Rahmen einer Projektwoche wird das Thema „Buch" bearbeitet;
  - die *assembly*: Im vierwöchigen Rhythmus bereitet eine Klasse diese Schülerversammlung vor und stellt wichtige Unterrichtsinhalte vor;
  - Konferenzen: Jeder spricht in seiner Sprache;
  - gemeinsame Klassenfahrt der 6. Klassen beider deutsch-englischen Standorte.

- in den deutsch-französischen Standorten:
  - Klassenfahrten als *classe verte* (Klassenfahrt aufs Land) in die Vogesen und in die Bretagne;
  - die Literaturwoche bzw. der Literaturtag im Herbst im Rahmen des Literaturfestivals mit Schriftstellerinnen und Schriftstellern der Frankophonie;
  - *la semaine du goût:* eine Geschmackswoche mit Themen zu Nahrung und Ernährung, Sensibilisierung des Geschmacks und Kochen.

- in den deutsch-griechischen Standorten:
  - griechische Tanzgruppe;
  - Beteiligung am Literaturfestival mit Lesungen griechischer Schriftstellerinnen und Schriftsteller;
  - Pflege alter Bräuche zum griechischen Osterfest.

- in den deutsch-italienischen Standorten:
  - die Hexe *Befana* geht am 6. Januar von Klasse zu Klasse und bringt den „braven" Kindern Süßigkeiten, den „bösen" Kohle (schwarzen Zucker),
  - Schüleraustausch mit der *scuola internazionale europea* „Altiero Spinelli" aus Turin;
  - Teilnahme am Literaturfestival mit italienischen Schriftstellerinnen und Schriftstellern;
  - konstruktive Zusammenarbeit mit dem Italienischen Kulturinstitut, z. B. Lesungen in der Schule, Unterstützung von Theaterprojekten;
  - seit zwei Jahren eine bilinguale Schülerzeitung „YoYo";
  - im Rahmen eines Öko-Pflanzprojektes gibt es ein Beet mit italienischen Kräutern (in vielen Klassen gibt es ein Zitronenbäumchen als Zimmerpflanze);
  - im Rahmen des Sachunterrichtes wird Olivenöl hergestellt und regelmäßig ein Pizza-Projekt durchgeführt.

- im deutsch-polnischen Standort:
  - deutsch-polnische Folkloregruppe (alle Altersstufen) mit handgefertigten Kostümen direkt aus Polen, gesponsort von der polnischen Botschaft mit zahlreichen Auftritten;
  - deutsch-polnischer Chor und deutsch-polnische Theater-AG;
  - Partnerschulen in Warschau (seit sechs Jahren) und Lodz (neu);
  - viele weitere Aktivitäten nach dem EU-Beitritt Polens 2004 und das deutsch-polnische Jahr Mai 2005 – Mai 2006.

- im deutsch-portugiesischen Standort:
  - in der 5. Klasse zweiwöchige Klassenfahrt nach Porto;
  - Capoeira und Samba-AG;
  - Beteiligung am Karneval der Kulturen;
  - Mitgestaltung einer Mittagsmagazinsendung von Radio Multi Kulti.

- in den deutsch-russischen Standorten:
  - Weihnachtskonzert, mit dessen Erlös der Austausch mit einer Schule in St. Petersburg finanziert wird;
  - gegenseitige Besuche und gemeinsame Veranstaltungen mit der russischen Botschaftsschule.

- in den deutsch-spanischen Standorten:
  - drei- bis viermal im Jahr organisieren alle am Schulleben Beteiligten Themenabende zu verschiedenen spanischsprachigen Ländern mit kulturell-musischen und kulinarischen Beiträgen;
  - mehrere Schulpartnerschaften mit Schüler- und Lehreraustausch in Sevilla und in der Nähe von Malaga und Cadiz;
  - eine Zusammenarbeit mit dem *Instituto Cervantes* unter Beteiligung des LISUM wird aufgebaut;
  - KIDS (Künstler in der Schule) ist eine Initiative, in der Spanisch sprechende Künstlerinnen und Künstler aus Berlin Projekte aus den Bereichen Musik, Tanz und Bildende Kunst in der Schule durchführen.

- im deutsch-türkischen Standort:
  - Erlös des Weihnachtsbasars für Aziz-Nesin-Stiftung in Çatalca;
  - zweiwöchige Klassenfahrt in der 5./6. Klasse an verschiedene Orte in der Türkei;
  - Feier des Geburtstages von Aziz Nesin (Namensgeber der Schule) im Juni;
  - Folkloregruppe;
  - Kinderfest.

229

Anmerkungen

Adressen, auch zum pädagogischen Netzwerk

[1] Senatsverwaltung für Bildung, Jugend und Sport www.senjbs.berlin.de > SESB LISUM:

[2] Landesinstitut für Schule und Medien (LISUM) www.lisum.de

Koordinatorin der SESB-Grundschulen: birgit.schumacher@lisum.verwalt-berlin.de

Koordinatorin der SESB-Oberschulen: monika.ebertowski@lisum.verwalt-berlin.de

Förderverband Europa-Schule Berlin e.V., FESB; Dachverband aller Fördervereine der einzelnen Sprachenstandorte der SESB
www.FESB-Berlin.de

Arbeitsgemeinschaft Internationale Schule für Europa, AG ISFE www.SESB.de

Multi-Kulti Work-Shop (Sport und Kultur) e.V., Verein, der Aktivitäten zur Europäischen Dimension in der SESB initiiert und organisiert; Email: anne.fischer@lisum.verwalt-berlin.de

Bundesnetzwerk Europaschulen e.V., Elballee 162, 06846 Dessau, bundesweit im November 2004 gegründeter Verein, in dem sich Schulen zusammenschließen können, die entsprechend den KMK-Beschlüssen interkulturelle Bildung und Erziehung fördern und den Titel Europaschule führen.

Rückblick

Den in unserer Einleitung zitierten Einwand, über den Fremdsprachenunterricht in der Grundschule sei doch nun alles gesagt und es bedürfe deshalb keines weiteren Buches, haben wir auf den vorangehenden 230 Seiten hoffentlich entkräften können. Die Autorinnen und Autoren der 16 Kapitel haben – so meinen wir – manches neue Licht auf die Kernprobleme dieses Unterrichts werfen können und dabei durchaus neue Einsichten vermittelt.

Dennoch ist es reizvoll, sich noch einmal zu vergegenwärtigen, welche Tatsachen bereits vor vielen Jahren bekannt waren und welche Erkenntnisse schon in den Anfängen der „Frühbeginn-Bewegung" vorlagen. Wir greifen dabei auf die Veröffentlichung „Untersuchungen zum Englischunterricht in der Grundschule" (Doyé/Lüttge 1977) zurück, die den Abschlussbericht über das Braunschweiger Forschungsprojekt „Frühbeginn des Englischunterrichts" enthält und seine theoretische Fundierung darlegt. Wir konnten seinerzeit als erste die langfristige Überlegenheit des in der Grundschule beginnenden Englischunterrichts über den zum damals üblichen Zeitpunkt (5. Klasse) beginnenden Unterricht nachweisen. Wir hatten in der Zeit von 1970 bis 1975 die sprachliche Entwicklung von 1500 Kindern in Braunschweig, Salzgitter und Wolfsburg von der 3. bis zur 7. Klasse verfolgt und am Ende des 7. Schuljahres hoch signifikante Unterschiede in allen vier Bereichen der kommunikativen Kompetenz (Hörverstehen, Sprechen, Leseverstehen und Schreiben) feststellen können.

Unsere damalige Untersuchung wird einerseits von Experten, die den Überblick haben, als „das bedeutendste Forschungsprojekt zum frühen Englischunterricht" (Sauer 2000) bezeichnet, andererseits jedoch von uninformierten „Neuerern" schlicht ignoriert, wobei sich einige zu der Behauptung versteigen, es gebe keine gesicherten Erkenntnisse zur Effektivität des Fremdsprachenunterrichts in der Grundschule.

Aber abgesehen von dem Nachweis der Überlegenheit des in der Grundschule einsetzenden Englischunterrichts sind die Argumentationen interessant, mit denen wir operierten. Es gab deren zwei, und sie sollen im folgenden zitiert werden[1]:

Die Bedeutung des Fremdsprachenunterrichts für das Curriculum der Grundschule

Die Auffassung von den Aufgaben der Grundschule hat sich in den letzten Jahrzehnten grundlegend gewandelt. Noch bis in die fünfziger Jahre hinein galt die Grundschule im Verständnis der Öffentlichkeit und auch vieler Pädagogen als eine Stätte fundamentaler Bildung, deren Aufgaben die Vermittlung der elementaren Kulturtechniken und die Erziehung zur Heimatverbundenheit waren. Die Kinder sollten ihre Heimat kennen und schätzen lernen und dadurch jenen Grundstock an Bildung erwerben, der sie gewissermaßen wappnete für die spätere Auseinandersetzung mit einer erweiterten und komplexeren Umwelt. Die Heimatkunde war das alle Bereiche der Grundschule durchdringende Prinzip und die Pflege der Muttersprache das zentrale Anliegen. (...)

Die Heimatkunde erfüllt [aber] die Aufgabe der Umweltorientierung der Grundschüler nicht mehr in hinreichendem Maße. Zur Umwelt auch der Kinder unter 10 Jahren gehört in der zweiten Hälfte des 20. Jahrhunderts weit mehr als die eigene Gemeinde. Die wachsende Mobilität immer größerer Bevölkerungskreise und der starke Einfluß der Massenmedien bringen es mit sich, daß viele Kinder schon früh Erfahrungen mit Menschen und Gegenständen aus anderen Kulturkreisen machen. Der Entwicklung des kindlichen Selbstverständnisses dient die Schule daher nur mangelhaft, wenn sie sich auf die Hilfe bei der Orientierung in der unmittelbaren Umwelt des Kindes beschränkt. (...) Von dieser Erkenntnis führt ein logischer Weg zu der Forderung nach Einführung des Fremdsprachenunterrichts in der Grundschule. Fremdsprachendidaktiker haben immer wieder darauf hingewiesen, daß das Überschreiten des eigenen Kulturhorizonts am ehesten durch die Beschäftigung mit demjenigen Bereich anderer Kulturen zu erreichen ist, in dem diese ihren vollkommensten Ausdruck finden, nämlich der Sprache.

Wer eine andere Sprache lernt, macht dabei ja notwendigerweise zwei Erfahrungen: erstens die, dass es außer der eigenen Art, die Welt zu sehen und in Worte zu fassen, noch andere Arten der Weltanschauung und -erfassung gibt, die ihren Ausdruck in verschiedenen Sprachen findet; und zweitens lernt er mit der spezifischen Sprache, mit der er sich befasst, das andere Volk kennen, das sie spricht, weil eben Sprache nicht losgelöst von ihrem kulturellen Hintergrund vermittelt werden kann. Dieses Kennenlernen ist aber sowohl notwendige Voraussetzung als auch optimale Grundlage für die Erziehung zu der erstrebten Haltung der Aufgeschlossenheit und Toleranz gegenüber Angehörigen dieses Volkes.

Wenn nun aber eine solche Erziehung bereits in der Grundschule einsetzen soll, dann ist die Einbeziehung des Fremdsprachenunterrichts in den Bildungsplan der Grundschule nur eine vernünftige Konsequenz.
(Doyé/Lüttge, 7 ff.)

Die Bedeutung der Grundschule für die Effektivität des Fremdsprachenunterrichts

(...) Für eine Aufnahme des Fremdsprachenunterrichts in den Lehrplan der Grundschule ist auch umgekehrt argumentiert worden: Der Fremdsprachenunterricht braucht die Grundschule, um zum Erfolg zu kommen.

Welche Argumente sprechen nun dafür, dass die Vorverlegung des Unterrichts in die Grundschule zu befriedigenderen Ergebnissen führen könnte? Das erste Argument ist dieses: Eine solche Vorverlegung eröffnet bessere Möglichkeiten zur Schaffung eine tragfähigen Grundsprachschatzes. (…)

[Das zweite Argument]: Ein in der Grundschule beginnender Unterricht könnte [aber auch] die Diskrepanz zwischen fremdsprachlicher Kompetenz und allgemeinem intellektuellen Entwicklungsstand weitgehend aufheben. Diese Diskrepanz ist bei dem Englischunterricht, der in der 5. Klasse oder noch später einsetzt, kaum zu vermeiden. Die Schüler beherrschen eben die Sprache – besonders zu Beginn des Kurses, auch späterhin – jeweils nur in einem zu geringen Maße, als daß die Behandlung von Inhalten, die ihnen angemessen wären möglich würde. So müssen sich – um nur einige Beispiele zu nennen – Zehnjährige mit Puppen und Teddybären, Zwölfjährige mit Seifenkistenrennen und Fünfzehnjährige mit billigen Detektivgeschichten abgeben, wo sie doch außerhalb des Englischunterrichts ganz andere Interessen verfolgen. Nun läßt sich zwar die Verfremdung der Gegenstände durch die andere Sprache diese Diskrepanz nicht so stark ins Gewicht fallen, und viele Schüler folgen dem Unter-

richt trotz seiner inhaltlichen Unangemessenheit anfangs durchaus interessiert. Auf die Dauer wirkt sich aber das Sprechen unter Niveau nachteilig auf die Motivation aus.

Eine Vorverlegung des Beginns bietet sich als Ausweg geradezu an. Für Kinder im Alter von acht Jahren sind viele der im Anfangsunterricht notwendigerweise einfachen Inhalte durchaus passend, und der weiterführende Unterricht kann sich anschließen – nicht mehr so stark durch das mangelnde Sprachvermögen der Lernenden behindert- solchen Gegenständen zuwenden, die dem geistigen Entwicklungsstand der Schüler entsprechen.

Die Vorverlegung bietet aber noch einen weiteren Vorteil. Sie eröffnet nämlich die Möglichkeit zu einer früheren inhaltlichen Differenzierung; denn wenn die Schüler den Grundwortschatz und die syntaktischen Grundstrukturen der englischen Sprache bis zum Ende des 6. Schuljahres erwerben – und dies wird durch die Vorverlegung möglich –, dann können sie sich vom 7. Schuljahr an den ihren persönlichen Neigungen entsprechenden Inhalten zuwenden, was generell die Motivation fördern dürfte. (Doyé/Lüttge, 11 ff.)

Die beiden hier zitierten Argumentationen aus dem Jahre 1977 gelten noch heute. Sie führen zwingend zu der Feststellung, dass es pädagogisch sinnvoll ist, den Fremdsprachenunterricht in der Grundschule beginnen zu lassen. Dass sie damals in unserem Schulversuch auf einen Beginn im 3. Schuljahr gemünzt waren, nimmt ihnen nichts von ihrer generellen Gültigkeit.

Zur Zeit wird heftig darum gestritten, ob nicht eine weitere Vorverlegung des Fremdsprachenlernens auf das 1. Schuljahr – wie in einigen Bundesländern bereits praktiziert – oder gar in den Kindergarten angesagt sei. Die Antwort auf diese Frage hängt vor allem davon ab, ob es gelingt, die dafür nötige Zahl von hinreichend qualifizierten Lehrkräften zur Verfügung zu stellen.

Peter Doyé

---

[1] Die Rechtschreibung entspricht dem Original und wurde nicht angepasst.

Literaturverzeichnis

Austin, John L. (1962): *Zur Theorie der Sprechakte (How to Do Things With Words)*. Stuttgart: Reclam.

Bamberger, Richard (1975): *Jugendschriftenkunde*. Wien: Jugend und Volk.

Bauer, Ralf: *Schülergerechtes Arbeiten in der Sekundarstufe I – Lernen an Stationen*. Berlin: Cornelsen.

Baur, Rupprecht/Chlosta, Christoph (1999): Begegnung mit Sprachen – Reform oder Konkurs. In: Gerling, Ursula/Thürmann, Eike/Nieweler, Andreas (Hrsg.): *Wege zur Mehrsprachigkeit*. Soest: Landesinstitut für Schule und Weiterbildung, S. 25–34.

Baur, Siegfried (Hrsg.) (1997): Creare ponti – Brücken schlagen. Bozen: Pädagogisches Institut für die deutsche Sprachgruppe.

Baur, Siegfried (2000): *Die Tücken der Nähe. Kommunikation und Kooperation in Mehrheits-/Minderheitssituationen*. Meran: Alpha Beta.

Bausch, Karl-Richard u.a. (Hrsg.) (2003): *Handbuch Fremdsprachenunterricht*. 4. Auflage. Tübingen und Basel: A. Francke UTB, S. 186–190.

Beck, Ulrich (1993): *Die Erfindung des Politischen*. Frankfurt/M.: Suhrkamp.

Becker, Carmen (2003): Portfolio – basiertes Modell zur Lernstandsdokumentation des Englischlernens in der Grundschule. In: *Grundschule Englisch*, Heft 5, S. 44 f.

Behörde für Bildung und Sport (2003): *Zeugnisnoten für den Englischunterricht in den Klassen 3 und 4*, Hamburg.

Behr, Ursula/Kierepha, Adelheid (2002): Plädoyer für die Einschätzung der Schülerleistung. In: *Fremdsprachenfrühbeginn*, Heft 2, S. 40–24.

Behrendt, Melanie/Christmann, Barbara/Mayer, Nikola/Stelter, Astrid (2004): *Discovery 3*. Braunschweig: Westermann.

Behrendt, Melanie/Christmann, Barbara/Mayer, Nikola (2004): *Discovery 4*. Braunschweig: Westermann.

Bennet, Milton (1993): Towards Ethnorelativism: A Developtmental Model of Intercultural Sensitivity. In: Paige, R. M. (Hrsg.): *Education for the Intercultural Experience*. Yarmouth: Intercultural Press, S. 21–71.

Benson, Phil (2001): *Teaching and Researching Autonomy in Language Learning*. Harlow: Pearson Education.

Bettelheim, Bruno (1980): *Kinder brauchen Märchen*. München: dtv.

Binder, Lucia/Böhm, Viktor/Kleedorfer, Jutta/Paukner, Gertrud/Sollat, Karin (Hrsg.) (1992): *Einführung in die Kinder- und Jugendliteratur der Gegenwart*. Wien: Internationales Institut für Jugendliteratur und Leseforschung.

BIG-Kreis (2005): Standards, Unterrichtsqualität, Lehrerbildung: Empfehlungen für den Fremdsprachenunterricht in der Grundschule. München: Stiftung Lernen.

Bischof, Ulrike (1995): *Konfliktfeld Fernsehen – Lesen*. Hrsg. Michael Martischnig und Kurt Luger, Bd. 10. Wien: Österreichischer Kunst- und Kulturverlag.

Bland, Janice/Michailow-Drews, Ursula/Schultz-Steinbach, Gisela (2003): *Bumbleblee 3*. Hannover: Schroedel.

Bland, Janice/Michailow-Drews, Ursula/Schultz-Steinbach, Gisela (2003): *Bumbleblee 4*. Hannover: Schroedel.

Bland, Janice/Waschk, Katja (2004): *Bumblebee 4. Lernsoftware*. Hannover: Schroedel.

Bleyhl, Werner (1999): Fremdsprache in der Grundschule. Der Vokabeltest bleibt tabu. In: *Kultusministerium Baden-Württemberg: Schulmagazin*. Herbst/Winter 1999/2000, S. 28–29.

Bleyhl, Werner (2000): Leistung und Leistungsbeurteilung. In: ders. (Hrsg.): *Fremdsprachen in der Grundschule. Grundlagen und Praxisbeispiele*. Hannover: Schroedel, S. 92–98.

Bleyhl, Werner (Hrsg.) (2000): Empfehlungen zur Verwendung des Schriftlichen im Fremdsprachenerwerb in der Grundschule. In: ders. (Hrsg.): *Fremdsprachen in der Grundschule. Grundlagen und Praxisbeispiele*, Hannover: Schroedel, S. 84–91.

Bleyhl, Werner (2003): Psycholinguistische Grund-Erkenntnisse. In: Bach, Gerhard/Timm, Johannes-Peter: *Englischunterricht*. Tübingen/Basel: Francke Verlag.

Bliesener, Ulrich (2003): Fremdsprachen als Kontinuum (2. Teil). *Fremdsprachen Frühbeginn*.

Böhm, Viktor/Heinz Steuer (Hrsg.) (1986*): Theorie und Praxis der Kinder- und Jugendliteratur in Österreich*. Wien-München: Jugend und Volk.

Börner, Otfried (2000): Übergang in die Klasse 5. In: Bleyhl, Werner (Hrsg.): *Fremdsprachen in der Grundschule. Grundlagen und Praxisbeispiele*. Hannover: Schroedel, S. 99–103.

Börner, Otfried (2003): Das Sprachenportfolio in der Grundschule. In: *Grundschule Sprachen*

Börner, Otfried (2004): Bridging the Gap. In: *Der Fremdsprachliche Unterricht Englisch*, Heft 69, S. 10–14.

Börner, Otfried (2005): KESS – eine flächendeckende Untersuchung mündlicher Sprachleistungen im Englischunterricht Hamburger Grundschulen. In: Schlüter, Norbert (Hrsg.*): Fortschritte im frü-*

hen Fremdsprachenunterricht. Tagungsbericht. Berlin: Cornelsen.

Bos, W./Pietsch, M. (2004): Erste Ergebnisse aus KESS 4 – Kurzbericht. http://www.erzwiss.uni-hamburg.de/kess/kurzbericht.pdf.

Bredella, Lothar/Christ, Herbert (1995): Didaktik des Fremdverstehens im Rahmen einer Theorie des Lehrens und Lernens fremder Sprachen. In: Bredella, Lothar/Christ, Herbert: Didaktik des Fremdverstehens. Tübingen: Gunter Narr Verlag.

Bredella, Lothar/Delanoy, Werner (Hrsg.) (1999): Interkultureller Fremdsprachenunterricht. Tübingen: Gunter Narr Verlag.

Brewster, Jean/Ellis, Gail/Girard, Denis (2002): The Primary English Teacher's Guide. New Edition. Harlow: Pearson Education Unlimited.

Bruner, Jerome (1974): The Revelance of Education, In: M.Clay Becoming Literate (1991): The Construction of Inner Control. Auckland: Heinemann.

Bruner, Jerome (1960): The Process of Education, Cambridge, Mass.: Harvard University Press. 1997.

Bruner, Jerome (1966): In: Shulman, L.S./Keislar, E.R. (Hrsg.): Learning by Discovery: A Critical Appraisal. Chicago.

Burder, Lucia (1992): In: Einführung in die Kinder- und Jugendliteratur der Gegenwart. Jugend und Volk. S. 6.

Bundesministerium für Bildung und Forschung (Hrsg.) (1998): Delphi-Befragung 1996–98: Potentiale und Dimensionen der Wissensgesellschaft. Auswirkungen auf Bildungsprozesse und Bildungsstrukturen. Integrierter Schlussbericht. Bonn.

Cambourne, B. (1988): The Whole Story: Natural Learning and the Acquisition of Literacy in the Clasroom. Auckland: Ashton Scholastic.

Cameron, Lynne (2001): Teaching Languages to Young Learners. Cambridge: CUP.

Carle, Eric (1997): Polar Bear, Polar Bear, What Do You Hear? New York: Puffin Books.

Changeux, Jean-Pierre (1983): L'homme neuronal. Paris: Fayard.

Changeux, Jean-Pierre (2002): L'homme de vérité. Paris: Odile Jacob.

Christ, Herbert (1996): Sprachpolitik und Sprachverbreitungspolitik. In: Sprachenpolitik in Europa – Sprachenpolitik für Europa. Materialien zum Internationalen Kulturaustausch. Stuttgart: Institut für Auslandsbeziehungen, S. 7–12.

Civegna, Klaus/Guggenberg von, Irma/Larcher, Dietmar (Hrsg.) (1995): Didaktische Handreichungen. Deutsch als Zweitsprache – Grundschule. Bozen: Autonome Provinz Bozen – Südtirol.

Claxton, Guy (1997): Hare Brain Tortoise Mind: Why Intelligence Increases When You Think Less. London: Fourth Estate.

Clay, Marie (1991): Becoming Literate: The Construction of Inner Control. Auckland: Heinemann.

Conrady, Peter/Herbert Ossowski (1985): Lesen in der Grundschule. Zum Lesen verlocken, Klassenlektüre für die Klassen 1 – 4. Würzburg: Arena.

Conseil de l'Europe (1998): Diversification linguistique. Recommandation 1383 de l'Assemblée Parlementaire. Strasbourg.

Cook, Vivian (1995): Multi-competence and the learning of many languages. Language, Culture and Curriculum, 8/2. In: R. Johnstone: Annual Review of Research (1995). Cambidge: CUP.

Coulmas, Florian (1985): Sprache und Staat. Studien zur Sprachplanung. Berlin/New York: de Gruyter.

Council of Europe (1998): Linguistic Diversification. Recommendation 1383 of the Parliamentary Assembly. Strasbourg.

Crystal, David (1998): Language Play. London: Penguin.

Cummins, James (1984): Bilingualism and Special Education: issues in assessment and pedagogy. Clevedon: Multilingual Matters.

Dalgalian, Gilbert (1986): Echec à l'échec scolaire: l'importance d'une education bilingue pour les enfants étrangers ou minoritaires. In: Migrations-Santé (4e trimestre).

Dalgalian, Gilbert (1991): De la transdisciplinarité dans l'enseignement précoce d'une langue. In: Le français dans le monde. Recherches et applications. Enseignement, apprentissage précoce des langues.

Dalgalian, Gilbert (1998): Apprentissage précoce et environnement. In: Education et sociétés plurilingues, publication du CMIEBP, Nr. 4.

Dalgalian, Gilbert (2000): Enfances plurilingues – Témoignage pour une éducation bilingue et plurilingue. Préface de Harald Weinrich, L'Harmattan, Paris.

Dam, Leni (2003): Developing Learner Autonomy: The Teacher's Responsibility. In: Little, David/Ridley, Jennifer/Ushioda, Ema (Hrsg.): Learner Autonomy in the Foreign Language Classroom. Dublin: Authentic.

Dam, Leni (1995): Learner Autonomy 3. From Theory to Classroom Practice. Dublin: Authentic.

De Leeuw, Howard (1997): English as a Foreign Language in the German Elementary School. What Do the Children Have to Say? Tübingen: Gunter Narr Verlag.

Diehl, Erika/Christen, Helen/Leuenberger, Sandra/Pelvat, Isabelle/Studer, Thérèse (2000): Grammatikunterricht: Alles für die Katz? Untersuchungen zum Zweitsprachenerwerb Deutsch. Tübingen: Niemeyer.

Dines, Peter (2000): Themenorientierter Fremdsprachenunterricht. In: Bleyhl, Werner (Hrsg.): Fremdsprachen in der Grundschule. Grundlagen und Praxisberichte. Hannover: Schroedel, S. 72–83.

Döbrich, Peter/Stern, Cornelia (1999): Wie gut ist unsere Schule? Selbstevaluation mit Hilfe von

Qualitätsindikatoren. Bielefeld: Verlag Bertelsmann Stiftung.

Doderer, Klaus (Hrsg.) (1984): *Lexikon der Kinder- und Jugendliteratur*. Weinheim: Basel, Band 3.

Donaldson, Julia/Scheffler, Axel (1999): *The Gruffalo*. London: MacMillan Children's Books.

Donaldson, Julia/Scheffler, Axel (2002): *The Smartest Giant in Town*. London: MacMillan Children's Books.

Donaldson, Julia/Scheffler, Axel (2004): *The Snail and the Whale*. London: MacMillan Children's Books.

Donaldson, Margaret (1978): *Children's Minds*. London: Collins.

Doyé, Peter/Lüttge Dieter (1977): *Untersuchungen zum Englischunterricht in der Grundschule – Bericht über das Forschungsprojekt FEU*. Braunschweig: Westermann.

Doyé, Peter (1997): Bilinguale Grundschulen. *Zeitschrift für Fremdsprachenforschung*, Heft 8/2, S. 161–195.

Doyé, Peter/Hurrell, Alison (Hrsg.) (1998): *Fremdsprachenlernen in der Grundschule*. Wien: ÖBV Pädagogischer Verlag.

Doyé, Peter (1999): *The Intercultural Dimension*. Berlin: Cornelsen.

Doyé, Peter/Héloury, Michèle (2003): Lernen in zwei Sprachen in der Grundschule. In: Bausch, Karl-Richard/Christ, Herbert/Krumm, Hans-Jürgen (Hrsg.): *Handbuch Fremdsprachenunterricht*. Tübingen/Basel: A. Francke Verlag, vierte vollständig neu bearbeitete Auflage, S. 186–190.

Doyé, Peter (2005): Das Fremdsprachenlernen in der Grundschule als integraler Bestandteil der Grundbildung. *Fremdsprachen Lehren und Lernen*. Heft 34. S. 111–124.

Dufeu, Bernard (1985): *Kommunikationsprobleme im Fremdsprachenunterricht. Erwachsenengemäßes Lehren und Lernen einer Fremdsprache (Sprachandragogik) – Teilnehmeraktivierende Lernformen im Fremdsprachenunterricht für Erwachsene. Ein Seminarbericht*. Mainz: Arbeitsgruppe Sprachandragogik der Johannes-Gutenberg-Universität Mainz.

Dunn, Opal (1997–2003): *Real Book News for Adults Helping Children to Learn Foreign Languages*. London: Issues 1–14.

Edelhoff, Christoph (2001): Qualitätsentwicklung und Qualitätssicherung im Fremdsprachenunterricht. In: ders. (Hrsg.): *Neue Wege im Fremdsprachenunterricht. Qualitätsentwicklung, Erfahrungsberichte, Praxis. (= Perspektiven)*, Hannover: Schroedel, S. 4–11.

Edelhoff, Christoph/Weskamp, Ralf (Hrsg.) (2002): *Fremdsprachenunterricht 4/2002*, Themenheft Leistungsbeurteilung, Berlin: Päd. Zeitschriftenverlag.

Edelhoff, Christoph (2003): Fremdsprachen in der Grundschule – Herausforderung und Wagnis. In: ders. (Hrsg.): *Englisch in der Grundschule und darüber hinaus. Eine praxisnahe Orientie-*

rungshilfe. Hannover: Schroedel, Diesterweg, Klinkhardt (= Unterrichtsperspektiven Fremdsprachen), S. 142–149.

Eichheim, Hubert (2001): Der Originaltext als Ausgangspunkt von Lernmaterial für Anfänger. In: *mehr Sprache – mehrsprachig – mit Deutsch – XII. Internationale Tagung der Deutschlehrerinnen und Deutschlehrer*, 30. Juli bis 4. August 2001 Luzern/Schweiz, Konzepte und Thesen, S. 61.

Ellis, Rod (1997): *The Pedagogic Relevance of SLA Research*. Oxford: Oxford University Press.

Eurobarometer Report 54: European and Languages. Executive Summery. In: http//www. European Public Opinion.html (Zugriff am 10.02.2005)

Europäisches Parlament und Europäischer Rat (2000): *Beschluss zum Jahr der Sprachen*. Europäische Gemeinschaften: Brüssel.

Europarat (2001): *Gemeinsamer europäischer Referenzrahmen für Sprachen: Lernen -Lehren – Beurteilen*. Berlin, München, Wien, New York: Langenscheidt.

Eurydice (1992): *Fremdsprachenunterricht im Primar- und Sekundarbereich in der Europäischen Gemeinschaft*. Brüssel.

Evans, Mike/Ellis, Linda (2000): *Science Made Easy*. Key Stage 2 upper. Ages 9–11. Workbook 3. London et al.: Dorling Kindersley.

Felberbauer, Maria/Seebauer, Renate (1995): Begleituntersuchung zum „Lollipop Projekt". In: *Theorie und Praxis, Heft 3*. Wien.

Felberbauer, Maria (1999): Fremdsprachen integrieren – ein Konzept für die Grundschule. *Erziehung und Unterricht,* 1–2, S. 8–15.

Flügel, Christoph (1992): Entwicklung der Sprechfertigkeit in der Muttersprache Deutsch und der Zweitsprache Italienisch unter der Perspektive integrierter Sprachdidaktik. In: Gelmi, Rita./Saxalber, Annemarie. (Hrsg.): *Integrierte Sprachdidaktik. Theoretische Beiträge*. Bozen: Pädagogisches Institut, S. 57–63.

Fredericks, Anthony D. (2000): *Exploring the Universe. Science Activities for Kids*. Golden, Colorado: Fulcrum.

Freyler-Korninger, Verena (1999): Aus der Praxis des frühen Fremdsprachenlernens. In: *Erziehung und Unterricht*, 1/2, S. 43–50.

Gäde, Carola (2002): Mit Kinderbüchern Grenzen überwinden. In: *Primar,* Heft 30, S. 44–46.

Gaffal, Andrea/Kreis, Renate/Mandl, Siegmund/ Wessel, Frank (2003): *Storytime. Teacher's Guide*. Braunschweig: Westermann.

Gerngroß, Günter (2004): Lernstandsfeststellung. In: *Primary English*, Heft 2, S. 8–12.

Gnutzmann, Claus (2003): Language Awareness, Sprachbewusstheit, Sprachbewusstsein. In: Bausch, Karl-Richard/Christ, Herbert/Krumm, Hans-Jürgen (Hrsg.): *Handbuch Fremdsprachenunterricht*. Tübingen/Basel: A. Francke Verlag,

vierte vollständig neu bearbeitete Auflage,
S. 335–339.

Göhlich, Michael (Hrsg.) (1998): *Europaschule
– Das Berliner Modell*. Neuwied: Luchterhand.

Gogolin, Ingrid (1994): *Der monolinguale Habitus
der multilingualen Schule*. Münster: Waxmann-
Verlag.

Gogolin, Ingrid (2003): Interkulturelle Erziehung
und das Lehren und Lernen fremder Sprachen.
In: Bausch, Karl-Richard/Christ, Herbert/Krumm,
Hans-Jürgen (Hrsg.): *Handbuch Fremdsprachenunterricht*. Tübingen/Basel: A. Francke Verlag,
vierte vollständig neu bearbeitete Auflage,
S. 96–102.

Gompf, Gundi (2003): Fremdsprache wird Pflicht-
fach an Grundschulen. In: http://www.kles.
org/zweiteNK/synopse_01_11_03.pdf

Greil, Josef/Anton Kreuz (1976): *Umgang mit Texten in Grund- und Hauptschule*. Donauwörth:
Verlag Ludwig Auer.

Groeben, Norbert (1982): *Leserpsychologie; Textverständnis – Textverständlichkeit*. Münster
(Westfalen): Aschendorff.

Groß, Christiane (2002): Geschichten im frühen
Fremdsprachenunterricht. In: *Primar*, Heft 30,
S. 11–16.

Groß, Christiane (2003): Der Einsatz von Bildwör-
terbüchern im Englischunterricht der Grundschule. In: Edelhoff, Christoph (Hrsg.). *Englisch in der
Grundschule und darüber hinaus*. Frankfurt am
Main: Diesterweg, S. 81–88.

Guggenberg von, Irma (1998): Incontri/Begegnun-
gen. Begegnungspädagogik und Schulentwicklung in Südtirol. In: Larcher, Dietmar/Renner,
Edith u. a. (Hrsg.):
*Grenzen der Vielfalt. Globalisierung, Regiona-
lisierung, Ethnisierung*. Wien: Schulheft 92,
S. 113–124.

Härtling, Peter (1983): *Keine Ausflüchte, keine
Fluchten*. Rede anlässlich der Verleihung des
Deutschen Jugendbuchpreises im Rahmen
des Frankfurter Jugendbuchkongresses am
30.09.1983. Jugend und Buch, Heft 4.

Hall, Stuart (1994): *Rassismus und kulturelle Identität*. Hamburg: Argument.

Hartwig-Mühl, Katrin (2002): Telling stories – back-
stage and actors. In: Bleyhl, Werner (Hrsg.):
*Fremdsprachen in der Grundschule – Geschich-
ten erzählen im Anfangsunterricht – Storytelling*.
Hannover: Schroedel, S.43–49.

Haunss, Jeanette (2003): All apples change places,
please! Wortschatzspiele im englischunterricht
– Aktivismus oder aktivität? In: *Grundschulmagazin Englisch*, Heft 2, S. 10–11.

Heidtmann, Horst (1995): *Von Bullerbü bis Beverly
Hills: Kinderkultur heute. Lesen in der Schule*.
Bielefeld: Verlag Bertelsmann Stiftung.

Hellwig, Karlheinz (1995): *Fremdsprachen an
Grundschulen als Spielen und Lernen*. Ismaning:
Hueber.

Hentig von, Hartmut (1996): *Bildung*. München/
Wien: Hanser.

Hentig von, Hartmut (1998): *Kreativität. Erwartungen an einen schwachen Begriff*. München/
Wien: Hanser Verlag.

Hermann-Brennecke, Gisela (1993): Sprachsensibi-
lisierung in der Grundschule. In: *Neuprachliche
Mitteilungen*, S. 101–109.

Hill, Eric (1994): *Spot Goes to School*. London:
Puffin Books.

Hill, Eric (2000): *Where is Spot?* London: Puffin
Books.

Holec, Henri (1979): *Autonomy and Foreign Language Learning*. Oxford: Pergamon Press.

Horak, Angela (1995): Überlegungen zum Bil-
dungssinn des Fremdsprachenunterrichts in der
Grundschule. In: *Erziehung und Unterricht*, 2–3,
S. 92–96.

Horx, Matthias (2001): *Smart Capitalism. Das Ende
der Ausbeutung*. Frankfurt/M.: Eichborn Verlag.

Huber, Maria (1999): *Theorie und Praxis des frühen
Fremdsprachenlernens mit schwerpunktmäßiger
Betrachtung der Grundstufe II*. In: *Erziehung und
Unterricht*, 1/2, S. 83–96.

Hunfeld, Hans (1997): *Die Normalität des Fremden*.
Köln: Dürr+Kessler.

Hurrell, Alison (2002): *Using the Silences or There's
more to Language than Language*. Scottish Language Review. Stirling: SCILT

Huth, Manfred (2002): Hits der Weltliteratur. *Primar*, Heft 30, S. 51–53.

Hymes, Dell (1967): Models of the Interaction of
Language and Social Setting. In: Macnamara,
John (Hrsg.): *Problems of Bilingualism. The Jour-
nal of Social Iusses*, S. 8–28.

Ingenkamp, Karlheinz (1971): *Die Fragwürdigkeit
der Zensurengebung*. Weinheim, Berlin, Basel:
Beltz.

Issing, Ludwig J./Klimsa, Paul (Hrsg.) (2002): *Infor-
mation und Lernen mit Multimedia und Internet.
Lehrbuch für Studium und Praxis*. Weinheim:
Beltz, 3. vollständig überarbeitete Auflage.

Jacobi, Brunhilde/Kuhle, Christa (1997): *Begegnung
mit Sprachen*. Berlin: Cornelsen.

Johnstone, Richard (1994): *Teaching Modern Languages at Primary School – Approaches and
Implications*. Edinburgh: SCRE Modern Languages 5–14 National Guidelines (2000) Learning
and Teaching Scotland.

Jürgens, Eike (2002): Lernen und Leistung als
schulische Bildungsaufgabe. In: *Grundschulunterricht*, Heft II/2002: Lernen begleiten und
beurteilen, S. 3–6.

Kahl, Peter/Knebler, Ulrike (1996): *Englisch in
der Grundschule – und dann? Evaluation des
Hamburger Schulversuchs Englisch ab Klasse 3*.
Berlin: Cornelsen.

Kaiser, Astrid (1995): *Einführung in die Didaktik
des Sachunterrichts*. Baltmannsweiler: Schneider
Verlag Hohengehren.

Kallenbach, Christiane/Ritter, Markus (2000): *Computerideen für den Englischunterricht. Anregungen und Beispiele für den Software- und Internet-Einsatz*. Berlin: Cornelsen.

Kallenbach, Christiane/Pankhurst, James/Ritter, Markus (1999): The ,all-inclusive' tutor – excluding learner autonomy? In: *ReCALL*, 11/ 1; S. 111–116.

Karbe, Ursula/Piepho, Hans-Eberhard (2000): *Fremdsprachenunterricht von A – Z*. Ismaning: Hueber.

Karbe, Ursula/Kuty, Margitta/Piepho, Hans-Eberhard (2004): Lernen an Stationen – Auch imEnglischunterricht der Grundschule? In: *Grundschulunterricht*, Sonderheft Fremdsprachen – Frühbeginn Englisch. Berlin: Pädagogischer Zeitschriftenverlag.

Karbe, Ursula (2004): Lernerfolgskontrollen. Was ist zu tun? In: *Primary English*, Heft 2, S. 17–19.

Kirsch Dieter (1995): Ich gebe zu bedenken. In: *Primar*, Heft 9, S. 53.

Klafki, Wolfgang (1985): *Neue Studien zur Bildungstheorie und Didaktik*. Weinheim/Basel: Beltz.

Klippel, Friederike/Preedy, Ingrid (2002). *Big B*. München: Langenscheidt-Longman.

Knapp, Karlfried/Knapp-Potthoff, Annelie (1990): *Interkultrelle Kommunikation*. Zeitschrift für Fremdsprachenforschung, S. 62–93.

Knapp, Annelie (2000): Aspekte guten Englischunterrichts. In: Landesinstitut für Schule und Weiterbildung (Hrsg.): *Was ist guter Fachunterricht*. Bönen: Verlag Kettler, S. 75–104.

Kommentar zum Lehrplan der Volksschule (2004). Wien: OBV und HPT, 9. Auflage.

Königs, Frank (2000): Mehrere Sprachen und Mehrsprachigkeit lernen! Fremdsprachenlerntheoretische Anmerkungen zur aktuellen Diskussion um Mehrsprachigkeit. In: Aguado, Karin/Hu, Adelheid (Hrsg.). *Mehrsprachigkeit und Mehrkulturalität*. Berlin: Pädagogischer Zeitschriftenverlag, S. 1–17.

Köstenbauer, Irena (2004): Teaching Small Children – A Blessing or A Curse? *English Language Teaching News*, Heft 50, S. 115–117.

Kötter, Markus (2004): Lernfortschritte, alltägliche Möglichkeiten ihrer Überprüfung. In: *Primary English*, Heft 2, S. 13–16.

Korky, Paul/Thomas, Valerie (2001): *Winnie the Witch*. Oxford: Oxford University Press.

Krumm, Hans Jürgen/Jenkins, Eva Maria (2001): *Kinder und ihre Sprachen – lebendige Mehrsprachigkeit. Sprachenportraits – gesammelt und kommentiert von Hans-Jürgen Krumm*. Wien: eviva.

Kubanek-German, Angelika (2002): Mit Kinderbüchern die Ordnung der Dinge und sich selbst erkennen. In: *Primar*, Heft 30, S. 4–9.

Kubanek-German, Angelika (2003): *Kindgemäßer Fremdsprachenunterricht. Band 2: Didaktik der Gegenwart*. Münster/New York/München/Berlin: Waxmann Verlag.

Kubanek-German, Angelika (2003a): Europa nostra. In: *Fremdsprachen Frühbeginn*, Heft 2, S. 3.

Kultusministerium des Landes Nordrhein-Westfalen (1992): *Begegnung mit Sprachen in der Grundschule*. Erlass vom 13.2.92. Düsseldorf.

Kupfer, Hermann: Comics. In: Binder, Lucia u. a. (Hrsg.): *Einführung in die Kinder- und Jugendliteratur der Gegenwart*. Wien: Jugend und Volk. S. 147.

Landesinstitut für Schule, NRW (2004): *Europäisches Portfolio für Sprachen*.

Landherr, Karl (1996): *Beliebte Kinder- und Jugendbücher für den Literaturunterricht*. München: Auer Verlag, 2. Auflage.

Larcher, Dietmar (1994): *Lingua e creatività. Elementi per lo sviluppo di un paradigma didattico delle lingue straniere e seconde*. In: Baur Siegfried/Montali, Sandra (Hrsg.): *Lingue tra culture. Per una didattica creativa delle lingue seconde e straniere*. Meran: Alpha Beta, S. 15–35.

Larcher, Dietmar (1999): Henne oder Ei? Über Wechselwirkungen beim Erwerb einer linguistischen und einer sozialen Grammatik. In: Bredella, Lothar/Delanoy, Werner (Hrsg.): *Interkultureller Fremdsprachenunterricht*. Tübingen: Gunter Narr Verlag, S. 32–45.

Legutke, Michael (2000): Fremdsprachen in der Grundschule: Brennpunkt Weiterführung. In: Riemer, Claudia: *Kognitive Aspekte des Lehrens und Lernens von Fremdsprache. Festschrift für W. Edmondson*. Tübingen: Narr, S. 38–54.

Legutke, Michael/Lortz, Wiltrud (Hrsg.) (2002): *Mein Sprachenportfolio*. Frankfurt am Main: Diesterweg.

Legutke, Michael (2002): *Mein Sprachenportfolio. Handreichungen für Lehrerinnen und Lehrer*. Frankfurt am Main, Diesterweg. (http://www.grundschule-englisch.de/pdf/lehrermat_portfolio.pdf).

Legutke, Michael/Lortz, Wiltrud (Hrsg.) (2002): *Englisch ab Klasse 1. Das hessische Merry-Go-Round-Projekt. Analysen und Berichte*. Berlin: Cornelsen.

Legutke, Michael (2003): Neue Wege für die Lernstandsermittlung im fremdsprachlichen Unterricht der Grundschule? Anmerkung zum Junior-Portfolio für Sprachen

Klippel, Friederike (Hrsg.): *Früher oder später? Englisch in der Grundschule und bilingualer Sachfachunterricht*. München: Langenscheidt-Longman.

Lehrplan der Volksschule. Wien: ÖBV und HPT. 9. Auflage.

Lesen in der Schule mit dtv pocket (1997): *Unterrichtsvorschläge für die Klassen 6 – 11. Lehrertaschenbuch 8*. München: dtv.

239

Lewis, Gordon (2003): Exchanging Information. An Internet Project for Young Learners of English. In: *Primary English*, Heft 4, S. 31–32.

Little, David (1991): *Learner Autonomy 1. Definitions, Issues and Problems*. Dublin: Authentic

Lobb, Janice (2002): *At Home with Science. Munch! Crunch! What's for lunch?* Hong Kong: Kingfisher.

Macht, K. (2001): Leistungsüberprüfung im schulorientierten Fremdsprachenunterricht. In: Weskamp, Ralf (Hrsg.): *Methoden und Konzepte des fremdsprachlichen Unterrichts*. Hannover.

Maier, Wolfgang (1991): *Fremdsprachen in der Grundschule. Eine Einführung in ihre Didaktik und Methodik*. Berlin, München: Langenscheidt.

Maynard, Chris (2001): *Kitchen Science*. London et al.: Dorling Kindersley.

Meyer, Hilbert (2004): *Was ist guter Unterricht?* Berlin: Cornelsen Scriptor.

Ministerium für Bildung und Wissenschaft (1995): *Lehrplan 1. – 4. Klasse für die bulgarische allgemeinbildende Schule*, Sofia.

Ministerium für Schule, Jugend und Kinder des Landes NRW (2003): *Grundschule in NRW: Richtlinien und Lehrpläne zur Erprobung – Englisch*. Frechen.

Ministerium für Bildung, Frauen und Jugend (2004): *Rahmenplan Grundschule – Fremdsprache*. Mainz: Ministerium Rheinland-Pfalz.

Modern Languages 5–14 National Guidelines (2000), Learning and Teaching, Scotland.

Motté, Magda (1985): *Moderne Kinderlyrik: Begriff, Geschichte, Literarische Kommunikation, Bestandaufnahme*. Frankfurt a. M., S. 50.

Motté, Magda (1992): Kinderlyrik. In: Binder, Lucia u. a. (Hrsg.): *Einführung in die Kinder- und Jugendliteratur der Gegenwart*. Wien: Jugend und Volk. S.27.

Müller-Hartmann, Andreas (2003): E-Mail Kontakte – Wie findet man passende Partnerklassen? In: *Primary English*, Heft 4, S. 29–30.

Niedersächsisches Kultusministerium (1995): *Didaktisch-methodische Empfehlungen für das Fremdsprachenlernen in der Grundschule*. Hannover: Schroedel.

Niedersächsisches Kultusministerium (Hrsg.) (2000): *Spurensuche. Wege zur interkulturellen Schule. Ein Handbuch*. Hannover: LG.

Niemann, Heide (2002): *Mit Bilderbüchern Englisch lernen*. Seelze-Velber: Kallmeyer.

Oksaar, Els (2003): *Zweitspracherwerb. Wege zur Mehrsprachigkeit und zur interkulturellen Verständigung*. Stuttgart: Kohlhammer.

Parratore, Phil (2001): *Hands-On Life Science. For Elementary Grades*. Greensboro: Carson-Dellarosa Publishing Company.

Paukner, Gertrud (1992): Das Märchen. In: Binder, Lucia u. a. (Hrsg.): *Einführung in die Kinder- und Jugendliteratur der Gegenwart*. Wien: Jugend und Volk.

Paul, Korky/Thomas, Valerie (2001): *Winnie the Witch*. Oxford: Oxford University Press.

Peltzer-Karpf, Annemarie/Zangl, Renate (1998): *Die Dynamik des frühen Fremdsprachenerwerbs*. Tübingen: Gunter Narr Verlag.

Peltzer-Karpf, Annemarie (2001): *Psycholinguistische Grundlagen des frühen Fremdsprachenerwerbs*. Studienbrief der Universität Koblenz-Landau (= Fremdsprachen in Grund- und Hauptschulen). Koblenz: Fernstudienprojekt.

Pelz, Manfred (Hrsg.)(1989): *Lerne die Sprache des Nachbarn*. Frankfurt/M.: Diesterweg.

Perregaux, Christiane (1998): *Odyssea. Ansätze einer interkulturellen Pädagogik*. Zürich: Lehrmittelverlag des Kanton Zürich.

Peschel, Falko (2003): *Offener Unterricht. Allgemeindidaktische Überlegungen. Teil I*. Hohengehren: Schneider Verlag.

Peschel, Falko (2003): *Offener Unterricht. Idee, Realität, Perspektive und ein praxiserprobtes Konzept in der Evaluation. Teil II*. Hohengehren: Schneider Verlag.

Peters, Ann M. (1983): *The Units of Language Acquisition*. Cambridge: CUP.

Peterßen, Wilhelm H. (1999): *Kleines Methoden-Lexikon*. München: Oldenbourg.

Petit, Jean (1987): Y a-t-il faillite de l'enseignement de l'allemand en France? In: *Nouveaux Cahiers d'allemand*, Nr. 4.

Petit, Jean (1992): *Au secours, je suis monolingue et francophone*. Publication du Centre interdisciplinaire de Recherches en Linguistique et Psychologie cognitive, Presses universitaires de Reims.

Petit, Jean (1998): Natürlicher Spracherwerb des Deutschen im französischen Schulwesen. In: *Beiträge zur Fremdsprachenvermittlung aus dem Konstanzer Sprachlehrinstitut*, Heft 3.

Petit, Jean (2001): *L'immersion, une révolution*. Colmar: Jérôme Do Bentzinger Editeur.

Piepho, Hans-Eberhard (1974): *Kommunikative Kompetenz als übergeordnetes Lernziel im Englischunterricht*. Dornburg-Frickhofen: Frankonius-Verlag.

Piepho, Hans-Eberhard (2002): Stories' ways. In: *Fremdsprachen in der Grundschule – Geschichten erzählen im Anfangsunterricht – Stortytelling*. Hannover: Schroedel, S. 20–30.

Piepho, Hans-Eberhard (2003): Individuelle Lernfortschritte beim Englischlernen in der Grundschule. In: Edelhoff, Christoph (Hrsg.): *Englisch in der Grundschule und darüber hinaus. Eine praxisnahe Orientierungshilfe*. Frankfurt am Main: Diesterweg.

Piepho, Hans-Eberhard (Hrsg.) (2003a): *Magic 3*. Frankfurt: Diesterweg.

Piepho, Hans-Eberhard (Hrsg.) (2004): *Magic 4*. Frankfurt: Diesterweg.

Piepho, Hans-Eberhard (Hrsg.) (2004a): *Magic. Leistung beobachten und bewerten 3/4.* Braunschweig: Diesterweg.

Plunkett, Kim (1997): Theories of Early Language Acquisition. In: *Trends in Cognitive Sciences,* vol.1, Nr. 4.

Poetry for Children im Internet: http://falcon.jmu. edu/~ramseyil/poechild.htm

Reichart-Wallrabenstein, Maike (2001): Das leere Blatt, Dinosaurier und die Schreibkonferenz. Schrift im Englischunterricht der Grundschule einmal anders. In: *Grundschulunterricht 4/2001. Sonderheft Fremdsprachen,* S. 27–30.

Relkin, Norman R./H.S. Kim, Karl/Lee, Kyoung-Min/Hirsch, Joy (1997): Distinct cortical areas associated with native and second language. In: *Nature,* vol. 388.

Ritzer, George (1995): *Die McDonaldisierung der Gesellschaft.* Frankfurt/M.: Fischer.

Robinson, P. (1995): Review Article: Attention, memory, and the 'noticing' hypothesis. Language Learning, 45, 2. In: *R. Johnstone Annual Review of Research,* Cambridge: CUP.

Roche, Jörg (2001): *Interkulturelle Sprachdidaktik. Eine Einführung.* Tübingen. Gunter Narr Verlag.

Rüschoff, Bernd/Wolff, Dieter (1999): *Fremdsprachenlernen in der Wissensgesellschaft: Zum Einsatz der Neuen Technologien in Schule und Unterricht.* Ismaning: Hueber.

Rüschoff, Bernd (2003): Authentische Materialien. *Grundschulmagazin Englisch.* 03/2003, S. 6–9.

Saalwirth, Sabine (2004): Erste Mailkontakte im Englischunterricht. *Lehrer Online.* http://www. lehrer-online.de/dyn/9.asp?url=449694.asp. (04.08.05)

Sauer, Helmut (2000): *Fremdsprachenlernen in Grundschulen. Der Weg ins 21. Jahrhundert. Annotierte Bibliographie.* Klett: Leipzig.

Sauer, Helmut (2004): Eine Orientierungshilfe (Rezension). In: *Primary English,* Heft 2.

Schmid-Schönbein, Gisela (2001): *Didaktik: Grundschulenglisch.* Berlin; Cornelsen.

Schmid-Schönbein, Gisela (2005): Picture Books – Englisch lernen mit Bilderbüchern. In: *Primary English,* Heft 2, S.3.

Seebauer, Renate (1997): *Fremdsprachen in der Grundschule – Schulpädagogische und psychologische Überlegungen.* Wien: Mandelbaum.

Senatsverwaltung für Schule, Jugend und Sport Berlin (Hrsg.) (2000): *Vorläufiger Unterrichtsplan für die Staatliche Europa-Schule Berlin. Vorklasse.* Berlin.

Senior, Rose (2005): Too Much of a Good Thing? In: *English Teaching Professional,* Heft 36, S. 64.

Shulman, Lee S./Keislar, Evan R. (Hrsg.) (1966): *Learning by Discovery: A Critical Appraisal.* Chicago: Rand McNally & Company.

Smith, Frank (1981): Research Update: Demonstrations, Engagement and Sensitivity: A Revised Approach to Language Learning. In: *Language Arts,* 58/1, S. 103–12.

Stefanova, Pavlina/Stojtscheva, Daniela (2000): *Der Topf auf dem Kopf. Deutsch für die vierte Klasse.* Sofia: Anubis.

Stottele, Gisela (2002): Bilderbücher zum Weiterdenken, in: *Primar,* Heft 30, S. 47

Sukopp, Inge (2005): *Bilinguales Lernen, Konzeption; Sprachen; Unterricht, Staatliche Europa-Schule Berlin.* SESB, Berlin: LISUM.

Thürmann, Eike/Otten, Edgar (1993): Fremdsprachenunterricht, Landeskunde und interkulturelles Lernen. In: *Lernen für Europa 4.* Soest: Landesinstitut für Schule und Weiterbildung, S. 9–20.

Tolchinsky, Liliana (2003): *The Cradle of Culture and What Children Know About Writing and Numbers Before Being Taught.* New Jersey: Lawrence Erlbaum Associates.

Tolstoy, Aleksei (2000): *The Enourmous Turnip,* Cambridge.

Trummer, Eva (1992): Das Bilderbuch. In: *Einführung in die Kinder- und Jugendliteratur der Gegenwart.* Jugend und Volk. S.23.

Vollmuth, Isabel (2004): *Englisch an der Grundschule. Wie Handreichungen den Frühbeginn sehen. Eine didaktisch-methodische Analyse.* Heidelberg: Universitätsverlag Winter.

Waas, Ludwig (1994): Die Rolle des Schriftbildes im Englischunterricht mit Grundschulkindern – Gedanken anhand einer Fallstudie. In: *Englisch,* 29/4/1994, S. 1–4.

Ward, Muriel (1957): *Young Minds Need Something to Grow On.* Evanston/White Plains: Row, Peterson and Company.

Warschauer, Mark (1996): Comparing Face-to-Face and Electronic Discussion in the Second Language Classroom. In: *CALICO Journal,* 13(2), S. 7–26.

Warschauer, Mark (1997): Computer-Mediated Collaborative Learning, Theory and Practice. *Modern Language Journal,* 81(3); S. 470–481.

Waschk, Katja (2003): Authentische Lernsituationen schaffen. In: *Grundschulmagazin Englisch,* 03/2003. S. 10–12.

Waschk, Katja/Nicke, Wiebke (2003): *Bumblebee 3. Lernsoftware.* Hannover: Schroedel.

Watzlawick, Paul/Beavin, Janet H./Jackson, Don D. (1998): *Menschliche Kommunikation. Formen, Störungen, Paradoxien.* Bern/Stuttgart/Toronto: Verlag Hans Huber, 8. Auflage.

Weißbuch zur allgemeinen und beruflichen Bildung: http://europa.eu.int/scadplus/leg/de/cha/ c11028.htm, S. 1–4 (Zugriffsdatum: 21.02.05)

Wenke, Gabriele (2002): Das Bilderbuch als Kunst für Kinder, *Primar,* Heft 30, S. 9–10.

Werlen, Erika (2003): *Was soll im Fremdsprachenunterricht gemessen und mit Noten beurteilt werden?* Vortrag auf der 2. bundesweiten Netzwerk-Konferenz: Abschlussprofile und Leistungsfeststellungen im Fremdsprachenunterricht der Grundschule. Erfurt. (http://www.kles.org/zweiteNK/Werlen_komplettext.pdf).

Weskamp, Ralf (2003): Spielend Englisch lernen. In: *Grundschulmagazin Englisch,* Heft 2, S.7.

Wiater, Werner (1997): *Unterrichten und lernen in der Schule – Eine Einführung in die Didaktik.* Donauwörth: Auer.

Wildhage, Manfred/Otten, Edgar (Hrsg.) (2003): *Praxis des bilingualen Unterrichts.* Berlin: Cornelsen.

Wittgenstein, Ludwig (1953): Philosophische Untersuchungen. Frankfurt/M.: Suhrkamp (2001).

Wolf, Wilhelm (Hrsg.) (2004): *Kommentar zum Lehrplan der Volksschule.* Wien: öbv & htp.

Wolff, Dieter (2002): Instruktivismus vs. Konstuktivismus: 20 Thesen zur Lernbarkeit und Lehrbarkeit von Sprachen. In: Bach, Gerhard/Viebrock, Britta (Hrsg.): *Die Aneignung fremder Sprachen.* Frankfurt am Main: Peter Lang Verlag.

Wray, David (1994): *Language and Awareness.* London: Hodder and Stoughton.

Wright, Andrew (1995): *Storytelling with Children.* Berlin: Cornelsen.

Zekl, Claudia (2004): Learning Must Be Fun If It Is To Be Effective. In: *English Language TEAching news* 50, S. 43.

Zoderer, Joseph (2001): Die Sprache der anderen. In: *Fremdsprachen Frühbeginn,* 46, S. 56–57.

Zydatiß, Wolfgang (2000): *Bilingualer Unterricht in der Grundschule. Entwurf eines Spracherwerbskonzepts für zweisprachige Immersionsprogramme.* Ismaning: Hueber.